fit fürs abi

Abiwissen in Bestform

Mit **Fit fürs Abi** hast du das **optimale Rundum-Sorglos-Paket** für deine **Abiturvorbereitung**.

Bücher

Das **Fit fürs Abi Oberstufenwissen** gibt es für Biologie, Chemie, Deutsch, Englisch, Erdkunde, Erziehungswissenschaften, Geschichte, Mathematik, Physik, Musik, Politik und Wirtschaft.

Nutze auch das **Fit fürs Abi Klausur-Training**. Es bietet realistische Klausuraufgaben mit Lösungen zu wichtigen Prüfungsthemen der Fächer Biologie, Chemie, Mathematik und Physik.

Als Lernskript für den Endspurt empfehlen wir **Fit fürs Abi Express.**

Apps

In unserer **Glossar-App** findest du viele Fachbegriffe leicht verständlich erklärt. In unserer **Express-App** warten pro Fach 100 interaktive Test-Aufgaben auf dich.

Lernzettel

Die praktischen **Lernzettel** enthalten die wichtigsten Inhalte aus jedem Kapitel. Du kannst sie zum Lernen ausdrucken oder auf deinem Handy nutzen, wenn du das Buch nicht dabei hast.

Alexa Skill

Teste dein Wissen mit dem **Fit fürs Abi Alexa Skill:** In den Fächern Biologie, Deutsch, Mathematik sowie Politik und Wirtschaft warten über 200 Fragen auf dich.

Videos zur mündlichen Prüfung

Das Abitur ist eine Ausnahmesituation – speziell die mündliche Prüfung. **Julias Videos** helfen dir dabei, den bestmöglichen Auftritt hinzubekommen.

Unser vielfältiges und kostenloses digitales Angebot zu den Büchern findest du auf **www.fit-fuers-abi.de**

fit fürs abi Glossar westermann

fit fürs abi westermann

fit fürs abi

fit fürs

abi

Referat und Facharbeit

fit fürs abi Referat und Facharbeit

Autoren:

Karlheinz Uhlenbrock ist Autor verschiedener Lernhilfen für die gymnasiale Oberstufe. Er besitzt langjährige Unterrichtserfahrung in der gymnasialen Oberstufe und in der Konzeption und Durchführung von Abiturprüfungen. Neben der Arbeit in der Schule war er viele Jahre in der Lehrerausbildung tätig.

Frederik Steenblock (Kapitel 2) ist Lehrer für Philosophie, Geschichte und Informatik und Autor zahlreicher Unterrichtsmaterialien.

Druck A[1] / Jahr 2024
Alle Drucke der Serie A sind im Unterricht parallel verwendbar.

Redaktion: imprint, Zusmarshausen
Kontakt: lernhilfen@westermanngruppe.de
Umschlaggestaltung und Layout: Janssen Kahlert Design und Kommunikation GmbH, Hannover
Umschlagfoto: stock.adobe.com, Dublin, ALTO IMAGES/Stocksy; iStockphoto.com, Calgary, AJ_Watt
Druck und Bindung: Westermann Druck GmbH, Georg-Westermann-Allee 66, 38104 Braunschweig

ISBN 978-3-07-**003154**-9

Liebe Abiturientin, lieber Abiturient,

später, beim Studium an einer Hochschule, in der Ausbildung oder im Berufsleben, wirst du feststellen, dass vieles von dem, was du im Verlauf deines Schullebens gelernt hast, für dich nicht mehr von Bedeutung ist. Du wirst aber auch Lernstoff entdecken, dessen Beherrschung immer wieder abverlangt und eingefordert wird. Zu letzterem gehören vor allem die schriftliche Abfassung und die mündliche Präsentation wissenschaftlich fundierter Ausarbeitungen. Ob du Englisch, Physik oder Geographie, Sozialpädagogik oder Biotechnologie studierst – du wirst Referate vortragen und Seminararbeiten erstellen müssen. Gleiches gilt für die Berufsschule und für den Berufsalltag, in dem du beispielsweise neue Produkte und Ideen vor Kolleginnen und Kollegen präsentieren musst.

Es ist daher sinnvoll, diese beiden Methoden in der Schule einzuüben. Folglich ist das Erstellen einer Facharbeit, der schulischen Variante der universitären Seminararbeit, in fast allen Bundesländern verpflichtender Bestandteil des Oberstufenunterrichts. Und auch der mündliche Vortrag eines Referates zählt zu den an allen Schulen eingeübten Grundtechniken. Dabei ist es unerheblich, in welchem Unterrichtsfach man die dafür notwendigen Schritte kennenlernt. Denn diese sind, von wenigen fachlichen Besonderheiten abgesehen, in allen Fächern gleich. Doch wie sehen diese Schritte konkret aus?

Fit fürs Abi Referat und Facharbeit bietet dir Antworten auf genau diese Frage. Es zeigt dir Schritt für Schritt den erfolgreichen Weg zu Referat und Facharbeit, von der Themenfindung über die Literatur- und Internetrecherche bis hin zur Gestaltung der Texte und zur Präsentation der Ergebnisse. Am Ende jedes Kapitels findest du praktische **Lernzettel**, auf denen das Wichtigste noch einmal zusammengefasst ist. Die Lernzettel gibt es auch als **Download** auf www.fit-fuers-abi.de. Du kannst sie auf dein Handy laden oder ausdrucken und auch dann damit arbeiten, wenn du dein Buch nicht dabei hast.

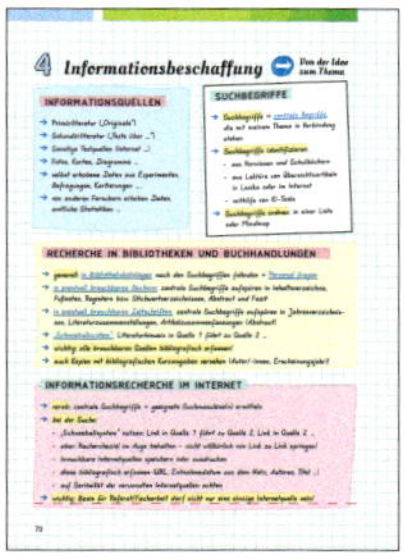

Lernzettel

Unser Dank gilt Prof. Dr. Volker Steenblock und Bernd Wahlbrinck für ihre Anregungen und Antje Uhlenbrock, Dr. Christina Uhlenbrock, Lena Castrup sowie Ansgar Elling für die Bereitstellung ihrer Arbeiten.

Nun bleibt uns nur noch, dir ein erfolgreiches Arbeiten mit diesem Buch zu wünschen. Möge es ein brauchbarer Leitfaden auf dem Weg zu einer gelungenen Facharbeit sein und dich bei der Optimierung deiner Referate und Präsentationen unterstützen.

Viel Erfolg,
Karlheinz Uhlenbrock und Frederik Steenblock

Inhalt

1 Arbeitsorganisation

Der Begriff Referat leitet sich vom lateinischen Verb *referre* ab, was „Bericht erstatten, vortragen" bedeutet. Das Referat im klassischen Sinne ist damit ein frei gehaltener mündlicher Vortrag zu einem eng umgrenzten Thema.
Die Facharbeit ist hingegen eine selbstständig zu erstellende schriftliche Ausarbeitung zu einem konkreten Thema. Dabei kann das Thema jedoch weiter gefasst sein als das eines Referates.
Referat und Facharbeit unterscheiden sich also deutlich in der Ergebnispräsentation. Ihr Anfertigungsprozess wie auch die Anforderungen, die an ihren Aufbau und ihre Gestaltung gestellt werden, sind jedoch in zentralen Punkten gleich. Dies zeigt sich auch darin, dass die wesentlichen Schritte bei der Erstellung von Referat und Facharbeit weitgehend identisch sind.
Doch wie sieht eine optimale Organisation dieses Erstellungsprozesses aus?

1.1 Schritte bei der Anfertigung

Für die Erstellung eines Referates bzw. einer Facharbeit bietet sich folgendes Arbeitsraster an:

① Einholen grundlegender Informationen zu den Rahmenvorgaben
- Hierzu zählen: Bedingungen für die Wahl des Themas, festgelegter Zeitrahmen, Vorgaben zu Umfang und formaler Gestaltung, Leitlinien für die Nutzung Künstlicher Intelligenz (KI; → Kapitel 2), fachspezifische Regelungen, Regelungen für praktische Arbeitsteile, Benotungskriterien.
- Bei Referaten können diese Informationen durch die Kurslehrerin oder den Kurslehrer zu Beginn des Halbjahres gegeben werden.
- Bei Facharbeiten erfolgt die Bekanntgabe meist im Rahmen einer zentralen Informationsveranstaltung oder auf Info-Blättern.

② Wahl bzw. Formulierung des vorläufigen Themas (→ Kapitel 3)

③ Erfassen des Themas
- Verschaffen eines ersten Überblicks über den inhaltlichen Rahmen und den methodischen Schwerpunkt des Themas
- Untergliedern des Themas in Teilaspekte oder
- Formulierung von Fragen an das Thema (→ Formulierung einer zentralen Forschungsfrage sowie von untergliedernden Unterfragen)
- Abgrenzung des Themas von anderen, ähnlichen Themen
- Eventuell: Einengung des Themas durch Formulierung eines Unterthemas bzw. Formulierung einer enger gefassten Themenstellung (→ Kapitel 3)

④ Erstellen eines Arbeitsplanes (→ Seite 11 ff.)
⑤ Literatur-/Quellensuche (→ Kapitel 4)
⑥ Literatur-/Quellenauswertung (→ Kapitel 5)
⑦ Bei praktischen Arbeiten:
- Planung der praktischen Arbeitsteile (Experimente, Beobachtungen, Kartierungen, Interviews und Befragungen usw.; → Kapitel 8)
- Durchführung der praktischen Arbeiten
- Auswertung und Interpretation der Ergebnisse
- ggf. Fehleranalyse

⑧ Strukturierung des Themas und Erstellen einer vorläufigen Gliederung
⑨ Erste Schritte zum Text
- Erstellen einer Stoffsammlung (→ Seite 75 f.)
- Erarbeitung und Formulierung erster Textbausteine (→ Kapitel 6)
- erste Überlegungen zur Veranschaulichung zentraler Aspekte (z. B. durch digitale Folien beim Referat (→ Seite 176 ff.) oder Abbildungen in einer Facharbeit; → Seite 126 ff.)

⑩ Zusammenstellung der Textbausteine zu einer Rohfassung des Referates oder der Facharbeit
⑪ Festlegen der endgültigen Gliederung (→ Seite 131 ff.)
⑫ Fertigstellung der Endfassung
Beim Referat:
- Erstellen eines Redemanuskriptes oder von Moderationskarten mit zentralen Stichworten als Gedächtnisstützen (→ Seite 166 ff.)
- Erstellen geeigneter Veranschaulichungsmittel (digitale Folien, Karten usw.; → Seite 175 ff.)
- ggf. Verfassen eines Handouts (→ Seite 185 f.)

Bei der Facharbeit:
- logisch stimmige Anordnung der Textbausteine gemäß der endgültigen Gliederung
- Verbinden der einzelnen Textabschnitte durch Überleitungen
- eventuell inhaltliche und formale Optimierung des Textes
- Einbau der Veranschaulichungselemente (Diagramme, Skizzen, Bilder usw.; → Seite 126 ff.)
- optischer Feinschliff

⑬ Die letzten Schritte
Beim Referat:
- Probepräsentation(en) vor Freunden, Verwandten oder Bekannten
- eventuell auch Aufzeichnung eines Probedurchlaufes mit dem Smartphone
- letzter Feinschliff bei Inhalt und Präsentation

Bei der Facharbeit:
- Schlusskorrektur, Ausdrucken, Binden

1.2 Arbeitsplanung

Wichtig für die erfolgreiche Erstellung eines Referates bzw. einer Facharbeit ist ein **durchdachtes Zeitmanagement.**

Am Anfang wird dir die zur Verfügung stehende Zeit märchenhaft lang erscheinen. Ein Referat innerhalb einiger Wochen oder eine Facharbeit innerhalb einiger Monate zu erstellen, scheint problemlos möglich. Das ist es auch. Doch nur, wenn du zu Beginn einen stimmigen **Arbeitsplan** erstellst – und diesen dann auch konsequent einhältst!

Nimm also deinen Kalender zur Hand und lege ein grobes Zeitraster für deine Arbeit fest (→ Beispiel auf der nächsten Seite). Berücksichtige dabei:

- die verbindlich vorgegebenen Eckdaten (z. B. Beratungsgespräche, Termin der Fertigstellung)
- eine möglichst gleichmäßige Auslastung des Gesamtzeitraumes – also nicht alles auf die letzten zwei Wochen schieben
- absehbare schulische Belastungen (z. B. Klausurwochen)
- bereits bekannte private Ausfallzeiten (z. B. Urlaub, Nebenjob)
- markante Zwischenmarken deiner Arbeit:
  - Anfang und Ende der Literatursuche bzw. praktischer Arbeitsteile
  - Fertigstellung der Gliederung und der Stoffsammlung
  - Beginn der Niederschrift der Endfassung
  - Termine der Gespräche mit der betreuenden Lehrkraft
  - Datum der Fertigstellung (diese sollte zur Vermeidung unnötiger Torschlusspanik einige Tage vor dem Abgabetermin liegen)

TIPP

Damit du ihn stets vor Augen hast, solltest du den Arbeitsplan an einer auffälligen Stelle aufhängen, also etwa neben deinem Schreibtisch oder an der Tür zu deinem Arbeitszimmer.

Du kannst den Arbeitsplan zugleich auch als **Checkliste** nutzen:

- Streiche die erfolgreich abgeschlossenen Teile durch oder hake diese ab.
- Umrande nicht termingerecht abgeschlossene oder noch ausstehende Arbeitsschritte/Termine.

Übrigens: Das Erstellen und Einhalten eines Arbeitsplanes lässt sich auch bequem per Smartphone organisieren (→ Kapitel 1.5).

BEISPIEL: ARBEITSPLAN FÜR EINE FACHARBEIT

Woche Nr.	Woche	Besonderheiten	Arbeitsschritte
1	5.3.–11. 3.	Beratungsgespräch mit Fr. Schlumpf am 7.3.	– Thema wird gestellt am 5.3. – Arbeitsfragen/Arbeitshypothesen formulieren und mit Fr. Schlumpf am 7.3. besprechen – Materialrecherche im Internet – Bedingungen der KI-Nutzung klären!
2	12.3.–18.3.	Klausurwoche	– Gespräch mit H. Rörr (Experte) – Materialrecherche im Internet – Materialrecherche in Stadtbücherei
3	19.3.–25.3.	Klausurwoche	– Materialrecherche im Internet – ausgewähltes Material durcharbeiten
4	26.3.–1.4.	Beratungsgespräch mit Fr. Schlumpf am 30.3.	– ausgewähltes Material durcharbeiten – Erstellen einer vorläufiger Gliederung – Beginn Stoffsammlung
5	2.4.–8.4.		– falls notwendig, weitere Materialrecherche – ausgewähltes Material durcharbeiten – Fortsetzung Stoffsammlung – Abschluss Materialrecherche am Freitag
6	9.4.–15.4.	Kroatien-Urlaub	
7	16.4.–22.4.	Beratungsgespräch mit Fr. Schlumpf am 20.4.	– Material durcharbeiten – Abschluss Stoffsammlung – Gliederung fertigstellen – gegebenenfalls Nachrecherche + Ergänzung Stoffsammlung – Erstellen erster Textteile
8	23.4.–29.4.		– Erstellen weiterer Textteile
9	30.4.–6.5.	Geburtstag Lena (Party vorbereiten!)	– Erstellen weiterer Textteile
10	7.5.–13.5.	Klausurwoche	diese Woche ist nix drin!
11	14.5.–20.5.	Montag Mathe-Klausur! Zahnarzt-Termin am Freitag	– Erstellen letzter Textabschnitte für Hauptteil – Abbildungen (Grafiken, Bilder usw.) einbinden – Erstellen des Schlussteils – Layout-Feinabstimmung – Gedanken zum Deckblatt machen!
12	21.5.–27.5.		– Erstellen der Einleitung – Schlusskorrektur (Tippfehler, Rechtschreibung, Kommasetzung) – Gegenlesen durch Charlotte – Erstellen Inhaltsverzeichnis – Erstellen Deckblatt + Titelblatt + Quellenverzeichnis – Erstellen Abschlusserklärung – Ausdruck und Binden der Arbeit am 26. Mai
Abgabe am Dienstag, 29. Mai 10.00 Uhr			

Häufige Fehler bei der Erstellung und Umsetzung eines Arbeitsplanes sind:

- **Der Beginn der ernsthaften Arbeit am Thema wird hinausgezögert.**
  Gegenstrategie: Erstelle direkt nach der Festlegung deines Themas einen Arbeitsplan und halte diesen konsequent ein.
- **Schulische und private Stressphasen werden nicht berücksichtigt.**
  Gegenstrategie: Überlege, welche wichtigen Termine in Schule, Ehrenamt und Privatleben in die Zeit der Erstellung deines Referates/deiner Facharbeit fallen, und berücksichtige diese im Arbeitsplan.
- **Die Literatursuche wird endlos ausgedehnt („The-next-is-the-better-Syndrom").**
  Gegenstrategie: Lege ein definitives Ende der Literatursuche fest. Dies sollte etwa auf der Hälfte der verfügbaren Bearbeitungszeit liegen. Nur zur Lösung spezieller Probleme solltest du die Literatursuche danach erneut aufnehmen. Findest du keine geeignete Literatur, bitte die betreuende Lehrkraft um Hilfe.
- **Bestellzeiten für spezielle Literatur werden nicht eingeplant.**
  Gegenstrategie: Muss Literatur per Fernleihe, direkt beim Verlag oder bei staatlichen Stellen bestellt werden, solltest du Zeitverzögerungen einplanen. Bestelle daher möglichst frühzeitig.
- **Die Lesedauer bei Fachliteratur wird unterschätzt.**
  Gegenstrategie: Plane ausreichend Lesezeit ein. Halte ggf. Wörterbücher in digitaler oder gedruckter Form bereit, um unbekannte Begriffe nachzuschlagen. Schalte in Lesephasen ablenkende Musik und Hintergrundgeräusche wie z. B. Smartphone-Töne aus. So fällt es leichter, sich zu konzentrieren.
- **Bei praktischen Arbeiten geht man von einem glatten Verlauf aus.**
  Doch Experimente scheitern. Geräte sind defekt. Interviewpartner erkranken.
  Gegenstrategie: Plane bei praktischen Arbeiten stets eine Zeitreserve für eventuelle Probleme ein. Schließe praktische Arbeitsteile zudem so früh wie möglich ab. Liegen alle Befunde vor, kann man sie in Ruhe auswerten.
- **Korrekturzeiten werden nicht eingeplant.**
  Gegenstrategie: Plane eine großzügige Korrekturphase nach dem Probevortrag deines Referates bzw. der Fremddurchsicht deiner Facharbeit ein.
- **Schwierigkeiten mit dem Computer/Smartboard werden nicht bedacht.**
  Gegenstrategie: Mache dich bereits zum Start deiner Arbeit mit den Programmen bzw. technischen Geräten, die du nutzen möchtest, vertraut. Frage bei Problemen möglichst direkt einen „Experten".
- **Wer erwartet denn Computer- oder Druckerpannen?**
  Gegenstrategie: Sichere während und am Ende jeder PC-Sitzung deine Daten. Speichere diese zusätzlich auf einem Stick oder in der Cloud. Halte Druckerpatronen-/Toner-Ersatz und ausreichend Papier in der Hinterhand – und am besten auch einen Bekannten mit funktionierendem Drucker.

Achtung, Fehlerquellen!

Bei Fachliteratur ist eine Lesegeschwindigkeit von vier bis acht Seiten pro Stunde realistischer als seine solche von zehn bis 20 Seiten.

Viele Facharbeiten werden nicht Korrektur gelesen und enthalten deshalb formale Schwächen, die zu Punktabzügen führen.

Auch für das Binden der Facharbeit muss Zeit eingeplant werden!

1.3 Dokumentieren und Ordnen

Bei jeder Form wissenschaftlicher Arbeit ist es wichtig, vom Beginn des Arbeitsprozesses an Ergebnisse, Probleme und Ideen in schriftlicher Form festzuhalten. Hierbei kann man zwei Formen von Notizen unterscheiden:
- Notizen zum Arbeitsprozess;
- bibliografische Notizen (Vermerke zu Autor/Autorin und Titel der Quellen).

Diese Notizen kann man festhalten:
- handschriftlich in einem Heft (z. B. in Form eines Arbeitstagebuches);
- handschriftlich auf Karteikarten (z. B. in Form von Bibliografiekarten) oder
- elektronisch in einer Datenbank im Tablet, PC, Laptop oder Smartphone.

Alle drei Formen der Dokumentation haben Vor- und Nachteile, die sie jeweils für bestimmte Dokumentationsbereiche besonders geeignet bzw. ungeeignet erscheinen lassen (siehe unten).

Arbeitstagebuch

Bei umfangreicheren Referaten sowie bei Facharbeiten ist es hilfreich, den Prozess der Erstellung schriftlich festzuhalten. Dies geschieht in Form eines Arbeitstagebuches. Ein Arbeitstagebuch ist in der Regel ein Heft mit festem Einband, in das du, nach Datum sortiert, handschriftlich einträgst:
- den täglichen Arbeitsprozess
- Arbeitsergebnisse
- aufgetretene Probleme, Ideen für deren Lösung und Lösungsergebnisse
- Geistesblitze
- Hinweise auf eventuell brauchbare Quellen (Buchtitel, Internet-Adressen)
- Fragen, die im Beratungsgespräch zu klären sind
- Ergebnisse der Beratungsgespräche usw.

Das benutzte Heft sollte handlich sein. So kann man es stets mit sich führen, also auch in der Bibliothek, im Labor, bei Befragungen, selbst im Bett. Denn brauchbare Ideen kommen einem nicht nur am Schreibtisch und Literaturtipps erhält man oft an Stellen, wo man sie am wenigsten erwartet (z. B. in einer Fernsehsendung oder beim Gespräch mit Tante Erna). Die Eintragungen können stichwortartig, nach Oberbegriffen geordnet oder als zusammenhängender Text vorgenommen werden. Bei stichwortartigen Vermerken sollte man jedoch in den Formulierungen nicht zu knapp bleiben.

Auch nach einigen Wochen muss sich aus den Stichworten der Inhalt der Vermerke noch klar rekonstruieren lassen.

Ein Arbeitstagebuch bietet so die Möglichkeit,

- den Arbeitsprozess im Nachhinein nachzuvollziehen und zu reflektieren;
- Fehler zu erkennen und daraus Verbesserungsideen für nachfolgende Referate/schriftliche Arbeiten abzuleiten (auch für die Universität oder FH);
- Ideen, die man eventuell nicht direkt verwerten konnte, festzuhalten – vielleicht benötigt man sie ja an anderer Stelle;
- Quellen, die man gefunden, aber nicht kopiert, ausgedruckt oder ausgeliehen hat, später wiederzufinden;
- den Arbeitsfortschritt wie auch ungeklärte Fragen festzuhalten und so die Beratungsgespräche vorzubereiten;
- die Ergebnisse der Beratungsgespräche festzuhalten.

An einigen Schulen ist die Führung eines solchen Arbeitstagebuches bei der Erstellung einer Facharbeit verpflichtend. Es muss bei den Beratungsgesprächen vorgelegt werden.

Für praktische Arbeitsteile (z. B. naturwissenschaftliche Versuche, Befragungen und Interviews) reicht das Arbeitstagebuch als Dokumentation meist nicht aus. Hier sollte zusätzlich ein Protokoll erstellt werden (→ Seite 117 f.).

BEISPIELSEITE AUS EINEM ARBEITSTAGEBUCH

25. Mai 2024

Arbeitsprozess und Arbeitsergebnisse

- Literatur in der Stadtbücherei zur Mafia in Italien gesucht.
- Frau Brenner (Bibliotheksaufsicht) war kompetente Hilfe.
- Hat mir Signaturgruppe Ital 15 empfohlen.
- Dort vier brauchbare Bücher gefunden und ausgeliehen: RESKI 2009, GASPARINI 2011, DICKIE 2015, BESTLER 2021
- Habe lange im Büchereicomputer nach weiteren Büchern gesucht. Ohne Ergebnis.
- Hätte sofort Frau Brenner fragen sollen!! Sie hat mir gezeigt, dass man dort nicht das Stichwort Mafia eingeben muss, sondern *Mafia*. Nur dann findet man auch Bücher zum Thema Mafia ohne das Wort Mafia im Titel.
- Habe so DICKIE 2006 (Cosa nostra) und SAVIANO 2009 (Camorra) gefunden – alle Bücher sind ausgeliehen bis 31. Mai. Habe sie vormerken lassen.
- Weiterer Fund: Artikel in Zeitschrift „Italienisch – Zeitschrift für italienische Sprache und Literatur" 11/1993 von V. Consolo, Titel: „La mafia nella letteratura siciliana". Problem: ist auf Italienisch. Trotzdem kopiert.

Probleme & Lösungsideen

- Artikel in Zeitschrift ist auf Italienisch!!
- Toni von Pizzeria Prima Vera fragen, ob er mir den übersetzen kann.

Geistesblitze: Möchte in die Einleitung eine Sequenz aus dem Film „Der Pate" einbauen. Glaube, die macht neugierig.

Fragen für Beratungsgespräch

- Darf man auch Zitate und Bilder aus Filmen in die Facharbeit bringen? Wie gebe ich dafür die Quelle an?
- Darf man Diagramme aus Büchern einscannen oder muss ich die selber neu zeichnen? Darf man eingescannte Diagramme verändern/ergänzen?

Dokumentation auf Karteikarten

Neben dem Führen eins Arbeitstagebuches ist auch das Notieren wichtiger Informationen auf Karteikarten eine Möglichkeit, Arbeitsergebnisse systematisch zu dokumentieren. Meist benutzt man dazu Karteikarten im Format DIN A5. Die Eintragungen auf den Karten sehen dabei ähnlich aus wie in einem Arbeitstagebuch. Auf jeder Karte sollte oben das Datum notiert werden, an dem sie erstellt wurde.

Vorteile von Karteikarten gegenüber dem Arbeitstagebuch sind:
- Sie sind flexibler in der Handhabung.
- Sie sind klein und leicht. Man kann sie immer dabeihaben.
- Man kann sie – je nach Bedarf – immer wieder unter neuen Ordnungsgesichtspunkten sortieren.
- Unterschiedlich gefärbte Karten erlaubt es, Eintragungen zu systematisieren (z. B. grüne Karten für Arbeitsergebnisse, rote für offene Fragen usw.).

Nachteile der Dokumentation auf Karteikarten sind:
- Die für die Dokumentation zur Verfügung stehende Fläche ist kleiner als in einem Arbeitstagebuch.
- Karteikarten geraten leicht durcheinander.
- Man kann sie schnell verlieren.

Wer Schwierigkeiten hat, in seinen Unterrichtsnotizen Ordnung zu halten, sollte also besser auf die Benutzung von Karteikarten verzichten.

Übrigens: Mit einer entsprechenden App können Karteikarten auch einfach per Tablet/Smartphone erstellt werden (→ Kapitel 1.5).

Bibliografische Notizen (Literatur)

Hast du ein für dein Thema relevantes Buch oder einen geeigneten Zeitschriftenartikel gefunden, so musst du diese bibliografisch („bücherkundlich“) erfassen. Nur so kannst du sie später korrekt im Literatur- und Quellenverzeichnis dokumentieren. Alle Informationen, die zur eindeutigen Identifizierung eines Buches, eines Zeitschriftenartikel oder einer bestimmten Literaturstellen notwendig sind, bezeichnet man als **bibliografische Angaben**.

Du kannst diese in Form bibliografischer Notizen in deinem Arbeitstagebuch, auf einem Blatt Papier, auf Karteikarten oder in einer digitalen Datenbank im Tablet/Computer/Smartphone festhalten. Sie auf Karteikarten oder in einer digitalen Datenbank zu notieren ist optimal, da dies die rasche Erstellung eines **alphabetischen Literaturverzeichnisses** erlaubt. Ein solches ist sowohl in Facharbeiten, als auch in Referaten ein verpflichtender Baustein.

Festzuhaltende bibliographische Angaben sind dabei:

- der oder die Nachnamen der Autorin, des Autors oder der Autoren
- deren Vorname(n)
- das Erscheinungsjahr des Buches bzw. der Zeitschrift
- der Titel und gegebenenfalls der Untertitel des Buches, des vom Autor bzw. der Autorin verfassten Buchkapitels oder des Zeitschriftenaufsatzes
- bei einem Buch: Auflage, Erscheinungsort, Verlag und ggf. die Seitenzahl
- bei einer Zeitschrift: Heftnummer, Jahrgang und die Seiten des Artikels

TIPP

Notiere bibliografische Angaben für **alle** interessant erscheinenden Quellen. Denn: Sollte sich ein Buch oder ein Zeitschriftenartikel später als unbrauchbar erweisen, war die unnötigerweise für das Bibliografieren aufgewandte Zeit relativ gering. Muss hingegen eine Quelle, die sich wider Erwarten als ergiebig erweist, im Nachhinein bibliografisch erfasst werden, ist der Zeitaufwand um ein Vielfaches höher.

Bibliografische Notizen zu Büchern oder Zeitschriftenartikeln könnten etwa folgendes Aussehen haben:

BEISPIEL: LITERATURKARTEIKARTEN

Pantle, Christian (2017):
Der Dreißigjährige Krieg.
Als Deutschland in Flammen
stand.
6. Auflage. Berlin:
Propyläen Verlag.

Literaturkarteikarte für ein Buch

Heberer, Thomas (1994):
Volksrepublik China.
In: Nohlen, Dieter/
Nuscheler, Franz (Hrsg.):
Handbuch der Dritten Welt.
Band 8. 3. Auflage.
Bonn: Dietz, S. 64 – 138.

Literaturkarteikarte für ein Kapitel aus einem Buch mit Herausgebern, in dem verschiedene Autoren Kapitel geschrieben haben

Fox, Douglas/Ziegler, Christian
(2023): Die Gauner des Regen-
walds. Kletterpflanzen nehmen
den Bäumen in Tropenwäldern zu-
nehmend Licht und Nährstoffe weg.
In: Spektrum der Wissenschaft,
Heft 11/2023, S. 40 – 49.

Literaturkarteikarte für einen Zeitschriftenartikel

Bibliografische Notizen auf Kopien. Kopierst du Seiten aus Büchern oder Zeitschriften, so musst du auch auf den Kopien bibliografische Angaben notieren. In der Regel reicht es an dieser Stelle aber, oben auf jeder Kopie den Autor und die Jahreszahl festzuhalten. *Beispiel: Uhlenbrock/Walory 2024.* Anhand dieser Angaben kann dann die Quelle identifiziert werden – sofern eine entsprechende bibliografische Notiz im Arbeitstagebuch, auf einer Karteikarte oder im Tablet, Smartphone bzw. Computer angelegt wurde.

Bibliografische Notizen (Internetquellen)

Hast du Internetquellen gefunden, die für dein Thema interessant sind, so kannst du diese am Bildschirm anlesen. Erweist sich eine Quelle hierbei als brauchbar, solltest du diese ausdrucken. Ein Ausdruck liest sich angenehmer als ein Bildschirmtext. Zudem ist er stets verfügbar, ohne dass der Computer eingeschaltet werden muss, und kann problemlos mit Anmerkungen versehen werden.

Wie ein Literaturwerk muss auch eine Internetquelle bibliografisch erfasst werden. Nur so kannst du die Quelle im Internet wiederfinden und sie korrekt in deiner Arbeit zitieren (→ Kapitel 7). Und auch hier gilt: Je mehr bibliografische Angaben festgehalten werden, desto besser.
Zur bibliografischen Erfassung einer Internetquelle gehören aber in jedem Fall:

Aufbau einer URL: **http://** = Verwendetes Protokoll (hier: Hypertext Transfer Protocol) **www.chemie.de** = Domain-Name (bestehend aus Sub-, Haupt- und Top-Level-Domain) **/lexikon/Chemie.html** = Pfad

- URL (*Uniform Resource Locator*, Internet-Adresse)
- Datum des Abrufs der Quelle aus dem Internet
- Name und Vorname des Autors (gegebenenfalls Name der Institution)
- Titel der Internetquelle
- gegebenenfalls Datum/Erstellungsjahr der Quelle (z. B. bei Zeitungs- und Zeitschriftenartikeln sowie anderen Quellen mit hohem Aktualitätsgrad)

Die **Angabe des Abrufdatums** ist von besonderer Wichtigkeit, da Internetinhalte oftmals einem raschen Wandel unterworfen sind. Durch die Angabe des Abrufdatums sichert man sich gegen solche inhaltlichen Änderungen ab.

BEISPIEL: BIBLIOGRAF. ERFASSUNG EINER INTERNETQUELLE

https://www.faz.net/aktuell/wissen/medizin-ernaehrung/reprogrammierte-hautzellen-der-koenigsweg-zur-stammzelle-1438054.html
aus dem Internet am 10.02.2024 abgerufen
Autor: Joachim Müller-Jung
Titel: Reprogrammierte Hautzellen – Der Königsweg zur Stammzelle?
Artikel im FAZ.NET vom 7.6.2007

Wie Literaturwerke können auch Internetquellen auf Papier oder Karteikarten, im Smartphone, Tablet oder Computer bibliografiert werden. Die **bibliografische Erfassung im Tablet/Computer** hat hier allerdings eine Reihe von Vorteilen:

- Lange Internet-Adressen können nach dem Markieren durch Nutzen der Kopierfunktion problemlos in die Datenbank übernommen werden.
- Man vermeidet so Abschreibfehler.
- Zudem ist auf gleichem Weg die spätere Übernahme in das Quellenverzeichnis der Facharbeit oder des Referat-Handouts bequem möglich.

1.4 Arbeitsplatz und Arbeitsrhythmus

Arbeitsplatz

Gestalte deinen Arbeitsplatz funktional, bequem und ablenkungsarm:

- Der Schreibtisch sollte ausreichend Platz bieten, um mehrere Schriftstücke nebeneinanderlegen zu können. Deren Vergleich und Kombination sind dann ohne lästiges Nachschlagen möglich. Sinnvoll sind auch separate Ablagemöglichkeiten für häufig benutzte Literatur.
- Halte an deinem Arbeitsplatz stets ein Blatt Papier griffbereit, um darauf Ideen, Formulierungen oder Fragen zu notieren.
- Ein Arbeitsplatz ist prinzipiell ein Platz zum Arbeiten. Deshalb gehört ein Fernseher nicht in Schreibtischnähe. Computerspiele sowie auch Instagram, Snapchat oder TikTok sollten während einer Arbeitssitzung am Computer tabu sein. Handy oder Smartphone gehören abgeschaltet. Trenne Arbeit und Freizeitaktivitäten klar voneinander.
- Die Sitzgelegenheit sollte so beschaffen sein, dass sie ein bequemes, konzentriertes Arbeiten über längere Zeit ermöglicht.
- Die Lichtverhältnisse sollten ermüdungsfreies Lesen erlauben.

Arbeitsrhythmus

Richte deinen Tagesrhythmus so ein, dass du längere Zeit ohne Unterbrechungen arbeiten kannst. Dies bietet Vorteile:

- In einer längeren zusammenhängenden Arbeitsphase musst du dich nur einmal gedanklich auf den Stoff einstellen.
- Du kannst auch umfangreiches Material auswerten und dabei Strukturen und Zusammenhänge erkennen.
- Längerer Textpassagen können ohne inhaltliche und stilistische Brüche formuliert werden.

Ungünstig ist es, sich direkt nach starker körperlicher oder geistiger Anstrengung an die Arbeit zu begeben, also z. B. nach einem Fußballspiel oder einer Klausur. Man arbeitet dann oft unkonzentriert. Das Ergebnis ist trotz hohen zeitlichen Einsatzes unbefriedigend. Die Folge: Frustration entsteht.

Arbeite also bevorzugt zu Zeiten, in denen du körperlich und geistig frisch bist.

Setze dir erreichbare **Tagesziele**: Welche Literatur willst du bis 17:00 Uhr gelesen haben? Welchen Arbeitsschritt willst du heute abschließen? Beende die Arbeit, wenn du deine Tagesziele erreicht hast.

Motiviere dich selbst. Gehe mit einem Glas Orangensaft oder einem Tee entspannt an die Arbeit. Genieße den Abschluss eines Kapitels. Belohne dich nach dem Erreichen der Tagesziele z. B. durch einen Waldlauf oder eine entspannte Spielstunde an Laptop, Tablet oder Smartphone.

1.5 *Smartphone und Tablet*

Smartphone und Tablet haben sich in den vergangenen Jahren zu wahren Tausendsassas entwickelt. Es gibt (fast) keinen Lebensbereich, in dem die kleinen Alleskönner nicht nutzbar sind oder wären. Dies gilt in besonderem Maße auch beim Erstellen von Facharbeiten und Referaten sowie der Präsentation von Arbeitsergebnissen. Hier einige Nutzungsbeispiele.

Arbeitsplanung

Das Erstellen und Einhalten eines Arbeitsplanes lässt sich bequem per Smartphone oder Tablet organisieren: Mit Apps wie *Any.do, Zenkit To Do, Todoist* oder *Microsoft To-Do* können To-do-Listen erstellt und deren Bearbeitung überprüft werden. Die App *Focus To-Do: Pomodoro-Timer & Aufgabenmanagement* erlaubt es, Aufgaben sowie deren Zeitbedarf zu planen und die Ausführung per Timer zu kontrollieren. Auch mithilfe der App *Evernote* können To-Do-Listen gespeichert und verwaltet werden.

Erstellen einer Mindmap zur Strukturierung des Themas

Es gibt es Reihe guter, allerdings nur zum Teil kostenloser Mindmap-Programme, so *SimpleMind* und *MindMeister* oder *miMind* und *Mindly* sowie *Ayoa* und *Miro* (Android und iOS, einige Mindmaps frei, dann kostenpflichtig).

Organisation von Gruppenarbeiten

Es gibt hilfreiche Apps für die Organisation einer Gruppenarbeit, so z. B. für die Terminkoordination *Signal*, *WhatsApp* und *Doodle* (Android und iOS, gratis) oder *Threema* (kostenpflichtig) bzw. für den Austausch von Dokumenten und Bildern auch *WeTransfer* oder *Dropbox* (Android und iOS, gratis).

Internetrecherche

Viele gängige Suchmaschinen (→ Seite 68 f.) sind auch als kostenlose App für Android und iOS erhältlich, so z. B. *DuckDuckGo, Ecosia* und *Google*. Für die eigentliche Literaturrecherche sind Smartphone und Tablet aber nur dann gut einsetzbar, wenn die gefundenen Quellen auch ausgedruckt werden können. Hierfür muss eine Drucker-App installiert sein, z. B. *PrintJinni, Happy2Print* bzw. *Apple AirPrint* oder die zum Drucker passende App des Druckerherstellers. Zudem müssen Smartphone/Tablet und Drucker im gleichen WLAN-Netz angemeldet sein und der Drucker muss den Direktdruck vom Smartphone/Tablet unterstützen. Bei aktuellen WLAN-fähigen Druckern ist dies in der Regel der Fall.

Literatur abfotografieren und scannen

Das Smartphone in der Hand bedeutet natürlich auch immer eine Gefahr – die Gefahr der Ablenkung!

Als Alternative zum Kopieren von Buch- oder Zeitschriftenseiten bietet sich das Abfotografieren per Smartphone/Tablet an. Zudem gibt es Scan-Apps, die in vielen Fällen kostenlos sind, wie z. B. *CamScanner, Adobe Scan, Microsoft Lens, Tiny Scanner* oder *Genius Scan* (alle Android und iOS) *bzw. Prizmo* (nur iOS). Häufig ist eine kostenpflichtige Upgrade-Version erhältlich.

Dokumentation bibliografischer Daten

Karteikarten für die Dokumentation bibliografischer Daten können auch einfach per Smartphone/Tablet erstellt und verwaltet werden. Hilfreiche Apps sind hier z. B. *AnkiDroid Karteikarten* (Android, gratis) oder *Flashcards Deluxe* (Android und iOS, kostenlose Lite-Version, ansonsten kostenpflichtig).

Dokumentation bei eigener Forschungsarbeit

Im Rahmen eigener Forschungsarbeit bieten sich vielfältige Möglichkeiten, das Smartphone oder Tablet als Dokumentationsinstrument zu nutzen:

- Fotografiere Versuchsanordnungen/-ergebnisse, Begehungsobjekte oder Interviewpartner; die Fotos kannst du als Mail-Anhang verschicken und in die Facharbeit oder die *Power-Point*®-Präsentation integrieren.
- Dokumentiere Versuchsergebnisse mit Apps wie z. B. *Microsoft Excel*® (Android und iOS) und bereite sie ggf. grafisch auf.
- Zeichne Interviews mithilfe kostenloser Sprachaufzeichnungs-Apps auf, wie *Sprachmemos* oder *Dictaphone* (beide iOS), *Diktiergerät* oder *Smart Voice Recorder* (Android); bei personenbezogenen Foto und Tonaufnahmen muss die Genehmigung der betroffenen Person eingeholt werden (→ Seite 121).

Präsentieren mit Smartphone und Tablet

Mit Apps wie *Microsoft PowerPoint*® (Android und iOS) oder *Keynote*® (iOS) und passendem Zubehör (Verbindungskabel, ggf. Adapter, Presenter) werden Smartphone und Tablet zu perfekten Präsentationsmedien. In der Referentenansicht hast du deine Notizen zu den einzelnen Folien vor Augen. Zudem sind Zeichenwerkzeuge sowie eine Laserpointer-Funktion verfügbar.

Karteikarten für Präsentationen

Beim Referat kannst du Moderationskarten in Papierform als Stichwortgeber und Gedächtnisstütze verwenden. An die Stelle realer können aber auch digitale Karteikarten treten. Apps, die Karteikarten simulieren, sind z. B. *Flashcards Study Helper* oder *StudySmarter* (alle Android und iOS, Lite-Versionen kostenfrei).

1.6 Beratungsgespräche

Nutzen der Beratungsgespräche

Die Lehrperson, bei der du ein Referat anfertigst oder eine Facharbeit erstellst, wird auch diejenige sein, die deine Leistung beurteilt. Du solltest daher der Zusammenarbeit mit ihr einen besonderen Stellenwert einräumen.

Eine Möglichkeit zu intensiven Gesprächskontakten bieten die Beratungsgespräche. An vielen Schulen sind solche Gespräche im Rahmen der Facharbeitserstellung verpflichtend vorgesehen. Doch auch wenn diese an deiner Schule nicht obligatorisch sind, solltest du dich um entsprechende Gesprächstermine bemühen. Auch bei der Erstellung eines Referates zahlen sich Abstimmungs- und Beratungsgespräche mit der Lehrerin/dem Lehrer aus. Und dies aus mehreren Gründen:

- Du vermeidest auf diese Weise, eine gänzlich andere Arbeitsrichtung einzuschlagen, als von der betreuenden Lehrkraft angedacht und gefordert.
- Auftretende Probleme lassen sich häufig im Gespräch rasch klären.
- Eine kontinuierliche, enge Zusammenarbeit mit der betreuenden Lehrkraft schützt dich vor unangenehmen Überraschungen bei der Erteilung der Note.
- Die Gespräche erleichtern der Lehrerin bzw. dem Lehrer die Bewertung. Aus dem Gesprächsverlauf kann sie/er abschätzen, wie tief du in die Problematik eingedrungen bist und wie intensiv du gearbeitet hast. Das kann sich durchaus positiv auf die Note auswirken.

Tipps zur Gestaltung der Beratungsgespräche

- Plane diese Gespräche fest in deinen Arbeitsplan ein (→ Seite 11), sofern nicht bereits seitens der Schule konkrete Beratungstermine vorgegeben sind.
- Melde dich bei der betreuenden Lehrerin/dem betreuenden Lehrer an.
- Bitte diese/n, sich Zeit für das Gespräch zu nehmen. Führe Beratungsgespräche nicht zwischen Tür und Angel, also z. B. nicht in der Fünf-Minuten-Pause.
- Bereite dich auf diese Gespräche vor. Sichte dein Arbeitstagebuch (→ Seite 12). Sofern du kein solches führst, solltest du stets ein Blatt Papier griffbereit haben, auf dem du Fragen, Probleme, aber auch Ideen rund um dein Referat/deine Facharbeit notierst. Gehe vor dem Beratungsgespräch deine Notizen durch. Ordne diese. Entwickle davon ausgehend einen **Leitfaden für das Gespräch** und halte ihn schriftlich fest.

- Formuliere wichtige Aspekte, die du ansprechen willst, vorab schriftlich (z. B. deine vorläufige Gliederung). Gib diese schriftlichen Unterlagen unter Umständen bereits einen Tag vor dem Gespräch an die betreuende Lehrperson. Diese hat so die Möglichkeit, sich in Ruhe mit deinen Vorstellungen auseinanderzusetzen, und kann dich dann intensiver und besser beraten.
- Vertraue nicht allein deinem Gedächtnis: Halte wichtige Informationen und Ergebnisse schon während des laufenden Beratungsgespräches schriftlich fest. Notiere Termine. Halte konkrete Vorgaben und zentrale Formulierungen wörtlich fest, alles andere sinngemäß.
- Optimal ist es, wenn du deinen schriftlichen Leitfaden für das Beratungsgespräch so gestaltest, dass unter dem anzusprechenden Problempunkt bzw. der jeweiligen Frage Platz für Gesprächsnotizen frei gelassen wird.
- Stelle wichtige Fragen direkt und unverblümt. Nur so erhältst du eine eindeutige Antwort.
- Bitte die Lehrerin bzw. den Lehrer bei zentralen Fragen um eine klare Antwort. Vage Aussagen wie „Machen Sie dieses zunächst einmal so. Wir werden dann ja sehen. ..." helfen dir in deiner Arbeit nicht weiter. Du solltest sie nicht akzeptieren.
- Lasse dir zentrale Absprachen – etwa die Genehmigung der Gliederung – durch einen schriftlichen Vermerk der Lehrerin/des Lehrers bestätigen (z. B. „o. k. – Schmitz – Mai 2024“).
- Zeige dich flexibel: Weichen die Vorstellungen der Lehrerin/des Lehrers deutlich von deinen ab, suche einen Kompromiss.

TIPP

Für Schule wie auch für Universität/Fachhochschule gilt: Kommunikation ist alles. Suche bei Referaten wie auch schriftlichen Ausarbeitungen rechtzeitig das Gespräch mit der Lehrkraft, der Professorin/dem Professor. Denke daran: Nur Fragen, die du auch tatsächlich stellst, können beantwortet werden!

Das Gespräch mit der betreuenden Lehrperson sollte in jedem Fall immer dann gesucht werden, wenn größere Fragen oder Probleme auftreten.

Darüber hinaus sind Beratungsgespräche generell an vier Stellen im Arbeitsprozess sinnvoll und notwendig:

① Zu Beginn des Arbeitsprozesses
② Bei der Themenstellung/Themenwahl
③ Zur Absegnung der Gliederung
④ Kurz nach dem Start in die Reinschriftphase

Beratungsgespräch zu Beginn des Arbeitsprozesses

Hier solltest du, soweit nicht bereits im Rahmen einer allgemeinen Informationsveranstaltung für den ganzen Kurs/die gesamte Jahrgangsstufe geschehen, im Gespräch mit der Fachlehrerin oder dem Fachlehrer abklären, wie der organisatorische Rahmen der Arbeit abgesteckt ist. Dies betrifft die Aspekte:

- Art und Weise der Themenstellung/-wahl
- Umfang der zu erstellenden Arbeit (bei Referaten minimale und maximale Vortragsdauer; bei Facharbeiten: Unter- und Obergrenze des Seitenumfanges)
- Zeitrahmen der Erstellung, genauer Vortrags- bzw. Abgabetermin
- geforderter Umfang der Literatur- bzw. Quellenarbeit
- Möglichkeiten bzw. Notwendigkeit der Einbindung praktischer Arbeitsteile
- Umfang und Form der Anbindung an das Kursthema oder die behandelten Unterrichtsinhalte
- Vorgaben zu Nutzung textgenerierender KI wie *ChatGPT* oder *ResearchGPT* (→ Kapitel 2); dabei u. a. Klärung der Fragen: An welchen Stellen im Arbeitsprozess dürfen textgenerierende KI-Chatbot eingesetzt werden? In welcher Form ist ihre Verwendung bei der Erstellung des Referates bzw. der Facharbeit zu dokumentieren? Wie wirkt sich der Einsatz von z. B. ChatGPT auf die Benotung aus?
- fachspezifische Regelungen (z. B. Festlegung der Form, in der fremdsprachliche Quellen in die Arbeit eingebracht werden müssen)
- zu beachtende formale Rahmenvorgaben: Seitenlayout, Zitierweise usw.
- Bewertungskriterien
- Stellenwert der erteilten Note
- Termine weiterer Beratungsgespräche

Beratungsgespräch bei der Themenstellung/Themenwahl

Die Abläufe bei der Themenstellung/-wahl variieren je nach Bundesland, Schule, ja Lehrkraft erheblich (→ Kapitel 3). Sofern du an der Themenformulierung mitwirken kannst, ist es nötig, gemeinsam mit der betreuenden Lehrkraft das vorläufige und schließlich auch das endgültige Thema bzw. das eingrenzende Unterthema zu formulieren. Hierbei gilt es abzuklären:

- Ist das von mir gewünschte Thema nach Ansicht der Lehrkraft ergiebig genug?
- Ist es in ausreichendem Maße eingegrenzt (gegebenenfalls durch das Unterthema)?
- Ist das Thema so gestaltet, dass es mit den Vorstellungen der Lehrkraft bzw. der Schule zur Beschränkung des Einsatzes textgenierender KI kompatibel ist? (→ Kapitel 2 und 3)
- Sind meine spontanen Vorstellungen und Fragen zum Thema logisch und nachvollziehbar?

Nachdem du dein endgültiges Thema erhalten und erste Überlegungen zur Umsetzung angestellt hast, ist es sinnvoll, mit der betreuenden Lehrkraft ein weiteres Beratungsgespräch zu führen.

Bringe zu diesem Gespräch mit:
- deinen Arbeitsplan (→ Seite 12)
- eine vorläufige Literaturliste
- eine erste grobe Gliederung

Erbitte von der Lehrerin/dem Lehrer Informationen zu folgenden Punkten:
- Welche inhaltlichen Schwerpunkte stellt sie/er sich bei diesem Thema vor?
- Kann sie/er neben den von dir bereits gefundenen Autoren und Literaturwerken weitere empfehlen? (So vermeidet man es, gegebenenfalls einen „Lieblingsautor" der Lehrkraft zu übersehen.)
- Welche besonderen methodischen Aspekte möchte sie/er bei diesem Thema berücksichtigt wissen? Zum Beispiel: An welcher Stelle und in welchem Umfang müssen praktische Arbeiten eingebracht werden? Wird eine bestimmte Form der Ergebnisdokumentation gewünscht (Karte, Diagramm usw.)? Wie soll in sprachlichen Fächern der Umgang mit der Primärquelle aussehen?
- In Referaten: In welchem Umfang können bzw. müssen Präsentationstechniken (→ Seite 175 ff.) angewandt werden?
- Bei praktischen Arbeiten: Welche Möglichkeiten zur Durchführung der bei deinem Thema notwendigen eigenen Forschungsarbeit gibt es in der Schule (z. B. Laborplätze; Möglichkeiten zur Haltung von Versuchstieren)? Welche Vorschriften müssen beachtet werden (z. B. Sicherheitsstandards)? Welche Genehmigungen müssen gegebenenfalls eingeholt werden (z. B. für Umfragen, bestimmte Begehungen und Kartierungen)?
- Welche besonderen formalen Aspekte sind bei diesem Thema zu berücksichtigen? Sollten z. B. bei praktischen Arbeiten die ermittelten Rohdaten im Anhang aufgeführt werden?
- Ist der von dir vorgesehene Zeitplan praktikabel?
- Wann soll das nächste Beratungsgespräch stattfinden? (Sofern der Termin nicht durch die Schule vorgegeben ist.)

Das Beratungsgespräch zu diesem frühen Zeitpunkt ist von besonderer Bedeutung. Durch möglichst klare Absprachen mit der Fachlehrerin oder dem Fachlehrer vermeidest du, deine weitere Arbeit in eine falsche Richtung zu lenken und dieses erst dann zu bemerken, wenn du bereits viel Zeit und Mühe investiert hast und es für eine Korrektur der Arbeitsrichtung möglicherweise schon zu spät ist.

Beratungsgespräch zur Absegnung der Gliederung

Bevor du mit der Abfassung erster Textpassagen beginnst, solltest du erneut das Gespräch mit der Betreuerin oder dem Betreuer suchen.

Dies sollte dein Arbeitsstand sein:

- Du hast die Literatur-/Quellensuche und die Literatur-/Quellenauswertung weitestgehend abgeschlossen.
- Es wurde eine Gliederung erstellt.
- Eventuelle praktische Arbeitsteile sind zumindest in wesentlichen Teilen ausgeführt worden.
- Du hast mit dem Erstellen einer Stoffsammlung begonnen (→ Seite 75 f.).

Bring zu diesem Gespräch mit:

- deine Literaturliste
- deine Gliederung
- gegebenenfalls die Ergebnisse deiner praktischen Arbeit
- gegebenenfalls dein Arbeitstagebuch
- gegebenenfalls deine Stoffsammlung
- gegebenenfalls eine Liste der aufgetretenen Fragen und Probleme

Im Gespräch solltest du nun

- die Ergebnisse deiner bisherigen Arbeit vorstellen; kläre dabei ab, inwieweit deine Arbeitsrichtung mit den Vorstellungen der Lehrerin bzw. des Lehrers übereinstimmt;
- die betreuende Lehrkraft darüber informieren, welche Literatur/Quellen du bisher gefunden hast; bitte die Lehrerin bzw. den Lehrer gegebenenfalls um Tipps für die Beschaffung von Literatur, mit der noch bestehende Lücken im Materialfundament deiner Arbeit ausgefüllt werden können;
- bei praktischen Arbeiten: der Lehrkraft über erzielte Ergebnisse, aber auch über Probleme und offene Fragen berichten;
- deine Gliederung vorstellen und erläutern; diskutiere diese mit der Lehrerin bzw. dem Lehrer; kläre ab, ob die Abfolge der Gliederungspunkte logisch ist und dem gestellten Thema entspricht;
- gemeinsam mit der Lehrkraft überprüfen, inwieweit deine bisherige Arbeit der Intention des gestellten Themas entspricht;
- gegebenenfalls Probleme und Fragen besprechen, die sich bei deiner bisherigen Arbeit ergeben haben; bitte die Lehrerin/den Lehrer eventuell auch um Tipps, wie du diese lösen kannst;
- den Termin für ein letztes Beratungsgespräch festlegen (sofern dieser nicht durch die Schule vorgegeben ist).

Beratungsgespräch kurz nach dem Start in die Reinschriftphase

Bei diesem letzten Beratungsgespräch kann es nicht mehr darum gehen, deine Arbeitsrichtung neu zu bestimmen oder weitere Literaturempfehlungen aufzunehmen. Dafür ist die Arbeit zu diesem Zeitpunkt bereits zu weit fortgeschritten. Vielmehr geht es darum, dem Endprodukt bezüglich Formulierung und Layout beziehungsweise Darbietung den „letzten Schliff" zu geben.

Dies sollte dein Arbeitsstand sein:
- Die Rohfassung deines Referates bzw. deiner Facharbeit liegt vor (Stoffsammlung sowie ausformulierte Textbausteine).
- Ebenso hast du deine vorläufige Gliederung überarbeitet und gegebenenfalls ergänzt oder umgestellt.
- Du hast bei der Facharbeit eine erste Textseite in der vorgesehenen Reinschriftversion bzw. beim Referat eine erste (digitale) Folie, ein Tafelbild oder eine Kartencollage erstellt, inklusive des dazu angedachten Textes.
- Noch aber ist die Endfassung nur zu einem Bruchteil fertig, sodass Änderungen ohne großen Aufwand möglich sind.

Bringe zu diesem Gespräch mit:
- die Endfassung der Gliederung
- eine Seite deiner Facharbeit/eine (digitale) Folie etc. deines Referates in der vorgesehenen endgültigen Form („Probeseite")
- gegebenenfalls dein Arbeitstagebuch
- gegebenenfalls eine Liste der aufgetretenen Fragen und Probleme

Im Gespräch mit der Lehrerin oder dem Lehrer solltest du
- die von dir entworfene endgültige Gliederung besprechen;
- inhaltliche und methodische Schwerpunkte erläutern, die du in der Endfassung deiner Arbeit setzen willst;
- von dir vorgesehene Veranschaulichungselemente vorstellen und deren Einsatz besprechen (bei Referaten: digitale Folien z. B. im Rahmen einer *PowerPoint®*-Präsentation, Karten, Filmausschnitte usw.; bei Facharbeiten: Diagramme, Karten, Tabellen usw.);
- bei Referaten: den Einsatz eines Handouts besprechen, den Einsatz von Tondokumenten oder Filmausschnitten erörtern;
- bei Facharbeiten: die bereits fertiggestellte Probeseite mit der betreuenden Lehrkraft durchsehen und daraufhin überprüfen, ob die formalen Aspekte, die optische Gestaltung und die Zitiertechnik den Vorstellungen der Lehrerin bzw. des Lehrers entsprechen;
- gegebenenfalls noch bestehende Fragen und Probleme klären.

1.7 Gruppenarbeit

Häufig besteht die Möglichkeit, ein Referat oder eine Facharbeit zu zweit, zu dritt oder zu viert zu erstellen. Eine solche Gruppenarbeit bringt Vor-, aber auch Nachteile mit sich.

Zunächst muss, so die Vorgabe der Kultusministerkonferenz, bei Arbeiten, an denen mehrere Schülerinnen oder Schüler beteiligt sind, die **individuelle Leistung jedes Einzelnen** gesondert bewertet werden. Das heißt, die Gruppenarbeit muss so konzipiert sein, dass die eigenständige Arbeitsleistung jeder/jedes Beteiligten für die Lehrerin oder den Lehrer klar erkennbar und erfassbar ist und getrennt von den Leistungen der Übrigen bewertet werden kann.

In **Referaten** kann dies z. B. dadurch sichergestellt werden, dass jedes Gruppenmitglied den von ihm formulierten Teil des Referates vorträgt. Dabei ist es wichtig, das Referatthema so zu untergliedern, dass jede bzw. jeder Vortragende einen etwa gleich langen und gleich ergiebigen Abschnitt zugeteilt bekommt. Es besteht jedoch auch die Möglichkeit, eine „methodische Arbeitsteilung" vorzunehmen: Ein Mitglied der Gruppe zeichnet z. B. für den Referattext verantwortlich und trägt diesen vor. Ein anderes erstellt und präsentiert die digitalen Folien, Overheadfolien, usw. Ein weiteres Gruppenmitglied erstellt das Handout.

In einer **Facharbeit** zum Thema „Malta – eine Insel zwischen Afrika und Europa" könnte z. B. ein Gruppenmitglied den Naturraum, ein anderes die historische und politische Entwicklung Maltas, ein drittes die Wirtschaft der Inselrepublik und ein viertes die aus der Lage der Insel abzuleitende Flüchtlingsproblematik abhandeln. Gemeinsam würden dann Inhaltsverzeichnis, Einleitung, Schlusswort, Literatur-/Quellenverzeichnis und ein eventueller Anhang erstellt. Die Beiträge der Gruppenmitglieder müssen in der Schlusserklärung der Facharbeit einzeln ausgewiesen werden (→ Seite 154).

Vorteile einer Gruppenarbeit sind unter anderem:

- Jedes Gruppenmitglied kann seine persönlichen Kenntnisse, Fähigkeiten und Fertigkeiten in die Arbeit einbringen.
- Auch ein komplexes Thema, dessen Bearbeitung durch eine Einzelperson ausgeschlossen wäre, kann durch eine Gruppe bearbeitet werden.
- Bei der Quellenrecherche kann jeder seine Rechercheschwerpunkte setzen (z. B. Internet, Bibliothek usw.) und dabei für alle Gruppenmitglieder mitrecherchieren. Hieraus ergibt sich für alle ein Zeitgewinn.
- Auch bei praktischen Arbeiten bietet Teamarbeit die Möglichkeit, einander zuzuarbeiten und komplexere praktische Arbeiten arbeitsteilig zu bewältigen

- Man kann Ergebnisse gemeinsam diskutieren und Probleme in der Gruppe meist rascher lösen als allein.
- Man kann sich unter Umständen gegenseitig Formulierungshilfe leisten.
- Fertiggestellte Teile der Arbeit kann man wechselseitig Korrektur lesen.
- Gemeinsames Arbeiten macht Spaß.

Nachteile einer Gruppenarbeit sind unter anderem:
- Um die einzelnen Abschnitte der Arbeit zu koordinieren, sind Absprachen notwendig. Dazu bedarf es einer Reihe von Treffen. Diese kosten Zeit.
- Zudem ist es nicht immer einfach, gemeinsame Arbeitstermine zu finden.
- Einzelne Gruppenmitglieder können sich als Bremser erweisen, wenn sie z. B. ihre Arbeitsteile nicht rechtzeitig oder nicht ordentlich fertigstellen.
- Stellen Gruppenmitglieder ihre Arbeitsteile nicht vollständig oder nicht in befriedigender Weise fertig, so schmälert das den Gesamteindruck. Dies wirkt sich erfahrungsgemäß negativ auf alle Einzelnoten aus.
- Gruppentreffen verleiten dazu, miteinander zu plaudern. Kommunikationsfreudige Gruppenmitglieder können diese Treffen zu „Quasselstunden“ werden lassen, was dazu führen kann, dass Termine nicht eingehalten werden und die Qualität der gemeinsamen Arbeit leidet.

Gruppenarbeiten lassen sich bequem über das Smartphone organisieren (→ Kapitel 1.5).

TIPP

In Zeiten der Corona-Pandemie haben Videokonferenzen eine große Bedeutung bekommen. An den Schulen kommen dabei verschiedene Videokonferenztools zum Einsatz wie *Zoom, Microsoft Teams, Skype, Jitsi* oder *BigBlueButton*. Solche Tools können auch für Absprachen, Ergebnisvorstellungen und Diskussionen bei Gruppenarbeiten genutzt werden.

Damit gilt:
- Zu Beginn der gemeinsamen Arbeit sollte man klare Absprachen über Arbeitsaufteilung, Arbeitsstil und einzuhaltende Termine treffen (z. B. im Arbeitstagebuch).
- Es empfiehlt sich, diese Absprachen schriftlich festzuhalten.
- Verletzt ein Gruppenmitglied die getroffenen Vereinbarungen, muss dieses darauf hingewiesen werden. In gravierenden Fällen sollte man dessen Ausschluss aus der Gruppe in Erwägung ziehen.
- Je genauer man den Arbeitspartner kennt, desto leichter wird die Erstellung gemeinsamer Abschnitte bei einer Facharbeit oder die Koordination des Vortrages beim Referat fallen.
- Eine Gruppenarbeit sollte man daher nur mit jemandem angehen, dessen Arbeitsbereitschaft und Arbeitsfähigkeiten man einschätzen kann.

1 Arbeitsorganisation

➔ **Arbeit planen, Dokumentieren & Ordnen, Beratungsgespräche**

1 ARBEITSPLAN

➔ diesen zu Beginn der Arbeit an Referat/Facharbeit erstellen

➔ er muss enthalten:

- verbindliche Eckdaten (z. B. Beratungsgespräche, Fertigstellungstermin)
- absehbare schulische Belastungen (z. B. Klausuren)
- bekannte private Ausfallzeiten (z. B. Urlaub)
- markante Zwischenschritte auf dem Weg zur Fertigstellung

➔ erstellen – aufhängen – konsequent einhalten!

2 DOKUMENTIEREN

➔ Arbeitsprozess im Arbeitstagebuch

➔ Ergebnisse praktischer Arbeit im Arbeitstagebuch, in Protokollen (handschriftlich, digital, Audio, Video …)

➔ bibliografische Informationen zu gefundenen Quellen auf Papier, Karteikarten, im PC, im Smartphone/Tablet

3 ORDNEN

➔ alle Informationen strukturiert ordnen

➔ Ordnungskriterien können z. B. sein:

- chronologisch nach Datum
- sachlogisch nach Großabschnitten (Einleitung, Hauptteil, Schlussteil)
- thematisch nach Stichworten

➔ im Ringordner helfen Trennblätter, Unterlagen übersichtlich zu organisieren

4 BERATUNGSGESPRÄCHE MIT DER BETREUENDEN LEHRKRAFT

➔ wichtig: Sie bieten die Möglichkeit zum intensiven Austausch mit der Lehrerin/dem Lehrer!

➔ daher gut vorbereiten (→ Arbeitsstand feststellen → Fragen & Anliegen formulieren)

➔ Elemente der Beratungsgespäche können sein:

- Vergewisserung hinsichtlich der eingeschlagenen Arbeitsrichtung
- Absegnung zentraler Elemente (z. B. der Formulierung des Themas, der Gliederung)
- Feedback zum Ergebnis der Literatur-/Quellenrecherche
- Klärung aufgetretener Fragen
- Bitte um Lösungshilfen für nicht eigenständig zu bewältigende Probleme

➔ Ergebnisse des Gespräches schriftlich festhalten (ggf. von Lehrkraft abzeichnen lassen)

Umgang mit Künstlicher Intelligenz

2

Seit kurzem ist Künstliche Intelligenz (KI) als aufgabenlösender Zaubertrick in aller Munde. Kann ich meine Facharbeit nicht auch einfach von der KI generieren lassen? Darf ich sie überhaupt für mein Referat verwenden? Dieses Kapitel will klären, wie man verantwortungsvoll mit den neuen Möglichkeiten umgeht.

2.1 *Künstliche Intelligenz und Schule: Ein angespanntes Verhältnis*

„Ein neues technisches Zaubermittel steht bereit, das in jeden Rucksack und in jede Federmappe passt, schwere Aufgaben wie von selbst erledigt und das ganze Lernen und alle Prüfungen überflüssig macht."
So oder so ähnlich reagierten Lehrkräfte und ihre Lerngruppen einst auf die technische Innovation des Taschenrechners. Mit zeitlichem Abstand wissen wir inzwischen, dass sich weder die Hoffnungen noch die Befürchtungen der Lehrer- wie der Schülerschaft bewahrheitet haben. Es gibt immer noch Mathematikunterricht, es gibt weiterhin Klausuren, in denen man den Taschenrechner teilweise einsetzen darf, teilweise aber auch nicht, und das Gerät ist zu einem Hilfsmittel wie Geodreieck oder Zirkel geworden, das anspruchsvolle Aufgaben leider nicht von selbst löst, sondern dessen Nützlichkeit von der mathematischen Kompetenz seiner Verwender abhängt. Vieles spricht dafür, dass es sich mit dem Einsatz der KI im Unterricht, in Referat und Facharbeit ähnlich verhalten wird, denn **KI ist ein Werkzeug**, keine Magie.

- Zu ihrem Einsatz sind vorerst genaue Absprachen mit den betreuenden Lehrkräften wichtig, bis es einheitliche Regelungen gibt.
- Vor allem aber müssen wir für uns ein Verständnis dieses neuen Werkzeugs gewinnen: Um was für ein Hilfsmittel handelt es sich? Was kann es für mich leisten? Und wie setze ich es besser nicht ein?

TIPP

Welche Regeln gelten für mich?
Kläre frühzeitig die an deiner Schule geltenden Regeln und Absprachen zu Künstlicher Intelligenz. Gehe auf deine Lehrkraft zu und recherchiere, ob es an deiner Schule Leitlinien zu diesem Thema gibt, etwa im schulinternen Leitfaden zum Schreiben von Facharbeiten.

2.2 Was ist und was kann Künstliche Intelligenz (nicht)?

Als die Firma *OpenAI* im November 2022 *ChatGPT* veröffentlichte, war das Thema „Künstliche Intelligenz" für Wochen und Monate in aller Munde. Dabei war die präsentierte KI im Grunde nichts Neues; sie setzte nur besser und für viel mehr Menschen zugänglich um, was andere Künstliche Intelligenzen vorher auch geleistet hatten.

Schwache KI beherrscht nur einen Bereich, zum Beispiel das Generieren neuer Texte auf eine Eingabeaufforderung hin.

Starke KI könnte über ihren Bereich hinaus arbeiten – es gibt eine solche KI aber noch nicht.

Bei einer KI handelt es sich um ein teilweise eigenständig arbeitendes Werkzeug für eine bestimmte Aufgabe. Alle bestehenden KI-Systeme stellen sogenannte **schwache KI** dar, die jeweils eine bestimmte Aufgabe erfüllen kann. Manche KI-Systeme können Bilder generieren, wie *Midjourney*, andere können Schach spielen wie *AlphaZero* und KI-Systeme wie *ChatGPT* können ein textbasiertes Gespräch simulieren. Wenn es einmal eine **starke KI** geben sollte, würde sie bereichsübergreifend arbeiten können; das trifft aber auf alle bisher existierenden KI-Systeme nicht zu.

Algorithmen sind Ablaufpläne zur Lösung eines Problems. „A + B = C" ist beispielsweise ein Algorithmus zur Bestimmung der Summe von A und B.

Künstliche Intelligenz ist keine Person

Wichtig ist es zu verstehen, dass es sich bei der KI nicht um eine künstliche Person handelt, die sich ihrer selbst bewusst ist und die uns als Dialogpartnerin bzw. -partner zur Verfügung steht, auch wenn es beim Umgang mit der KI zunächst diesen Anschein hat. Künstliche Intelligenz *simuliert* nur eine Person, indem die textgenerierenden **Algorithmen** nach statistischer Wahrscheinlichkeit das Wort „ich" verwenden.

„Herzlichen Glückwunsch zum ...!" Wir können uns leicht ein sinnvolles Ende dieses Satzes vorstellen, „zum Führerschein" etwa oder „zum bestandenen Abitur". Auch eine Künstliche Intelligenz kann diesen Satz sinnvoll vervollständigen – sie „stellt" sich dabei aber nichts „vor". Wie auch gängige Chatprogramme wie *WhatsApp* es tun, schlagen KI-Systeme als Vervollständigung der Wortfolge „Herzlichen Glückwunsch zum" das Wort „Geburtstag" vor, wenn in den zu ihrem Training analysierten Datensätzen am häufigsten „Geburtstag" diese Wortfolge abgeschlossen hat und Algorithmen der KI das am häufigsten verwendete Wort auswählen. „Geburtstag" wird automati-

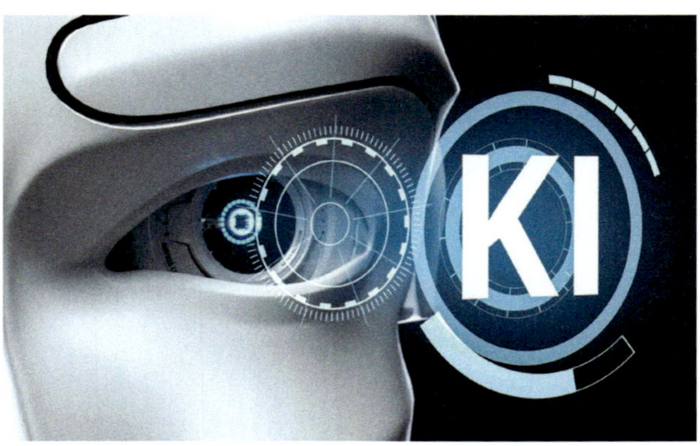

siert aufgrund der aus einem Datensatz ermittelten statistischen Wahrscheinlichkeit vorgeschlagen – und nicht, weil es eine denkende Intelligenz gäbe, die selbst handelte. KI wird mit einem bestimmten Bestand an Daten angelernt. Sie verfügt über kein Wissen außerhalb dieser Daten.

TIPP

Behandle KI als ein Werkzeug

Behandle KI wie einen Toaster und nicht wie eine Lernpartnerin oder einen Lernpartner. Auch wenn eine textgenerierende KI von sich als „ich" spricht oder dir Fragen stellt, ist sie *keine* Person.

Die Ergebnisse der Arbeit mit Künstlicher Intelligenz können fehlerhaft sein

Du schreibst „Herzlichen Glückwunsch zum" und deine Messenger-App schlägt dir „Geburtstag" vor, weil das Wort „Geburtstag" laut Datensatz der Messenger-App in genau dieser Schreibweise am häufigsten nach der Wortfolge „Herzlichen Glückwunsch zum" vorkommt. Wenn du nun aber korrigierend eingreifst und statt „Geburtstag" „geburdstach" schreibst und dies zwei- oder dreimal wiederholst, wird der Messenger dir in Zukunft „geburdstach" anstelle von „Geburtstag" vorschlagen. Durch dein Verhalten hat sich der Datensatz verändert. Das Programm hat „gelernt", „geburdstach" zu wählen, eine Schreibweise, die natürlich falsch ist und die du in Referaten und Facharbeiten lieber nicht verwenden solltest.

Was eine KI kann, hängt also u. a. vom Datensatz ab, mit dem sie trainiert wurde. Schlechte Datensätze sind eine mögliche Fehlerquelle im Umgang mit KI, nicht zielführende Algorithmen eine andere. So könnte eine Textvervollständigung versuchen, dich von der Verwendung eines Begriffes abzuhalten, der algorithmisch als ähnlich zu „verbotenen" Wörtern erkannt wird, die etwa als Beleidigungen definiert sind. Du willst einen Kraftausdruck verwenden, doch schreiben kannst du stattdessen nur „schade"...

TIPP

Hinterfrage das Wissen, auf das eine KI zugreifen kann

Bedenke, dass der einer KI zur Verfügung stehende Datensatz ihren Einsatz begrenzt. Wenn eine textgenerierende KI beispielsweise mit Daten aus dem Internet bis zum Dezember 2022 angelernt wurde, wird sie keine Neuigkeiten aus dem Jahr 2023 berücksichtigen.
Frage eine textgenerierende KI danach, welche Daten ihr zur Verfügung stehen.

BEISPIEL: KI ALS FEHLERQUELLE

Nehmen wir an, es gäbe genau diese sieben – für dieses Beispiel erfundenen – Bücher zum Thema „Künstliche Intelligenz“ und sie wären im Datensatz der befragten KI enthalten.

- Appel, Herbert: Mit KI umsichtig umgehen. Stuttgart 2018
- Günal, Adnan: Tipps zur erfolgreichen Arbeit mit Künstlicher Intelligenz. Stuttgart 2017
- Müller, Arnold: mit Künstlicher Intelligenz arbeiten. Frankfurt am Main 2022
- Müller, Johannes: Achtung KI! Sie ist kein Erfolgsversprechen. Münster 2022
- Müller, Lieselotte: Sie sollten keine KI nutzen. Stuttgart 2021
- Schmidt, Herbert: KI – Chancen und Gefahren. Paderborn 2022
- Werner, Anna: So arbeiten Sie erfolgreich mit Künstlicher Intelligenz. Stuttgart 2024

Die Künstliche Intelligenz könnte dir auf die Anfrage nach Literatur hin vorschlagen das Buch „Erfolgreich arbeiten mit KI“ zu verwenden, das von Herbert Müller geschrieben und 2022 in Stuttgart veröffentlicht wurde.

Leider gibt es – wenn es genau die sieben oben genannten Bücher gibt – keinen Herbert Müller, zudem kein Buch mit dem Titel „Erfolgreich arbeiten mit KI“ und auch kein Buch, das 2022 in Stuttgart veröffentlicht wurde. Die KI hat sich den Titel aber nicht „ausgedacht“, weil sie nicht denkt, sondern schlicht einen wahrscheinlichen Titel generiert, und zwar nach dem Muster:

- Autoren sind laut Datensatz oft Menschen mit dem Nachnamen Müller (dreimal),
- dem Vornamen Herbert (zweimal),
- es kommen oft die Worte „erfolgreich“/Erfolgsversprechen“ (dreimal), „arbeiten“/“Arbeit“ (dreimal) und „KI“ (viermal) in Buchtiteln vor und
- Bücher sind oft in Stuttgart (viermal) und im Jahr 2022 (dreimal) erschienen.

In diesem angenommenen Fall ist der Datensatz zwar korrekt, aber die der KI zugrunde liegenden Algorithmen berücksichtigen nicht, dass die Datenpunkte Nachname, Vorname, Titel, Ort und Jahr nicht aus ihrem Zusammenhang gerissen werden dürfen.

Daher darfst du kein Ergebnis einer Künstlichen Intelligenz als wahr annehmen, solange du es nicht überprüft hast.

2.3 Wie du Künstliche Intelligenz nicht verwenden solltest

Du sollst ein Referat vorbereiten, lässt deine ältere Schwester aber die Präsentation erstellen und Moderationskarten mit passendem Inhalt schreiben. Ihr Ergebnis stellst du dann im Unterricht vor. Oder: Anstatt ein eigenes Fazit in deiner Facharbeit zu ziehen, kopierst du je einen Abschnitt aus drei Artikeln zu deinem Thema und arrangierst diese als „dein" Urteil. In beiden Fällen ist klar, dass du selbst keine Leistung erbracht hast, sondern diese nur vortäuscht.

Genauso verhält es sich auch mit KI-generierten Texten. Zwar kannst du streng genommen kein Plagiat erstellen, weil es keinen individuellen **Urheber** gibt, dessen Text du übernommen hättest, sondern nur neu arrangierte Wortschnipsel. Aber der zentrale Punkt bleibt bestehen: Alle nicht als solche ausgewiesenen KI-generierten Texte stellen einen **Täuschungsversuch** dar und werden nicht als von dir erbrachte eigenständige Leistung gewertet.

Ein Urheber ist eine Person, die etwas Neues erschafft, zum Beispiel du dein Referat oder deine Facharbeit. Das nicht ausgewiesene Übernehmen der Ergebnisse Anderer verletzt deren Urheberrechte.

Daher solltest du von vorneherein vermeiden, eine KI deine Arbeit machen zu lassen. Lasse keine für deine Facharbeit passenden Texte erstellen und kopiere keine generierten Stichpunktlisten in deine Präsentation.

Und es gibt noch mehr, was gegen die unreflektierte Nutzung einer KI spricht:
- Die potentielle Fehlerhaftigkeit von KI-generierten Inhalten in Verbindung mit der fehlenden individuellen Autorschaft führt auch dazu, dass du KI-generierte Inhalte nicht als sicheres Wissen betrachten kannst.
- Schreibe daher die inhaltlichen Ergebnisse eines KI-Chats nicht einfach ab und gib nicht als Beleg an, eine KI habe diese Antwort genannt.
- Verlasse dich zudem nicht darauf, dass die Literatur existiert, die eine KI dir zu deinem Thema nennt.
- Überprüfe alle Inhalte, die du den Antworten der KI für deine Arbeit entnimmst.

TIPP

Lehrkräfte nutzen KI-Angebote, um Texte daraufhin zu überprüfen, ob sie KI-generiert sind. Wenn du „den Überblick verloren" haben solltest: Benutze selbst KI, um deinen Text daraufhin zu überprüfen, dass er wirklich dein Text ist.

2.4 Wofür du Künstliche Intelligenz einsetzen kannst

Ein Prompt ist eine Arbeitsaufforderung an KI, auf die hin sie zum Beispiel einen Text generiert. Geschicktes Prompten ist wichtig für erfolgreiche Arbeit mit KI.

In der Arbeit mit Chat-Bots, also textgenerierender KI, kannst du durch geschickte Eingabeaufforderungen, sogenannte **Prompts,** deinen Arbeitsprozess erheblich erleichtern und bereichern. Richtig eingesetzt erweist sich KI als nützliches Werkzeug bei der Erstellung eines Referates oder einer Facharbeit: Du kannst Fragen für ein Interview generieren, dir Stichpunkte für die Gliederung deines Referates geben lassen oder dir Formulierungstipps für dein Fazit holen.

Um KI zielführend einzusetzen, benötigst du passende Prompts. Experimentiere damit und probiere aus, wie du besonders hilfreiche Eingaben formulierst.

BEISPIEL

Nehmen wir an, dass du im Fach Pädagogik eine Facharbeit über Bildungsgerechtigkeit schreibst und in deiner Facharbeit neben einem literaturbasierten Teil auch Interviews mit deinen Mitschülerinnen und Mitschülern auswerten willst. Für die Datengrundlage musst du dir sinnvolle Fragen einfallen lassen, die du den von dir Interviewten stellen kannst. Hierzu kannst du dich von KI wie ChatGPT inspirieren lassen: Lasse dir eine Auswahl an Fragen erstellen, verändere diese und wähle schließlich diejenigen aus, die dir persönlich am passendsten erscheinen.

Hierzu verwendest du zielführende Prompts. Wenn du etwa allgemein fragst:

> „Gib mir Fragen zum Thema Bildungsgerechtigkeit, die ich meinen Mitschülern stellen kann",

werden auch die erstellten Fragen allgemein und unpersönlich sein. Bei einem Versuch mit ChatGPT-3.5 am 05.01.2024 wurde etwa als erste Frage diese vorgeschlagen:

> „Wie würdet ihr Bildungsgerechtigkeit definieren und warum ist sie wichtig?"

Eine solch weitgefasste Frage lässt sich aus dem Stehgreif nur schwer beantworten. Zur Eröffnung eines Interviews ist sie denkbar ungeeignet. Also veränderst du deinen Prompt:

> „Erstelle konkretere Fragen, die sich auf den Alltag von uns Schülern beziehen."

Nun werden dir passendere Fragen vorgeschlagen, etwa die folgende von ChatGPT-3.5 an demselben Datum generierte:

>>

>> **BEISPIEL**

„Wie beeinflussen finanzielle Herausforderungen euren Zugang zu Bildungsmaterialien wie Büchern, Laptops oder Nachhilfe?"

Nun prüfe, ob die vorgeschlagenen Fragen als Steinbruch für deine Interviewplanung hilfreich sind oder ob du über einen noch genaueren Prompt ein noch besseres Ergebnis erzielen kannst. Du könntest etwa fragen:

„Schlage mir persönliche Einstiegsfragen für ein Interview über Bildungsgerechtigkeit vor, das mit Schülern geführt wird."

TIPP

Formuliere deinen Prompt exakt auf dein Ziel hin

Überlege, was genau du wissen willst oder welche Hilfe du brauchst. Formuliere den Prompt dann möglichst präzise auf dieses Ziel hin. Je konkreter ein Prompt formuliert wird, desto zielgenauer kann er dein Anliegen erfüllen.

Mögliche Prompts für deine Arbeit

KI kann aufgefordert werden, eine Rolle zu übernehmen (Bedenke stets: KI ist keine Person, selbst wenn sie eine solche imitiert!). Dies könnte als Prompt so aussehen:

- „Antworte mir als Geschichtslehrer: Gib mir Tipps für mein Referat."

Mit KI kannst du dir Hilfe für die einzelnen Arbeitsschritte bei deiner Präsentation oder Facharbeit holen. Prompts dazu könnten etwa so aussehen:

- „Erstelle mir eine Anleitung, um ein Inhaltsverzeichnis in Word zu erstellen."
- „Wo kann ich wissenschaftliche Literatur für eine Facharbeit über Philosophie in Bocholt finden?"

Erleichtere dir die inhaltliche Erarbeitung deines Themas mit entsprechenden Prompts:

- „Erkläre mir die Evolution ohne Verwendung von Fachbegriffen."
- „Gib mir ein Beispiel für den Satz des Pythagoras."
- „Fasse den folgenden Text in einfachen Worten zusammen: …"
- „Gib mir eine deutsche Übersetzung dieses Texts: …"

Veredle deinen Text:

- „Nenne mir Synonyme für das Wort …"
- „Überprüfe den folgenden Text auf Rechtschreibfehler: …"
- „Gib mir Metaphern, mit denen ich Shakespeares Art zu schreiben erkläre."
- „Schreibe den folgenden Absatz so um, dass das Wort … nicht mehrmals verwendet wird."

2.5 Sicher mit Künstlicher Intelligenz umgehen

Der Umgang mit Produkten, die der Arbeit mit einer KI entstammen, ist in Schule und Universität noch uneinheitlich. Vielerorts gibt es diffuse, teils aber auch sehr berechtigte Vorbehalte gegenüber KI-generierten Inhalten. Du kannst dich hier an folgenden Punkten orientieren:

- Beachte immer die Vorgaben an deiner Schule und sprich dich mit deiner betreuenden Lehrkraft ab!
- Arbeite transparent: Lege offen, wann, wie und wozu du KI verwendet hast.
- Gehe selbstbewusst mit KI um: Begreife sie als Werkzeug, hinterfrage aber auch ihre Ergebnisse.
- Nutze KI in kleinen Schritten. Lasse keine seitenlangen Texte generieren, sondern kläre gezielt Aspekte in Bezug auf die Arbeit an deinem Referat bzw. deiner Facharbeit.
- Überwinde die Grenzen KI-gestützten Arbeitens. Lies die recherchierte Literatur, nimm KI-Antworten als Vorschlag und nicht als Ergebnis, habe Vertrauen in deine Fähigkeit einen Text zu schreiben und wage eine eigenständige, meinungsstarke und von dir begründete Bewertung.

BEISPIEL

Anhand von zwei denkbaren Facharbeiten zum Thema „Sollte aktive Sterbehilfe auf Verlangen aus moralischen Gründen juristisch erlaubt sein?“ soll verdeutlicht werden, wie man mithilfe von KI schreiben oder auch nicht schreiben sollte.

So sollte es nicht laufen: Ein Schüler schreibt eine Facharbeit zum Thema der moralischen Bewertung von Sterbehilfe. Am Tag vor der Abgabe fehlt ihm noch der Schluss der Arbeit. Er gibt den Prompt „Schreibe eine Meinung zu der Frage ‚Sollte aktive Sterbehilfe auf Verlangen aus moralischen Gründen juristisch erlaubt sein?‘, die Fachbegriffe und Fremdwörter enthält.“ bei *ChatGPT* ein und erhält einen Text, der so beginnt:
„Die Frage nach der juristischen Zulässigkeit aktiver Sterbehilfe auf Verlangen ist ein komplexes ethisches Dilemma, das eine sorgfältige Abwägung zwischen individueller Autonomie und den grundlegenden moralischen Prinzipien erfordert.“ Sprachlich gehoben geht es weiter und der entstandene Text nutzt geschliffen klingende Formulierungen, etwa einer „Maxime der menschlichen Würde“.

Der Schüler fügt diese Antwort der KI in den Text seiner Facharbeit ein, ohne ihn als KI-generiert zu kennzeichnen. Wie ist dies zu bewerten? >>

BEISPIEL

Auch wenn der Täuschungsversuch der Lehrkraft nicht gleich auffällt:

- Der Schüler weiß nicht, woher die Informationen stammen, die der von ihm generierte Text enthält, und ob diese Informationen korrekt sind.
- Der Stil des Textes wirkt unpersönlich und künstlich.
- Eine findige Lehrkraft wird testen, ob der Schüler die „von ihm" benutzten Begriffe (oben etwa „Dilemma") erklären kann.
- Zudem benutzt der KI-generierte Text mit der „Maxime der menschlichen Würde" einen Fachausdruck des Philosophen Immanuel Kant. Ob der Schüler sich zu dessen Position wohl eingelesen hat? Im Kolloquium wird eine aufmerksame Lehrkraft dies sicherlich überprüfen.

Beispiel 2: Eine Schülerin schreibt ihre Facharbeit zum Thema der moralischen Bewertung von Sterbehilfe, weil dieses Thema sie im Unterricht sehr interessiert hat. Sie verfasst ihre Einleitung, in der sie begründen will, warum gerade dieses Thema wichtig ist. Sie spielt in ihrem Text mit den Möglichkeiten der KI:
„Wenn man eine Künstliche Intelligenz zu ihrer Meinung zum Thema Sterbehilfe befragt, antwortet sie, dass sie dazu keine persönlichen Überzeugungen, Gefühle oder moralischen Standpunkte habe, sondern nur Informationen bereitstellen könne und verschiedene Perspektiven anbiete. Weiterhin sagt sie: „Es ist wichtig zu betonen, dass Entscheidungen zu ethischen Fragen in erster Linie von Menschen getroffen werden sollten." (Antwort von *ChatGPT3.5* am 5.1.24 auf den Prompt „Was denkt eine KI über aktive Sterbehilfe auf Verlangen aus moralischen Gründen?"). Das will ich in dieser Facharbeit tun und für mich persönlich klären, ob […]."

Ein solcher Umgang mit der KI ist **positiv** zu sehen.

- Die Schülerin erbringt ihre Leistung selbst.
- Ihrem Text merkt man die Persönlichkeit und das Engagement der Autorin an.
- Sie legt offen, dass, wie und welche KI sie verwendet hat.
- Es ist eindeutig erkennbar, welcher Teil des Textes generiert ist.
- Damit wird der KI-generierte Text hier wie jede andere Textquelle genutzt und eingebunden – und zwar in Form direkter wie indirekter Zitate.
- Die Schülerin geht selbstbewusst mit KI um und erhebt den Anspruch, mit einer begründeten ethischen Entscheidung eine Leistung zu erbringen, die einer KI nicht möglich wäre.

2.6 Eine einzigartige Leistung in Referat und Facharbeit erbringen

In Zukunft werden Prüfungsformate in der Schule verstärkt Leistungen fordern, die nur du als Mensch erbringen kannst und die einer Künstlichen Intelligenz nicht zugänglich sind. Dazu zählen z. B. besonders anspruchsvolle Aufgaben, wie etwa die, ein eigenständiges, argumentativ gestütztes Urteil zu formulieren. Im Voraus kannst du darauf achten, dich insbesondere auf diese Bereiche zu konzentrieren und damit eine Leistung zu erbringen, die erkennbar nicht von einer KI stammen kann. Vertritt im Fazit deiner Arbeit beispielsweise eine starke Meinung anstelle eines sich ins Ungefähre flüchtenden „Einerseits und Andererseits“ und zähle nicht nur Argumente auf, sondern gewichte und bewerte diese und erläutere deine Position mit Bezug zum Unterricht und zu deinem eigenen Leben.

Erzeuge neue Datensätze:
- Führe eine Umfrage in deinem Kurs oder deiner Stufe durch.
- Dokumentiere ein von dir durchgeführtes Experiment.
- Erhebe Daten mit Bezug zu deiner Lebenswelt (→ Kapitel 8).

Wechsle das Medium:
- Reorganisiere die von dir gesammelten Informationen auf einem Lernplakat.
- Arrangiere sie in einem Lernvideo.
- Nimm einen Podcast zum Thema auf.
- Erstelle ein Schaubild.
- Beende dein Referat mit einem Quiz.
- Zeichne zu deiner Facharbeit ein Titelbild, welches den Inhalt wiedergibt.

Dokumentiere fortlaufend deinen Arbeitsprozess:
- Sprich über den Verlauf des Arbeitsprozesses mit der dich betreuenden Lehrkraft und berichte von dir aus von deinen Zielen, Arbeitsschritten und Problemen (→ Kapitel 1.6).
- Führe ein Arbeitstagebuch, in dem du dein Vorgehen dokumentierst (→ Kapitel 1.3).
- Reflektiere deinen Lernprozess: Berichte etwa am Ende eines Referates darüber, was dir besonders Spaß gemacht hat und was du im Wiederholungsfall anders machen würdest.

Bringe dich als Person ein:
- Wähle Themen, die dich persönlich angehen (→ Kapitel 3).
- Stelle Bezüge zu deinen Erlebnissen oder deinem Umfeld her.
- Sprich deutlich von dir („Ich bin dieser Meinung.“).
- Vertritt deine eigene Meinung und vermeide Sicherheitsphrasen wie „das kann man so oder so sehen.“

Wenn möglich: **Habe Freude an deinem Projekt!**

Umgang mit Künstlicher Intelligenz 2

Sprich dich bezüglich des Umgangs mit KI mit deiner Lehrkraft ab!

DEN ERGEBNISSEN VON KI MISSTRAUEN

KI ist keine „Person" und ihre Ergebnisse sind nicht immer richtig.

Darum kann man sich nicht blind auf die Ergebnisse der Arbeit mit KI verlassen:

- → Der Datensatz der KI kann Fehler enthalten oder wichtiges Wissen nicht enthalten.
- → Antworten werden aufgrund von Wahrscheinlichkeit ausgewählt und können im Einzelfall schlicht nicht passen.
- → Die Art des Auswählens aus dem Datensatz kann fehlerhaft sein und zum Beispiel bibliografische Angaben „erfinden".

VERMEIDE DIESE FEHLER

- → Kopiere keine KI-generierten Ergebnisse in deinen Text.
- → Verschleiere nicht, dass du KI benutzt hast.
- → Gib KI-Ergebnisse nicht als Quelle oder Beleg an.
- → Überprüfe alle Informationen, die du durch KI erhältst.

SETZE KI SO EIN

- → Benutze konkrete, kleinschrittige Prompts, um KI als Lernbegleitung einzusetzen.
- → Formuliere Prompts möglichst präzise.
- → Nutze die KI dazu, dir Tipps geben zu lassen, mit Beispielen weiterzuhelfen, andere Formulierungen zu finden oder deinen Text auf Fehler zu untersuchen.
- → Dein Werk muss dein Werk bleiben!

SICHERE DICH AB

- → Vermeide den Eindruck, mit KI ein Plagiat erstellt zu haben.
- → Mache transparent, an welchen Stellen du mit welchen Befehlen welche KI benutzt hast.

Falls du dir unsicher bist, ob du nicht doch ein Plagiat in deinem Text hast:

Verwende KI, um dein Werk darauf zu überprüfen, ob es KI-generierte Textstellen enthalten könnte.

3 Themenwahl

Die Wahl bzw. die Formulierung des Themas ist einer der wichtigsten Schritte bei der Erstellung eines Referates oder einer Facharbeit. Dieser Schritt entscheidet nicht selten darüber, ob die Arbeit erfolgreich abgeschlossen werden kann oder nicht. Daher sollte er mit besonderer Sorgfalt ausgeführt werden. Was aber kennzeichnet ein gutes Thema?

3.1 *Vorüberlegungen*

Grundprinzip der Themenstellung. Hier gibt es prinzipiell drei Möglichkeiten:

- Die Schule/die Fachlehrkraft stellt eine Liste bereits ausformulierter Themen vor, aus der du dein Thema wählen kannst. Hier ist der Spielraum für eine Themenformulierung im Sinne deiner Wunschvorstellungen eher gering.
- Es wird ein Oberthema vorgegeben, in dessen Rahmen du zusammen mit der Lehrerin oder dem Lehrer dein konkretes Thema formulieren kannst. Oft ergibt sich das Oberthema aus dem Fachunterricht der Jahrgangsstufe.
- Es wird allenfalls ein vager Themenrahmen vorgegeben. Dies bietet dir die Freiheit, ein Thema zu wählen, das voll und ganz deinen Interessen entspricht, und dieses zusammen mit der betreuenden Lehrkraft auszuformulieren.

Themenstellung in Zeiten der KI. Seit es textgenerierende Chatbots wie ChatGPT schwierig machen, zwischen KI-basierten und selbst erstellten Texten zu unterscheiden, werden von Seiten der Schule auch für die frei zu gestaltenden Themen oftmals restriktive Vorgaben gemacht. So muss das Thema möglicherweise

- eine Anbindung an konkrete Unterrichtsinhalte/-situationen aufweisen;
- auf von dir selbst ausgeführten praktischen Arbeiten fußen, wie z. B. einer Umfrage, einem Experteninterview oder einem Experiment;
- eine Anbindung an den Schulstandort bzw. lokale Thematiken haben;
- die Erstellung eines individuellen Präsentationselementes beinhalten (z. B. Plakat, Podcast, Videoclip).

Ausgangspunkt der Themenwahl. Egal, wie die Vorgaben deiner Schule aussehen, in jedem Fall solltest du dir zu Beginn des Wahlprozesses vier Fragen stellen:

- Welcher Themenbereich interessiert mich besonders?
- Welche schulischen und privaten (Vor)kenntnisse habe ich?
- Wo liegen meine Stärken? Was kann ich gut?
- Wo liegen meine Schwächen? Was kann ich gar nicht?

Durch die Beantwortung dieser vier Fragen reduziert sich die Fülle der möglichen Themen zumeist bereits deutlich. Die nachfolgende Checkliste greift diese Fragen auf und liefert dir weitere Eingrenzungsmöglichkeiten:

Checkliste: Kennzeichen eines guten Referat-/Facharbeitsthemas

	✓
Das Thema weckt spontan mein Interesse.	
Es erlaubt mir, persönliches Vorwissen einzubinden.	
Es ermöglicht mir, meine spezifischen methodischen Fertig- und Fähigkeiten einzubringen.	
Bei diesem Thema kann ich meine erkannten Schwächen meiden.	
Es entspricht den Vorgaben der Schule/der betreuenden Lehrkraft zur Themenformulierung in Zeiten textgenerierender KI (ChatGPT & Co.).	
Das Thema weist eine klare thematische Ausrichtung und eine deutliche inhaltliche Begrenzung auf, ist also nicht zu weit/zu allgemein formuliert.	
Es ist jedoch auch nicht zu eng formuliert und erlaubt es, die vorgegebene Redezeit beim Referat bzw. die vorgegebene Seitenzahl bei der Facharbeit problemlos gehaltvoll zu füllen.	
Das Thema ist dem vorgegebenen Zeitrahmen für die Erstellung des Referates bzw. der Facharbeit angemessen.	
Das Thema weist eine hinreichende Tiefe auf. Es bietet ➜ zum einen die Möglichkeit zur reproduktiven Wiedergabe von Fakten und Daten. ➜ zum anderen aber auch die Chancen zur Erklärung und Erläuterung von Zusammenhängen. ➜ und schließlich die Gelegenheit zur Entwicklung eigener Ideen oder zur Formulierung eigener Bewertungsaussagen.	
Bei Referaten: Das Thema bietet die Möglichkeit zum Einsatz von Medien.	
Bei Referaten/Facharbeiten **ohne** praktische Arbeitsteile: Das Thema ist nicht zu ausgefallen/exzentrisch, sodass eine hinreichend breite Quellenbasis für seine Bearbeitung zu erwarten ist.	
Bei Referaten/Facharbeiten **mit** praktischen Arbeitsteilen (→ Kapitel 8): ➜ Das Thema enthält neben dem inhaltlichen auch einen die praktischen Arbeitsteile betreffenden methodischen Schwerpunkt. ➜ Es ist so formuliert, dass die mit dem Thema verbundene Forschungsarbeit an meiner Schule bzw. mit den mir zur Verfügung stehenden Hilfsmitteln ausgeführt werden kann. ➜ Bei der Formulierung wird der zu erwartende zeitliche Umfang der praktischen Forschungsarbeit berücksichtigt. Das Thema wird also nicht zu weit/zu umfassend formuliert.	
Die Themenformulierung ist sprachlich stimmig, klar und eindeutig.	

3.2 Der Weg zum Thema

Kannst du aktiv bei der Findung und Formulierung deines Referat- oder Facharbeitsthemas mitwirken, bietet sich ein Vorgehen in vier Schritten an:

Schritt 1 – Start

Dieser erste Schritt wird durch die Faktoren „Interesse" – „Neugier" – „Idee" bestimmt:

- **Interesse:** Überlege dir, welche Thematik dich besonders interessiert. Das könnte z. B. „Migration – Geflüchtete aus Afrika in Deutschland", der Themenbereich „Kryptologie" oder das Buch „Harry Potter und der Stein der Weisen" sein. Du solltest Lust haben, intensiver in dieses Themenfeld einzutauchen. Sofern von der Schule verlangt, muss die Thematik eventuell mit dem Unterricht oder deinem Heimatraum verknüpft sein.
- **Neugier:** Hast du – im Unterricht oder im Privatbereich – gerade ein Problem entdeckt, das du spannend findest? Oder eine Frage, die du gerne lösen würdest? Das könnte z. B. sein: „Welche Künstler haben die Skulpturen im Stadtpark gefertigt und welche Aussage verbinden sie mit diesen Skulpturen?" oder „Woher kommen die Besucher unseres Weihnachtsmarktes und warum besuchen sie gerade diesen Weihnachtsmarkt?"
- **Idee:** Du hast einen Einfall, der sich in ein Thema ummünzen lässt, z. B. „Man könnte die Macbeth-Aufführung im Schauspielhaus mit dem Polanski-Film Macbeth vergleichen" oder „Das Thema ‚Altern' müsste man einmal musikalisch umzusetzen".

Schritt 2 – Von der Idee zum vorläufigen Arbeitsthema

Hast du im ersten Schritt eine interessante Thematik gefunden, eine spannende Frage oder gute Idee formuliert, so musst du diese nun zu einem brauchbaren (vorläufigen) Arbeitsthema ausbauen. Das ist unter anderem auf den folgenden vier Wegen möglich:

Eine erste Recherche kann einen Eindruck verschaffen, ob die Quellenlage eher gut oder eher schlecht ist.

Brainstorming – den Gedanken freien Lauf lassen
Schreibe die interessante Thematik, die spannende Frage oder Idee auf ein Blatt Papier. Notiere sodann alle Stichworte, die dir dazu einfallen. Zusätzlich kannst du Freunde oder Freundinnen nach deren Einfällen fragen und auch diese notieren. So erhältst du eine Sammlung von Gedankenblitzen und Schlagworten rund um deine Ausgangsidee.

Auf der nächsten Seite findest du ein entsprechendes Beispiel.

BEISPIEL: IDEENLISTE

Mich interessiert: Die Vielfalt des Lebens im tropischen Regenwald
Schlagworte, die mir dazu einfallen:

- Pfeilgiftfrösche	- Genetische Vielfalt
- Orchideen	- Pflanzen, die man als Medikamente nutzen kann
- Paranüsse	
- Kakao	- Medizinmänner
- Schlangen	- Ureinwohner und wie sie leben
- Schimpansen + Gorillas	- Amazonas-Ausstellung im Museum Fünf Kontinente
- Würgerfeige	
- Kaffee	- Die Maya
- Mangos	- Pater Georg Mahlzahn aus Kalimantan (Indonesien)
- Bananen	

Formuliere nun aus den obigen Schlagworten Themen. Orientiere dich dabei an der auf Seite 43 vorgestellten Checkliste. Beachte auch die konkreten Vorgaben deiner Schule, die möglicherweise keine reinen Literaturthemen zulassen. Auf dieser Basis formulierte Themen könnten beispielsweise sein:

BEISPIEL

- Facharbeit in **Biologie**: Die Pfeilgifte der Ureinwohner Südamerikas und deren Wirkung an menschlichen Neuronen dargestellt in einem Erklärvideo
- Referat/ Facharbeit in **Biologie**: Das Verhalten der Bonobos (Zwergschimpansen) im Berliner Zoo
- Referat in **Chemie**: Alkaloide in den Pflanzen und Tieren des Tropischen Regenwaldes präsentiert unter Verwendung eines Plakates
- Referat/Facharbeit in **Geografie**: Lebensmittel aus dem Regenwald auf dem Tisch der Menschen in Deutschland – Ergebnisse einer Umfrage in Neustadt
- Referat/Facharbeit in **Geschichte**: Die Maya – Ursachen für den Untergang einer Hochkultur
- Referat/Facharbeit in **Religion**: Die Glaubenswelt der Ureinwohner in den Regenwäldern Kalimantans (Indonesien). Die Auswertung eines Interviews mit Pater Georg Mahlzahn (Steyler Missionare).
- Referat/Facharbeit in **Kunst**: Die Darstellung der Ureinwohner Südamerikas in der Amazonas-Ausstellung des „Museum Fünf Kontinente" in Neustadt.
- Referat/Facharbeit **mit lokalem Bezug und praktischem Arbeitsteil**: Früchte aus dem Regenwald in den Supermärkten von Neustadt
- Facharbeit **mit praktischem Arbeitsteil**: Die Darstellung des tropischen Regenwaldes im Öko-Display *Burgers' Bush* des Burgers Zoo in Arnheim

Mindmapping – Gedanken strukturiert sammeln

Eine Mindmap („Gedankenkarte") ist eine grafische Darstellung, die Bezüge zwischen verschiedenen Begriffen in Form eines „Gedankenbaumes" aufzeigt. Beim Erstellen einer solchen Mindmap gehst du wie folgt vor:

- Lege ein Papier quer auf deinen Schreibtisch.
- Setze deine **Ausgangsidee bzw. Frage in die Mitte des Papiers** und heben den Schriftzug zum Beispiel durch Umrandung hervor. Du kannst die Idee auch als einprägsames Bild oder Icon darstellen.
- Von dem zentralen Begriff bzw. Bild ausgehend werden **sternförmig bis zu sieben Linien** gezeichnet.
- An das Ende jeder Linien bzw. auf jede Linie schreibst du nun Unterbegriffe bzw. tiefergehende Gedanken zum Schlagwort in der Blattmitte.
- Von den eingezeichneten Linien (bzw. den an das Ende der Linien geschriebenen Begriffen) können wiederum jeweils maximal sieben Linien ausgehen, auf denen die einzelnen Schlagworte weiter untergliedert werden. Von diesen Linien können wieder andere ausgehen, usw.
- Benutze eventuell auch unterschiedliche **Farben**, um die Übersichtlichkeit der Mindmap zu erhöhen. So kannst du beispielsweise zusammengehörende Gedanken und Ideen durch Verwendung der gleichen Farbe mit einer optischen Klammer versehen.
- Neben die notierten Begriffe können **Symbole** wie z. B. Pfeile, Figuren, Icons, Ausrufe- oder Fragezeichen gemalt werden. Dies dient der Veranschaulichung, aber auch der Hervorhebung wichtiger Punkte oder der Kennzeichnung offener Fragen.

Ein Beispiel für eine Mindmap findest du auf der nächsten Seite.

Die Mindmap liefert dann – ähnlich wie die Ideenliste beim Brainstorming – den Ausgangspunkt für verschiedene Referat- bzw. Facharbeitsthemen.

TIPP

Übrigens: Mindmaps lassen sich mithilfe entsprechender Apps bzw. Programme leicht im Smartphone, Tablet oder am PC erstellen (→ Kapitel 1.5).
Zudem kann man das Mindmapping-Verfahren auch an vielen anderen Stellen hervorragend zur Strukturierung von Ideen, Argumenten usw. nutzen, etwa

- zur Strukturierung unübersichtlicher Sachtexte,
- beim Erstellen der Gliederung eines Referates/einer Facharbeit,
- zur Strukturierung des Lernstoffes im Rahmen der Vorbereitung auf eine Prüfung oder
- beim Erstellen eines Konzeptes im Rahmen einer Klausur.

BEISPIEL: DER WEG ZUM ENDGÜLTIGEN THEMA VIA MINDMAP

Vorgegebenes Oberthema: Afrika

Vorläufiges Arbeitsthema: Entsprechend der Interessenlage der Schülerin wird als vorläufiges Arbeitsthema gewählt:
„Namibia – ein Wirtschaftsraum im südlichen Afrika"

Check des vorläufigen Arbeitsthemas: Die Schülerin überprüft im Verlauf einer Woche den Umfang des vorläufigen Arbeitsthemas, dessen inhaltliche Möglichkeiten und die Quellenlage. Bei ihren Recherchen im Internet und in der Stadtbücherei findet sie heraus, dass die Quellenlage zu Namibia durchaus zufriedenstellend ist. Auch Quellen zu speziellen Themen und aktuellen Entwicklungen sind vorhanden. Ausgehend von zwei Reiseführen und vier Internetquellen erstellt sie eine Mindmap zum vorläufigen Arbeitsthema:

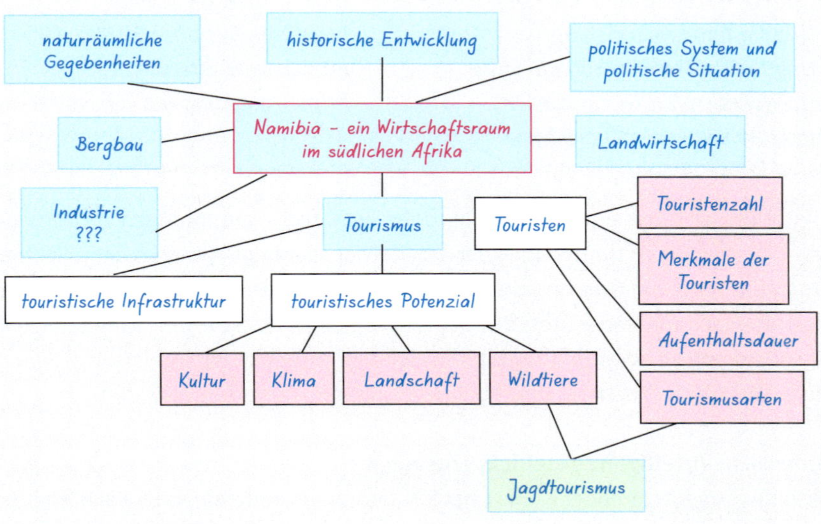

Formulierung des endgültigen Themas: In einem zweiten Beratungsgespräch legt die Schülerin dem Fachlehrer die Mindmap vor, erläutert ihren Eindruck der Literatur-/Quellenlage und ihre Interessen bezüglich der endgültigen Themenstellung. Zusammen mit dem Lehrer wird sodann das Thema formuliert:
„Jagdtourismus in Namibia – Geschäft oder Baustein des Naturschutzes?
Eine Präsentation in Form eines Video-Podcast"

Listen nutzen

Seit vielen Jahren werden an Schulen Referate und Facharbeiten erstellt. Nutze die Themen solcher alten Referate/Facharbeiten als Inspiration für die Formulierung deines Arbeitsthemas. Du kannst diese wie folgt in Erfahrung bringen:

- Frage in höheren Jahrgangsstufen nach. Meist gelangst du auf diese Weise nicht nur an die Themen der dort gehaltenen Referate und Facharbeiten, sondern kannst dir diese auch ansehen.
- Frage die Fachlehrerin oder den Fachlehrer nach entsprechenden Themen.
- An vielen Schulen sind offizielle Themenlisten der erstellten Facharbeiten vorhanden, die du einsehen kannst. Teils werden besonders gelungene Facharbeiten auch in Ausstellungen oder Vorträgen präsentiert.
- Im Internet gibt es eine Vielzahl von Adressen, unter denen Referate und/oder Facharbeiten im Volltext angeboten werden. Hierzu zählen unter anderem:

INTERNET-ADRESSEN

Stand Februar 2024

https://www.schultreff.de/
http://www.referatschleuder.de/
https://e-hausaufgaben.de/
https://www.lerntippsammlung.de/
http://www.referate-max.de/
http://musiklk.de/facharb.htm/
https://www.pausenhof.de/
https://www.abipur.de/
https://www.hausarbeiten.de/
https://freie-referate.de/
https://www.jugend-forscht.de/

Hinter diesen Adressen sind Referat- oder Facharbeitssammlungen verborgen. Das Einsehen und Herunterladen der Arbeiten ist allerdings häufig kostenpflichtig. Noch ein Wort zur Nutzung dieser Internetquellen: Die dort veröffentlichten Referate/Facharbeiten solltest du nur als Anregungen für die eigene Arbeit nutzen. Sie abzukupfern wäre ein **Plagiat**, das, wird es entdeckt, zur Bewertung deines Referates/deiner Facharbeit mit der Note „ungenügend" führen kann!

Künstliche Intelligenz geschickt einsetzen

Zur Nutzung textgenerierender KI siehe → Kapitel 2

Mithilfe textgenerierender KI wie ChatGPT lassen sich Referats- oder Facharbeitsthemen sekundenschnell generieren. Nutze die Ergebnisse, ähnlich wie die oben aufgeführten Themenlisten, als Steinbruch für die selbstständige Entwicklung deines eigenen Arbeitsthemas.

TIPPS ZUR ARBEIT MIT CHATGPT &. CO

- Formuliere deinen Auftrag/deine Frage an die KI (Prompt) so klar und präzise wie möglich.
- Verfasse deinen Prompt möglichst konkret; gib Rahmenvorgaben an, damit die KI die Anfrage besser versteht.
- Probiere verschiedene Prompts aus. Starte mit allgemeineren Formulierungen und verfeinere deine Eingabe dann schrittweise.
- Unter Umständen ist es auch nützlich, der KI eine bestimmte Rolle zuzuweisen (z. B.: Formuliere aus Sicht der …).

Schritt 3 – Vom vorläufigen zum endgültigen Arbeitsthema

Bevor du mit der eigentlichen Arbeit beginnst, solltest du dein vorläufiges Arbeitsthema einem **„Praktikabilitätstest“** unterziehen. Lote also aus, ob das Thema

- angesichts der Quellenlage bzw. der gegebenen Möglichkeiten zur praktischen Arbeit ergiebig und gut zu bearbeiten ist;
- in der vorgegebenen Erstellungszeit zu bewältigen ist;
- im vorgegebenen Rahmen, also der maximalen Vortragsdauer bei Referaten oder dem gesetzten Seitenumfang bei Facharbeiten, machbar erscheint;
- auf die Beantwortung der zentralen, möglichst konkrete Frage abzielt, die du im Referat/-in der Facharbeit bearbeiten willst, deiner **Forschungsfrage**.

Zur Absicherung deiner Einschätzung kannst du deine Themenidee mit Freunden, Bekannten sowie der betreuenden Lehrkraft diskutieren.

Eine **gute Forschungsfrage** wäre z. B.: „Welche anatomischen Besonderheiten ermöglichen es mediterranen Pflanzen unter den Klimabedingungen Süditaliens zu leben?“ Eine **schlechte Forschungsfrage** wäre: „Wie sehen Pflanzen in Süditalien aus?“

Ergibt sich beim Check, dass dein **vorläufiges Thema** ergiebig und umsetzbar ist, dann wird es zum **endgültigen Thema** und du kannst mit der Arbeit beginnen. Ist dies nicht der Fall, so muss das vorläufige Thema umformuliert, präzisiert oder reduziert werden. Dies kann z. B. geschehen durch

- Hinzufügen eines Unterthemas oder einer Forschungsfrage;
- Einfügen einschränkender Angaben zum abzuhandelnden Gegenstand;
- Konkretisierung der Präsentationsform;
- Einbindung eines Bezuges zum Unterricht oder zu einem bestimmten Ort.

Falls sich beim Themencheck herausstellt, dass dein Wunschthema z. B. wegen Materialmangels oder eines zu großen Aufwandes in den praktischen Arbeitsteilen nicht realisierbar ist, solltest du dich nicht scheuen, dieses Thema aufzugeben. Beginne dann erneut mit Schritt 1 der Themensuche (→ Seite 44).

BEISPIEL: PRÄZISIERUNG VORLÄUFIGER ARBEITSTHEMEN

- Die Pfeilgifte der Ureinwohner Südamerikas und deren Wirkung an menschlichen Neuronen dargestellt in einem dreiminütigen Erklärvideo
- Elemente des Sozialverhaltens der Bonobos untersucht auf der Basis des Verhaltens der Bonobo-Gruppe im Berliner Zoo während der Fütterung
- Lebensmittel aus dem Regenwald auf dem Frühstückstisch in Deutschland – Ergebnisse einer Umfrage in den Klassenstufen 9 und 10 des Otto-Hahn-Gymnasiums Neustadt
- Die Darstellung der Ureinwohner Südamerikas in den Bildern „Der Wilde“ sowie „Regenwaldträume“ in der Amazonas-Ausstellung des ‚Museum Fünf Kontinente‘ in Neustadt
- Die Maya und die Römer – Vergleichende Untersuchung zentraler Ursachen für den Untergang von Hochkulturen unter Einbezug der im LK Geschichte erarbeiteten Ursachen für den Untergang des Weströmischen Reiches

(Präzisierungen sind rot eingefärbt)

3 Themenwahl → Von der Idee zum endgültigen Thema

FRAGEN, DIE MAN SICH VOR DER WAHL DES THEMAS STELLEN SOLLTE

- → Welcher Themenbereich interessiert mich besonders?
- → Welche schulischen und privaten (Vor)kenntnisse habe ich?
- → Was kann ich gut? Welche methodischen Fähigkeiten/Fertigkeiten habe ich?
- → Was kann ich gar nicht? Welche Schwächen habe ich?

KENNZEICHEN EINES GUTEN THEMAS

- → Es entspricht meiner Interessenlage und meinen Fähigkeiten.
- → Es weist einen klaren Sachschwerpunkt aus.
- → Es ist hinreichend eingegrenzt und damit angepasst an den vorgegebenen Seitenumfang bzw. Zeitrahmen für die Erstellung und Präsentation.
- → Es bietet die Chance, mein Können auf verschiedenen Ebenen zu zeigen (z. B. Quellenreproduktion, Erklärung, Bewertung).
- → Es entspricht den Vorgaben der Schule/Lehrkraft zur Themenformulierung in Zeiten textgenerierender KI wie ChatGPT & Co.
- → Es ist sprachlich stimmig, klar und eindeutig formuliert.

DER WEG ZUM ENDGÜLTIGEN THEMA – EIN BEISPIEL AUS DEM LK DEUTSCH

- → Idee: Ich habe den Roman „Tod und Teufel" von Frank Schätzing gelesen und fände es spannend herauszufinden, inwieweit die Darstellung des mittelalterlichen Köln dort sachlich richtig ist.
- → Vorläufiges Arbeitsthema: Der historische Wahrheitsgehalt im Mittelalterkrimi „Tod und Teufel" von Frank Schätzing

  Einschätzung nach Sichtung der Quellenlage und Gespräch mit der Fachlehrerin:
  - Sehr umfangreich, da viele Aspekte des historischen Köln umfassend.
  - Zudem in Zeiten textgenerierender KI zu allgemein formuliert.
- → Endgültiges Arbeitsthema: Der historische Wahrheitsgehalt ausgewählter Aspekte der Haupthandlung des Mittelalterkrimis Tod und Teufel von Frank Schätzing untersucht unter Einbezug zeitgenössischer Quellen aus dem Historischen Archiv der Stadt Köln

Informationsbeschaffung

4

Für die Erstellung eines Referates oder einer Facharbeit ist eine fundierte und hinreichend breite Informationsbasis eine der wichtigsten Voraussetzungen. Damit stellen sich, nachdem man das vorläufige Arbeitsthema erhalten hat, fünf Fragen:

1. **Welche Informationsquellen stehen prinzipiell für ein Referat/ eine Facharbeit zur Verfügung?**
2. **Wo und wie finde ich Informationsquellen für mein Referat/ meine Facharbeit?**
3. **Wie kann ich geeignete Informationsquellen erkennen?**
4. **Wie kann ich geeignete Informationsquellen erschließen?**
5. **Auf welche Weise kann ich aus den ermittelten Informationen den Text des Referates/der Facharbeit erstellen?**

Das Kapitel 4 wird dir helfen, diese Fragen zu beantworten.

4.1 Informationsquellen in der Übersicht

Primärliteratur. Hierbei handelt es sich z. B. um literarische oder philosophische Originaltexte (z.B. *Faust* von Johann Wolfgang von Goethe). Zum Teil wird der Primärliteratur-Begriff jedoch weiter gefasst: In sprachlichen Fächern werden bei landeskundlichen Themen teils auch Zeitungsartikel, Gesetzestexte oder Statistiken als Primärliteratur bezeichnet. In historischen Arbeiten gilt Gleiches für archivalische Quellen (Urkunden usw.). Ebenso gehören z. B. Reise- und Forschungsberichte zur Primärliteratur. Generell gilt: In Werken der Primärliteratur stellen Autoren eigene Ideen, eigene Forschungsergebnisse oder Erfahrungen dar.

frz. *primaire* = zuerst vorhanden, die Grundlage bildend

Sekundärliteratur. Hierunter versteht man wissenschaftliche und kritische Texte über einen bestimmten Autor, sein Werk oder eine literarische Epoche, aber auch fachwissenschaftliche Analysen zu den verschiedensten Themenbereichen. Sekundärliteratur wird auch als *Forschungsliteratur* bezeichnet. Sie fasst Primärliteratur zusammen, kommentiert und interpretiert diese.

frz. *secondaire* = an zweiter Stelle, nachträglich hinzukommend

Die Unterscheidung zwischen Primär- und Sekundärliteratur ist in den sprachlichen Fächern wichtig. Beide Literaturtypen müssen dort im Literaturverzeichnis gesondert ausgewiesen werden (→ Seite 100 ff.). Gleiches gilt für Fächer wie Geschichte, Philosophie oder Soziologie. In den naturwissenschaftlichen Fächern ist eine solche Differenzierung eher unüblich.

eBooks (elektronische Bücher) sind, obwohl sie laut dieser Definition „sonstigen Quellen“ oder „grauer Literatur“ zuzurechnen wären, ihrem Wesen nach Primär- oder Sekundärliteratur. Sie werden daher in der Regel auch einer dieser beiden Kategorien zugeordnet.

Sonstige Textquellen. Hierzu zählen alle Informationen, die nicht in Buchform oder als Zeitschriftenartikel veröffentlicht wurden. Dies sind z. B. Zeitungsartikel, Masterarbeiten und Doktorarbeiten (Dissertationen), Mitschriften von Radio- oder Fernsehsendungen, Gesprächsnotizen sowie viele Internetquellen.

„Graue Literatur“. Diese Bezeichnung bezieht sich auf die *Form der Veröffentlichung* einer Textquelle. Während „weiße Literatur“ über Verlage und Buchhändler zu beziehen ist, ist „graue Literatur“ dies nicht. Zur „grauen Literatur“ gehören somit unter anderem Skripte, Flugblätter sowie auch Internetquellen.

Datenquellen. Hierzu zählen die Ergebnisse der von dir selber durchgeführten Experimente, Freilandbeobachtungen, Kartierungen, Befragungen usw. *(primäre Datenquellen)*. Wie du zu solchen gelangst, wird im → Kapitel 8 vorgestellt. Ebenso kannst du von anderen erhobene Daten nutzen. Diese stammen aus Beobachtungen, Messungen oder Befragungen anderer Forscher bzw. sind in amtlichen Statistiken, Firmenstatistiken usw. enthalten *(sekundäre Datenquellen)*.

KI-generierte Texte, Bilder, Daten. Diese Quellen einzuordnen ist schwierig. Ein zentrales Problem ist z. B.: Sie wurden nicht von Menschen erstellt, sondern sind das Ergebnis einer Anfrage, das durch ein KI-Tool auf eine von dir nicht nachvollziehbare Weise erzeugt wurde. Dies stellt besondere Anforderungen an ihre Verwendung und Zitierung (→ Kapitel 7). Auch neigen Chatbots wie ChatGPT dazu, zu halluzinieren, also überzeugend formulierte Resultate zu liefern, die objektiv falsch sind. KI-generierte Quellen müssen daher intensiv auf ihre Richtigkeit überprüft werden.

Quellen

Textquellen			**Bildquellen**		**Datenquellen**	
Primärliteratur	**Sekundärliteratur**	**sonstige Textquellen**	**Fotos**	**sonstige Bildquellen**	**Primärquellen**	**Sekundärquellen**
– Roman im Original – Forschungsbericht aus der Hand des Forschers – Reisebericht aus der Hand des Reisenden – historische Quelle – …	– Zeitschriftenartikel über einen Roman – Zeitungskommentar – Zusammenfassende Darstellung über ein Forschungsgebiet – …	– Broschüren – Flugblätter – unveröffentlichte Manuskripte – Mitschriften aus Radio und Fernsehen – viele Internetquellen – …		– Karten – Diagramme – Zeichnungen – Skizzen – Fernsehbilder – Luftbilder – Collagen – …	– eigene Beobachtungen – eigene Messdaten – eigene Befragungen – eigene Kartierungen – …	– amtliche Statistiken – Datenbanken – Beobachtungen, Befragungen, Messungen, Kartierungen anderer Forscher – …
„Originale“	**„Texte über“**					

Tab. 4.1: Informationsquellen in der Übersicht

4.2 Fundorte für Quellen

Als Fundorte für Texte, Bildquellen und sekundäre Datenquellen kommen insbesondere infrage:

- deine eigene Büchersammlung (inklusive der Schulbücher)
- die Büchersammlung deiner Eltern, Freunde und Verwandten
- die Schulbibliothek
- öffentliche Bibliotheken (Gemeinde-/Stadtbibliotheken, Pfarrbüchereien, Universitätsbibliotheken usw.)
- Spezialbibliotheken (Institutsbibliotheken der Universitäten, Museumsbibliotheken, Bibliotheken von Vereinen, Firmen usw.)
- Buchhandlungen
- Archive (öffentliche oder private Sammlungen von Dokumenten, aber auch Büchern zu bestimmten Themen, insbesondere aus den Bereichen Geschichte und Sozialwissenschaften)
- Zeitungs- und Zeitschriftenarchive (Sammlungen der Ausgaben lokaler, regionaler oder überregionaler Zeitungen bzw. Zeitschriften); in der Regel sind diese in den Verlagshäusern der Zeitungen bzw. Zeitschriften einzusehen; zum Teil ist auch ein Zugriff via Internet möglich; auch größere Bibliotheken besitzen eigene Zeitungs- und Zeitschriftenarchive
- öffentliche und private Institutionen, Vereine und Firmen, die Bücher, Informationsbroschüren, Fotos oder Mitschnitte von Radio- und Fernsehsendungen bereitstellen (UNO, Deutsches Rotes Kreuz, Brot für die Welt, MISEREOR, Bundes- und Landeszentralen für politische Bildung, Bundes- und Landesministerien, Stadt- und Gemeindeverwaltungen, Radio- und Fernsehsender usw.)
- statistische Ämter
- das Internet

Der Buchbestand von Bibliotheken muss prinzipiell unterteilt werden in den **Präsenzbestand** (Literatur, die nur innerhalb der Räume der Bibliothek gelesen und gegebenenfalls kopiert werden darf) und den **Leihbestand** (Literatur, die ausgeliehen werden kann).

TIPP

Erfahrungsgemäß tendieren viele Schülerinnen und Schüler heute dazu, ihre Quellensuche für ein Referat oder die Facharbeit auf das Internet zu beschränken. Dadurch engen sie ihre Quellenbasis unnötig ein, denn entgegen landläufiger Meinung findet man im Internet eben doch nicht alles.
Zudem steht so manche Lehrperson Referaten oder Facharbeiten, die sich nur auf Internetquellen stützen, skeptisch gegenüber.
Deswegen solltest du deine Quellensuche über das Internet hinaus ausdehnen. Insbesondere öffentliche Bibliotheken bieten eine solide Literaturbasis für viele Themen, die zudem dank der Fernleihemöglichkeit (→ Seite 62) problemlos zu erweitern ist.

4.3 Literaturrecherche

Um die Suche nach den Quellen, die du für die Bearbeitung deines Referats- bzw. Facharbeitsthemas benötigst, zielgerichtet, systematisch und effizient gestalten zu können, musst du zunächst folgende Fragen klären:

- Welche **zentralen Begriffe** stehen mit meinem Arbeitsthema in Verbindung?
- Welches sind mögliche **Recherchewege** zum Auffinden geeigneter Literatur?
- Wo kann ich bei auftretenden Problemen **Hilfe finden**?

Zentrale Suchbegriffe finden

Identifiziere als Erstes zentrale Begriffe, die mit dem Thema deines Referates/ deiner Facharbeit in Verbindung stehen und die durch Informationen aus Literatur und Internet mit Leben gefüllt werden müssen.
Zum Identifizieren solcher Begriffe solltest du:

- **Vorwissen nutzen.** Notiere alle Stichworte, die dir in Verbindung mit dem Arbeitsthema spontan in den Sinn kommen. Du wirst überrascht sein, wie viele dies bereits sind.
- **Schulbücher heranziehen.** Bei der Durchsicht deiner Schulbücher entdeckst du eventuell weitere Begriffe, die du deinem Thema zuordnen kannst.
- **Lexika und Enzyklopädien zum Einsatz bringen.** Hier findest du erste, kompakte Sachinformationen zu deinem Arbeitsthema und zugleich zentrale Schlagworte, die mit dem Thema in Verbindung stehen. Allgemeine Lexika, etwa *Der Brockhaus* oder *Meyers Lexikon,* aber auch Speziallexika, wie das *Lexikon der Biologie, Kindlers Neues Literatur-Lexikon* oder das *Lexikon der Musik*, findest du eventuell im Präsenzbestand der Schulbibliothek oder nahebei liegender öffentlicher Bibliotheken. Zudem sind sie im Internet verfügbar, wenn auch teilweise gegen Gebühr. Im Netz findet man Seiten mit Lexika-Linksammlungen wie *https://www.spektrum.de/alias/lexikon/online-lexika/1438585* oder *https://www.bpb.de/kurz-knapp/lexika/*. Des Weiteren gibt es spezielle Internet-Lexika, von denen *wikipedia* das Bekannteste ist. Nicht immer aber sind deren Informationen stimmig.

- **KI-Tools nutzen.** Tippst du die Anfrage nach Schlagworten, die mit deinem Arbeitsthema in Verbindung stehen, in die Eingabemaske von z. B. ChatGPT ein, so liefert dir die Künstliche Intelligenz eine Fülle von Begriffen. Variationen der Anfrage liefern weitere Begriffe. Wichtig: Formuliere die Prompts so zielgenau wie möglich (→ Kapitel 2).
  Insbesondere Schlagworte, die bei den Anfragen immer wieder in den Listen des Chatbots auftauchen, solltest du dann für die Quellenrecherche nutzen.

Du kannst deine Suchbegriffe auch zu einer **Mindmap** zusammenstellen (→ Seite 47). Dies erhöht die Übersichtlichkeit.

Recherche – der Weg zur Quelle

Recherche mithilfe textgenerierender KI-Tools. Künstliche Intelligenz lässt sich auch als Rechercheinstrument für Literatur nutzen:

- Formuliere dazu z. B. bei ChatGPT eine Anfrage wie: „Welche deutschsprachige Literatur zum Thema … gibt es?“ Als Ergebnis erhältst du eine Liste von Buchtiteln, mit deren Hilfe du dich dann in der Schulbücherei, einer öffentlichen Bibliothek, in Buchhandlungen oder auch online z. B. bei *subito* (→ Seite 64) auf die Suche nach der genannten Literatur machen kannst.
- Stelle Anfragen zu verschiedenen der im ersten Schritt ermittelten Suchbegriffe. Werke, die in den Listen der KI immer wieder auftauchen, sollten im Folgenden auf deiner Literatur-Hitliste ganz oben stehen.
- Hilfreich für eine Bewertung der angezeigten Werke ist auch die Anfrage: „Welche deutschsprachige Literatur zum Thema … ist besonders relevant?“
- In gleicher Weise kannst du nach Zeitschriftenartikeln oder Internetquellen suchen.

Tipps zur Formulierung von Anfragen (Prompts) in ChatGPT → Seite 36 f.

Recherche in Bibliotheken. *Öffentliche Bibliotheken* darfst du als Schüler meist kostenlos nutzen. Dazu musst du allerdings angemeldet sein. Bringe deshalb bei deinem ersten Bibliotheksbesuch den Personal- und Schülerausweis mit. Auch in *Universitätsbibliotheken* kannst du als „Gastnutzer“ Bücher ausleihen. Hier benötigst du zur Anmeldung ebenfalls Personal- und Schülerausweis. Sofern du bereits KI-Tools zur Suche nach themenrelevanter Literatur genutzt hast, suche im Bestandskatalog der Bibliothek nach den Büchern, welche die KI dir genannt hat. In allen größeren Bibliotheken ist der Bestandskatalog heute bequem per Computer abzurufen.

Ansonsten gehe bei der Recherche wie folgt vor:

- Nutze zur Suche den (digitalen) Bestandskatalog der Bibliothek.
- Suche hier nach den zu deinem Thema passenden Suchbegriffen in Buchtiteln und im Schlagwortregister.
- Stöbere zudem in der entsprechenden Fachabteilung der Bibliothek.
- Habe neben dem Sachbuchbestand auch ein eventuell vorhandenes Zeitschriftenarchiv als Informationsreservoir im Auge.

TIPP

Frage das Bibliothekspersonal. Es kennt sich im Buchbestand der Bibliothek aus, kann damit deinen Suchbegriffen auch solche Literatur zuordnen, die vom Titel her keinen Bezug aufweist. Zudem kennen die Bibliothekare und Bibliothekarinnen den Standort der von dir gesuchten Bücher und Zeitschriften. Sachbücher sind oft auch als eBook verfügbar. Frage das Bibliothekspersonal daher auch nach dem eBook-Bestand.

Recherche in Buchhandlungen

Stöbere in der entsprechenden Fachabteilung von Buchhandlungen. Recherchiere nach Literatur zu den von dir gesuchten Stichworten. Dabei kannst du das *Verzeichnis Lieferbarer Bücher* (VLB) nutzen. Im VLB sind über 2,5 Millionen Buchtitel sowie viele Zeitschriftenartikel mit bibliografischen Angaben erfasst. Es bietet vielfältige Recherchemöglichkeiten, so neben der Suche nach Autor und Titel auch eine solche nach Stichworten. Du kannst in der Buchhandlung mit der Hilfe der Buchhändlerin/des Buchhändlers im VLB recherchieren. Da es das Verzeichnis seit 2002 aber auch online gibt (→ *https://www.buchhandel.de/*), ist zudem die Recherche am heimischen Tablet oder PC möglich.

TIPP

Ältere, nicht mehr über den Buchhandel zu beziehende Werke können oft kostengünstig als gebrauchte Exemplare über Internetbuchhandlungen (z. B. *Amazon Marketplace®*), Second-Hand-Buchhandlungen (z. B. *Booklooker®*) oder bei Online-Auktionshäusern (z. B. *eBay®*) erworben werden.

Online-Literaturrecherche

Internet-Buchhandlungen bieten in der Regel die Möglichkeit, nach lieferbaren Buchtiteln zu recherchieren, auch ohne dass du Bücher bestellst (entsprechende Internet-Adressen findest du auf → Seite 57). Dabei erlauben die Suchmaschinen vieler Internet-Buchhandlungen auch die Suche nach lieferbaren Büchern in englischer, französischer, spanischer und italienischer Sprache.

Für eine effiziente Recherche solltest du

- sofern verfügbar die Funktion *Profisuche* bzw. *erweiterte Suche* und gegebenenfalls den dort abzurufenden *Index* nutzen.
- nacheinander verschiedene mit deinem Thema in Verbindung stehende Schlagworte bzw. Autoren eingeben; auf diese Weise erfasst du ein breites Spektrum an Buchtiteln.
- zum Abschätzen der Ergiebigkeit gefundener Bücher die bei viele Internet-Buchhandlungen angebotenen Serviceleistungen nutzen: Lies, sofern verfügbar, die Inhaltsangabe, das Inhaltsverzeichnis oder auch angebotene Probeseiten (Blick ins Buch).

Neben der Recherche nach aktuell über den Buchhandel zu beziehenden Büchern kann im Internet auch nach älteren Werken und Zeitschriften recherchiert werden. Hierfür bieten sich virtuelle Bibliotheken und Online-Kataloge großer Bibliothekszusammenschlüsse an (→ Seite 57).

INTERNET-ADRESSEN

Stand Februar 2024

Online-Buchhandlungen mit Recherchemöglichkeiten (Auswahl)

- *https://www.amazon.de/* (auch Links zu Katalogen mit fremdsprachiger Literatur)
- *https://www.bol.de/* und *https://www.thalia.de* (beides Online-Shops von Thalia; auch englische Bücher, Schulbücher und eBooks)
- *https://www.buch24.de/* (vielfältige Suchmöglichkeiten)
- *https://www.buecher.de/* (spezielle Sachbuch-Suchfunktion)
- *https://www.parinfo.fr* (alle lieferbaren französischen Bücher)
- *https://www.amazon.com/* (englischsprachige Literatur)
- *https://www.waterstones.com/* (englischsprachige Bücher aus GB)
- *https://www.boeknet.nl/* (Bücher in Niederländisch)
- *https://itallibri.de/* (Bücher in Italienisch)
- *https://www.ibs.it/* (Bücher in Italienisch; auch eBooks)
- *https://e-libro.net/* (Bücher in Spanisch)
- *https://www.express-kniga.de/* (Bücher in Russisch, CDs, Filme, Hörbücher)
- *https://www.findmybook.de/* (Suche nach neuen und gebrauchten Büchern in Online-Shops und Antiquariaten weltweit)
- *https://www.zvab.com/* (Zentrales Verzeichnis antiquarischer bzw. vergriffener Bücher)

Es gibt viele regionale Online-Buchhandlungen, bei denen du bestellte Bücher abholen kannst. Du sparst so ein eventuelles Porto.

Virtuelle Bibliotheken und Online-Kataloge von Bibliotheksverbünden (Auswahl)

- *https://kvk.bibliothek.kit.edu/* (Karlsruher Virtueller Katalog; Online-Recherche in Bibliotheks- und Buchhandelskatalogen weltweit)
- *https://www.wlb-stuttgart.de* (Seite der Württembergischen Landesbibliothek Stuttgart mit Links zu weiteren Online-Katalogen)
- *https://www.bib-bvb.de/web/guest/home* (Bibliotheksverbund Bayern; Online-Katalog der Bibliotheken aus Bayern)
- *https://www.gbv.de/* (Gemeinsamer Bibliotheksverbund GBV der Länder Bremen, Hamburg, Mecklenburg-Vorpommern, Niedersachsen, Sachsen-Anhalt, Schleswig-Holstein und Thüringen)
- *https://www.hbz-nrw.de/literatursuche/* (Hochschulbibliothekszentrum NRW; Suche in Bibliotheksbeständen aus NRW und Rheinland-Pfalz)
- *https://www.hebis.de/* (HEBIS – Hessisches BibliotheksInformationsSystem; Recherchemöglichkeiten in den Bibliotheken Hessens und des südöstlichen Rheinland-Pfalz)
- *https://www.kobv.de/* (Kooperativer Bibliotheksverbund Berlin-Brandenburg; Online-Recherche in den Bibliotheken Berlins und Brandenburgs)
- *https://www.bsz-bw.de/index.html* (Bibliotheksservice-Zentrum Baden-Württemberg mit vielen Möglichkeiten zur Online-Recherche)

Außerdem:
Die Kataloge fast aller Universitätsbibliotheken (UB) sind online einsehbar. Suche den Katalog einer UB, die in der Nähe deines Heimatortes liegt, mithilfe einer Suchmaschine (→ Seite 69).

>>

>> INTERNET-ADRESSEN

Stand Februar 2024

Internet-Adressen für die Suche nach Fachzeitschriften (Auswahl)

- *https://bibliothek.bbaw.de/zeitschriftenverzeichnisse* (Berlin-Brandenburgische Akademie der Wissenschaften; Links zur Zeitschriftendatenbank ZDB und zur Elektronischen Zeitschriftenbibliothek EZB, über die Zeitschriftenartikel teils kostenlos online abgerufen werden können)
- *https://zdb-katalog.de/index.xhtml* (ZDB ist die weltweit größte Datenbank für Print- und Online-Zeitschriften, Zeitungen usw.)
- *https://ezb.uni-regensburg.de/* (Elektronische Zeitschriftenbibliothek; Zeitschriften nach Fachgebieten geordnet)
- *https://www.wissenschaft.de/artikelarchiv/* (Archiv der Zeitschrift *Bild der Wissenschaft* seit 1996; Recherche kostenfrei, Artikel z. T. kostenpflichtig)
- *https://www.spektrum.de/* (→ Archiv; Suche in *Spektrum der Wissenschaft* seit 1993 und in anderen Zeitschriften des Verlags; Recherche kostenfrei, Artikel zum Teil kostenpflichtig)

Internet-Adressen für die Suche in Populären Zeitschriften und in Zeitungen (Auswahl)

- *https://www.genios.de/* (Archiv einer Vielzahl deutscher und internationaler Zeitungen; Recherche kostenfrei, Artikel kostenpflichtig)
- *https://www.focus.de/magazin/archiv* (Archiv des *Focus* ab 1993)
- *https://www.welt.de/schlagzeilen/* (Archiv der Zeitung *Die Welt*; Recherche und Artikel kostenfrei)
- *https://www.spiegel.de/spiegel/print/* (Archiv des *Spiegel* und anderer Hefte der Spiegel-Gruppe ab 1947; Recherche kostenfrei, Artikel teils kostenfrei, teils kostenpflichtig)
- *https://fazarchiv.faz.net/* (Archiv der *Frankfurter Allgemeine Zeitung* ab 1993; Suche kostenfrei, Artikel kostenpflichtig)
- *https://www.geo.de/archiv* (Suche in älteren Ausgaben von *GEO*; kostenfrei)
- *https://www.sz-archiv.de/* (Archiv der *Süddeutschen Zeitung* ab 1992 bzw. 1945; Recherche und Artikel kostenpflichtig)
- *https://www.zeit.de/* (oben → Menü → DIE ZEIT Ausgabenarchiv; Archiv der Wochenzeitung *Die Zeit* ab 1946; Recherche kostenfrei, Artikel kostenpflichtig)

Weitere nützliche Internet-Adressen

- *https://www.bpb.de* (Bundeszentrale für politische Bildung; Fundgrube für Geschichte, Politik, Erdkunde, SoWi usw.; teils kostenlose Literatur)
- *https://de.wikipedia.org/* (Online-Enzyklopädie *Wikipedia*®; für die Erstinformation und Orientierung im Thema in der Regel gut geeignet; sollte aber nicht die einzige verwendete Quelle sein)

Recherche bei Institutionen und Organisationen

Schreibe öffentliche und private Institutionen an, die Bücher oder Hefte zum Thema deines Referates bzw. deiner Facharbeit veröffentlicht haben, so z. B.:

- Bundeszentrale für politische Bildung (Bundeskanzlerplatz 2, 53113 Bonn).
- Landeszentrale für politische Bildung deines Bundeslandes.
- Verbände (z. B. Verband der Chemischen Industrie, Verband der Automobilindustrie, DGB); mithilfe der Suchmaschine *https://www.verbandsforum.de/* kannst du die für dein Thema relevanten Verbände finden.
- Organisationen; Organisationen in Deutschland findest du unter *https://de.wikipedia.org/wiki/Kategorie:Organisation_(Deutschland)*; für Organisationen außerhalb des Bundesgebietes bietet *https://de.wikipedia.org/wiki/Kategorie:Organisation_nach_Staat* eine Link-Liste; die Links führen auf die Wikipedia-Seite der Organisation.

TIPP

Institutionen und Organisationen senden meist bereitwillig Literaturlisten, Broschüren oder sogar kostenlose Literatur zu.
Doch Achtung: Von einer Organisation herausgegebene Literatur ist meist nicht objektiv, sondern spiegelt Verbandsinteressen wider. Man sollte sie daher vorsichtig verwenden und ggf. entnommene Informationen kommentieren.

Recherche mithilfe des „Schneeballsystems“

Ausgehend von einer interessanten Quelle gelangst du mithilfe des „Schneeballsystems“ zu weiterer Literatur. Geh dabei wie folgt vor:

- Lies in der von dir bereits entdeckten Literatur die für dein Thema relevanten Seiten. In Büchern findest du diese, indem du deine zentralen Suchbegriffe (→ Seite 54) im *Inhaltsverzeichnis* oder im *Register* nachschlägst.
- Stößt du beim Lesen auf eine Quellenangabe, so schlage die zitierte Quelle im *Literaturverzeichnis* oder in den *Fußnoten* nach. Bei Büchern befindet sich das Literaturverzeichnis am Ende eines Kapitels oder am Ende des Buches. In Fachzeitschriften findest du es in der Regel am Ende des Artikels.
- Erscheint dir die zitierte Quelle interessant, so ermittele, wie und woher du diese beziehen kannst (→ Seite 61 ff.).
- Durchforste dann in der auf diese Weise gefundenen neuen Quelle die für dein Thema relevanten Seiten. Stößt du auf interessante und dir relevant erscheinende Zitate, so schlage die zitierte Quelle im Literaturverzeichnis nach …

Auf diese Weise gelangst du zu einem immer breiteren Spektrum an Quellen. Zudem kannst du der Spur einer bestimmten Information bis zu ihrem Ursprung folgen. Dabei wirst du unter Umständen feststellen, dass Autoren voneinander „abgeschrieben“ und dabei auch Fehler vom Vorgänger übernommen haben.

Recherche in Fachzeitschriften

Durchsuche in der Schulbibliothek und in öffentlichen Bibliotheken die dort eingestellten Fachzeitschriften nach Artikeln zu deinem Thema.

- Bediene dich dabei der thematisch geordneten Jahresverzeichnisse der Zeitschriften. Diese sind in vielen Fällen online verfügbar.
- In vielen Fachzeitschriften werden in unregelmäßigen Abständen *Literaturzusammenstellungen* zu einzelnen Themenschwerpunkten veröffentlicht. Überprüfe, ob es zufällig eine solche zu deinem Thema gibt.
- Auch die Artikel in Fachzeitschriften enthalten Literaturverzeichnisse. Von diesen aus gelangst du dann mithilfe des „Schneeballsystems“ zu weiteren Quellen.
- Suche im Internet nach Zeitschriftenartikeln (Internet-Adressen → Seite 58). Nutze für deine Suche gegebenenfalls auch entsprechende KI-Tools.

Recherche in populären Zeitschriften

Auch aktuelle oder ältere Ausgaben populärer Zeitschriften wie *Focus, Spiegel* oder *Stern* können Artikel enthalten, die für dein Referat bzw. deine Facharbeit von Interesse sind. Es gibt verschiedene Wege, an diese Artikel zu gelangen:

- Sieh in der online stehenden aktuellen Ausgabe sowie im Archiv der Zeitschrift nach (Internet-Adressen → Seite 58).
- Viele Bibliotheken verfügen über ein Zeitschriftenarchiv, in dem du ältere Ausgaben einsehen kannst. Erkundige dich beim Bibliothekspersonal.

Sonstige Rechercheverfahren

- *Recherche in Archiven*. In der Regel erhältst du hier nur in Begleitung von Fachkräften Zutritt. Frage diese direkt nach der optimalen Suchstrategie.
- *Literarturtipps von Fachleuten*. Frage deine Interviewpartner oder die von dir kontaktierten Spezialisten nach geeigneter Literatur. Eventuell besitzen sie das empfohlene Buch sogar selber und stellt es dir leihweise zur Verfügung.
- *Literaturtipps von der betreuenden Lehrperson*. Da bei einem Referat/einer Facharbeit die Literatursuche in der Regel Teil der eigenständigen Erstellungsleistung ist, sollest du diese erst dann einfordern, wenn deine Literatursuche zu bestimmten Aspekten erfolglos geblieben ist.

TIPP

Du bist eher der visuelle Lerntyp? Auf *YouTube*® findest du Videos zur optimalen Gestaltung einer Literaturrecherche. Eine empfehlenswerte Sammlung von Filmen über die Erstellung wissenschaftlicher Arbeiten bietet die Seite *https://www.youtube.com/user/LotseTeam*. Sie gehört zum LOTSE-Projekt der Universität Münster *(https://www.ulb.unimuenster.de/ulb-tutor/)*, einer Plattform „rund um das Thema Literatursuche und wissenschaftliches Arbeiten“.

4.4 Auswahl und Bezug geeigneter Literatur

Prüfung der Relevanz der Quelle

Nicht jede Quelle, deren Titel vielversprechend klingt, ist für deine Arbeit auch wirklich brauchbar. Um möglichst rasch die tatsächlich relevante Literatur zu identifizieren, empfehlen sich folgende Schritte:

- Schau dir bei Büchern den **Klappentext**, das **Inhaltsverzeichnis** und das **Register** an. Fahnde dort nach Stichworten, die für dein Thema von Bedeutung sind.
- Bleibt der positive Eindruck nach Überprüfung dieser ersten Inhaltsmerkmale bestehen, so **„lies das Buch quer"**. Das heißt: Lies die Einleitung, die Zusammenfassung interessant erscheinender Kapitel sowie die Seiten des Buches, auf denen laut Register für dein Thema wichtige Stichworte abgehandelt werden. Erscheint dir das Buch weiterhin für dein Thema relevant und zudem verständlich geschrieben, so „stelle es sicher" (siehe unten).
- Artikel in wissenschaftlichen Zeitschriften enthalten in der Regel zu Beginn oder am Schluss eine **Zusammenfassung**. Lies diese. Erscheint dir der Artikel brauchbar, „stelle ihn sicher" (siehe unten).
- Ein Blick in das Literaturverzeichnis ermöglicht schließlich eine erste Einschätzung der wissenschaftlichen Qualität der Quelle. Einschätzungskriterien sind z. B. der Umfang der zitierten Literatur sowie deren Aktualität.

TIPP

Neben einer Prüfung der Texte solltest du Bücher und Zeitschriften auch daraufhin sichten, ob diese für dein Thema geeignete Abbildungen, also Karten, Diagramme oder Bilder enthalten.

Die Quelle „sicherstellen"

Hast du eine Quelle bei der ersten inhaltlichen Prüfung als interessant und für dein Thema relevant identifiziert, so solltest du diese **Quelle „sicherstellen"**, das heißt für die weitere Auswertung nach Hause tragen. Wege dazu sind:

Kaufen. Scheint dir ein Buch oder die aktuelle Ausgabe einer Zeitschrift im Hinblick auf dein Thema besonders ergiebig zu sein, so kaufe diese/s.
Vorteile:

- Du kannst mit dem erstandenen Exemplar bis zur Fertigstellung des Referates/der Facharbeit arbeiten, ohne Ausleihfristen beachten zu müssen.
- Zudem kannst du hier nach Herzenslust markern und Anmerkungen eintragen.

Nachteile:
- Der Preis. Frage daher ggf. nach einer Taschenbuchausgabe des Buches oder recherchiere, ob das Buch gebraucht zu erwerben ist.
- Lieferzeiten. Handelt es sich um spezielle Literatur, so muss diese von deiner Buchhandlung oftmals direkt beim Verlag bestellt werden. Die Lieferzeit beträgt dann unter Umständen zwei Wochen und mehr.

Kostenlos oder verbilligt beziehen. Bei vielen Institutionen kann Literatur kostenlos bzw. zu sehr günstigen Konditionen bezogen werden. Dies gilt zum Beispiel für die Bundeszentrale für politische Bildung (→ Seite 58).

Ein übliches Ordnungskriterium in Bibliotheken sind die sogenannten Signaturnummern. Hier ist eine solche auf dem unteren Buchrücken zu erkennen.

Ausleihen. Bei Bibliotheken muss generell zwischen dem *Präsenzbestand* und dem *Leihbestand* unterschieden werden.
- Bücher und Zeitschriften aus dem **Präsenzbestand** können während der Öffnungszeiten der Bibliothek im Lesesaal gelesen werden. Zudem dürfen in der Regel von interessanten Seiten Kopien angefertigt werden. Ein Entleihen ist aber nicht oder nur kurzzeitig, also z. B. über das Wochenende, möglich.
- Bücher und Zeitschriften aus dem **Leihbestand** können hingegen für eine gewisse Zeit ausgeliehen werden. Dabei gilt:
  - Vor der ersten Ausleihe muss meist eine spezielle Ausleihberechtigung erworben werden (z. B. eine Büchereikarte).
  - Zudem ist unter Umständen für die Ausleihe eine Gebühr zu entrichten.
  - Bei Überschreitung von Ausleihfristen werden häufig Strafen fällig. Erfrage daher vor der ersten Ausleihe die Ausleihmodalitäten der Bibliothek.
  - Ausgeliehene Bücher und Zeitschriften dürfen weder beschriftet noch beschädigt werden. Willst du markern oder Anmerkungen eintragen, empfiehlt es sich daher, von relevanten Seiten Kopien anzufertigen.

Übrigens: In Bibliotheken hat sich die Unsitte entwickelt, wichtige Seiten aus den im Präsenzbestand stehenden Standardwerken herauszutrennen, um sich so das Kopieren zu sparen. Eine Unsitte, die jeder, der bei seiner Suche auf die dadurch entstandenen ärgerlichen Lücken stößt, von Herzen verabscheuen wird!

Fernleihe. Ist das gewünschte Buch bzw. die Zeitschrift in deiner Bibliothek nicht verfügbar, so besteht die Möglichkeit einer Bestellung per Fernleihe:
- Voraussetzung: Die Bibliothek ist an das Fernleihnetz angeschlossen.
- Bestellung per Fernleihe bedeutet: Das gesuchte Werk steht in einer anderen Bibliothek des Fernleihverbundes, muss dort angefordert und zu deiner Bücherei transportiert werden. Dort benachrichtigt man dich, sobald das Werk eingetroffen ist. Der ganze Vorgang kann einige Tage, ja Wochen dauern.
- Zudem ist eine Fernleihe immer mit Kosten verbunden. Diese solltest du vorab beim Bibliothekspersonal erfragen.

Kopieren. Im Präsenzbestand von Bibliotheken befinden sich häufig Lexika, Standardwerke und ältere Zeitschriftenjahrgänge. Da deren Ausleihe nicht möglich ist, musst du die für deine weitere Arbeit interessanten Abschnitte kopieren. Auch bei ausleihbaren Werken empfiehlt es sich, wichtige Seiten zu kopieren, um diese markern und mit Anmerkungen versehen zu können.

Tipps für den Umgang mit Kopien

- Versieh **jede Kopie oben** mit einer **bibliografischen Kurzangabe**. Diese besteht aus dem Nachnamen der Autorin bzw. des Autors und dem Erscheinungsjahr des Buches bzw. der Zeitschrift. *Beispiel: Uhlenbrock/Walory 2024.*
- Erstelle zu jeder bibliografischen Kurzangabe auf einer Karteikarte, im Smartphone, Tablet oder am Computer eine **bibliografische Notiz** (→ Seite 16 f.). Karteikarte, Tablet und Smartphone sind dabei im Rahmen der Bibliotheksarbeit im Handling besonders einfach. Notiere alle wichtigen bibliografischen Angaben (→ Seite 17), bei einem Zeitschriftenartikel auch die erste und letzte Seite des Artikels. Im Zweifel gilt: Mehr zu notieren ist besser! Eine zur bibliografischen Kurzangabe *Uhlenbrock/Walory 2024* passende Literaturkarteikarte sollte wie rechts dargestellt aussehen.

  > Uhlenbrock, Karlheinz/Walory,
  > Michael (2024): Fit fürs Abi:
  > Oberstufenwissen Biologie.
  > 1. Auflage. Braunschweig:
  > Westermann Lernwelten GmbH.

- Notiere auf Kopien von **Zeitungsartikeln** den Namen der Zeitung und das Erscheinungsdatum, also z. B. *Münsterländische Volkszeitung vom 19.02.2024*.
- Achte darauf, bei Büchern und Zeitschriften die **Seitenzahlen** mitzukopieren. Du benötigst diese später für die Erstellung korrekter Textzitate. Ist ein Mitkopieren z. B. wegen Übergröße der Vorlage nicht möglich, so vermerke die Seitenzahlen per Hand auf der Kopie.
- Kopierst du mehrere Seiten aus einem Buch oder einer Zeitschrift, so solltest du die **Kopien zusammenheften**. So bleibt deren Ursprung aus einem Werk erkennbar. In diesem Fall muss nur die erste Seite des gehefteten Blätterstapels mit einem bibliografischen Vermerk versehen werden.
- Sind auf den kopierten Seiten **Literaturverweise** enthalten, musst du auch die dazugehörenden Literaturangaben im Literaturverzeichnis kopieren. Du benötigst diese später für die korrekte Gestaltung der Textzitate (→ Kapitel 7).
- Achte darauf, die gewählten Seiten **vollständig und lesbar** zu **kopieren**.
- Klein gesetzte Textvorlagen können **beim Kopieren vergrößert** werden.
- Prüfe vor dem Betätigen der Copy-Taste, ob die ins Auge gefassten Seiten tatsächlich relevant sind. Hemmungsloses Kopieren ist wirtschaftlich und ökologisch unsinnig. Auch führt es zu einer Flut von Papieren, die zeitaufwendig gesichtet, gelesen und bibliografisch erfasst werden müssen.
- **Hefte deine Kopien zeitnah und geordnet in einem Aktenordner oder Schnellhefter ab.** Nutze die zentralen Begriffe der Stichwortauflistung oder Mindmap zu deinem Referats-/Facharbeitsthema als Ordnungskriterien.

TIPP

Als Alternative zum Kopieren bietet sich das Abfotografieren oder Scannen per Smartphone oder Tablet an (→ Kapitel 1.5). Dabei gelten prinzipiell die gleichen Regeln wie beim Kopieren. Wichtig ist es auch hier, jede abfotografierte bzw. gescannte Seite bibliografisch zu erfassen.

Online-Bezug. Fernleihvorgänge kannst du auch selber via Internet über das System ***subito*** *(https://www.subito-doc.de/)* durchzuführen.

- ***subito* ist** ... ein Online-Lieferdienst von 40 wissenschaftlichen Bibliotheken aus Deutschland, Österreich und der Schweiz für Aufsätze und Bücher. Über ihn kann man zum einen Kopien aus Zeitschriften oder einzelne kopierte Buchseiten erhalten, zum anderen ist die Ausleihe von Büchern möglich.
- **Das Verfahren.** Du kannst *subito* nur benutzen, wenn du weißt, was du bestellen willst. Du musst also zuvor die bibliografischen Angaben des gesuchten Buches bzw. Zeitschriftenartikels ermitteln. Kennst du Autor und Titel, dann kannst du in den *subito*-Katalogen nachschauen, ob das gesuchte Werk in einer der angeschlossenen Bibliotheken verfügbar ist.
- **Das Ergebnis.** Zeitschriftenaufsätze oder Kopien einzelner Buchseiten erhältst du per Fax, Post oder als DRM-geschützte pdf-Datei per E-Mail zugesandt. Außerdem kannst du dir Bücher schicken lassen bzw. diese selber abholen, sofern du nahe der Bibliothek wohnst, in der das Werk einsteht.

DRM: Digital Rights Management; eine Art Kopierschutz für elektronische Medien.

- **Der Zeitrahmen.** Der Zustellservice ist sehr schnell. Bei Normalbestellung bearbeiten die *subito* angeschlossenen Bibliotheken die Anfrage an Werktagen innerhalb von 72 Stunden, beim Eilservice sogar innerhalb von 24 Stunden.
- **Die Kosten.** Als Schülerin oder Schüler aus Deutschland gehörst du zur Nutzergruppe 1A. Du zahlst im Normaldienst z. B. für die Zustellung eines Zeitschriftenaufsatzes aus einer Lieferbibliothek in Deutschland per Post oder Fax 7,00 €, per E-Mail 5,50 €. Eine Buchbestellung kostet 9,00 €. Zudem muss das Rückporto bezahlt werden. (Stand: 19.02.2024).

TIPP

Eine intensive Literaturrecherche führt zu einem Berg von Büchern, Zeitschriften und Kopien. Schnell kann man hier den Überblick verlieren.
Daher zwei Tipps:

- Kaufe, leihe oder kopiere nur solche Quellen, die dir nach einem „Relevanz-Check“ tatsächlich für die Bearbeitung deines Themas geeignet erscheinen.
- Sortiere die gefundene Literatur direkt. Hier bieten sich die von dir ermittelten themenrelevanten Stichworte als Sortierungshilfe an.

4.5 Internetrecherche

Die Stärken des Internets

Auf den ersten Blick wirkt das Internet wie das Paradies für alle, die Informationen suchen – also auch für alle, die ein Referat/eine Facharbeit erstellen müssen.

- Das Informationsangebot ist **extrem vielfältig**.
- Die Informationen sind meist **sehr aktuell**. Nachrichten werden im Minutentakt aktualisiert. Bücher enthalten dagegen aufgrund der länger dauernden redaktionellen Bearbeitung Informationen, die Monate oder Jahre alt sind.
- Das Informationsangebot ist **international**. Über das Internet hat man Zugang zu Quellen aus allen Teilen der Welt.

Angesichts dieser Stärken des Internets, drängt sich die Frage auf, warum es heutzutage neben dem Internet überhaupt noch gedruckte Literatur gibt.

Die Schwächen des Internets

Begibt man sich jedoch im Netz auf Informationssuche, so stößt man auf Probleme, Grenzen und Einschränkungen, die die Wunderwelt des **W**orld **W**ide **W**eb zumindest in Teilen entzaubern:

- So stellen gerade die **Vielfalt und der riesige Umfang des Datenbestandes** im Netz ein Problem dar. Wie soll man unter den Millionen Internetseiten diejenigen finden, die für das Referats-/Facharbeitsthema relevant sind?
- Ein Handicap von Internetquellen ist zudem deren **Kurzlebigkeit**. Eine Internetquelle, die noch vor wenigen Tagen als besonders ergiebig empfohlen wurde, kann bereits heute nicht mehr im Netz stehen. Oder deren URL („Internet-Adresse" → Seite 18) hat sich inzwischen geändert. Oder sie wurde überarbeitet, korrigiert, neugestaltet. Was du heute auf einer bestimmten Webseite liest, muss nicht unbedingt auch morgen noch dort zu finden sein.
- Überdies sind viele Internetseiten in ihrer **Informationsqualität mangelhaft** oder schwer beurteilbar. Gedruckte Literatur wird in der Regel vor der Veröffentlichung von Lektorinnen und Lektoren überprüft und korrigiert. Seriöse Verlage arbeiten nur mit seriösen Autoren zusammen. Im Internet entfallen diese Kontrollmechanismen oftmals. Hier kann jeder alles einstellen.
  Dabei wird die Darstellung von **Fakten und persönlicher Meinung häufig nicht klar getrennt**. Radikale politische Tendenzen können die Informationen verzerren. Ebenso eine willkürliche und unqualifizierte Datenauswahl. Sogar falsche, ja ausdachte Informationen werden eingestellt („**Fake News**"), ohne dass man diese auf den ersten Blick als Schwindel erkennt.
- Wie in einem Brennglas bündeln sich die Stärken und Schwächen des Internets bei den aktuell im Fokus stehenden KI-Tools wie ChatGPT (→ Kapitel 2).

Tipps für die Internetrecherche

Um die Stärken des Internets auszunutzen und dessen Schwächen zu begegnen solltest du bei der Recherche folgende Punkte zu beachten:

- **Plane deine Recherche sorgfältig.** Nur so wirst du im Informationsdschungel des World Wide Web geeignete Quellen aufspüren (→ Seite 67 ff.).
- **Nutze das „Schneeballsystem".** Auch bei der Suche im Internet funkioniert das „Schneeballsystem" (→ Seite 59): Viele Internetseiten enthalten Links zu thematisch verwandten Seiten. Durch Anklicken dieser Links gelangst du zu weiteren interessanten Webseiten, die wieder neue Links enthalten …
- **Behalte das Recherchеziel im Blick.** Lass dich nicht auf Nebenpfade locken. Links reizen dazu, sie anzuklicken, die dazugehörigen Seiten zu durchstöbern und sich dabei immer mehr vom eigentlichen Ziel der Internetrecherche zu entfernen. Notiere daher zu Beginn deiner Suche das Recherchеziel und platziere die Notiz gut sichtbar auf deinem Schreibtisch.
- **Speichere brauchbare Internetquellen ab.** So stehen dir diese auch später noch in der ursprünglich entdeckten Fassung zur Verfügung. Teilweise verlangen Schulen auch, die bei der Erstellung einer Facharbeit oder eines Referates benutzten Internetquellen dem Endprodukt im Anhang in digitaler Form oder als Ausdruck beizufügen.
- **Drucke besonders ergiebige Seiten aus.**
- **Erfasse Internetquellen bei Abspeicherung oder Ausdruck bibliografisch.** Hierzu gehört die Dokumentation der URL („Internet-Adresse") sowie des Datums der Entnahme der Informationen aus dem Netz (→ Seite 18).
- **Nutze seriöse Internetquellen.** Verwende möglichst nur Informationen von Websites, deren Seriosität du abschätzen kannst. Internetseiten öffentlicher Institutionen, Universitäten oder großer Zeitungen sind bedenkenlos verwendbar. Bei Seiten von Privatpersonen solltest du überprüfen, ob der Verfasser namentlich genannt wird. Verzichte im Zweifelsfall auf die Nutzung der Quelle!
- **Vorsicht bei der Nutzung textgenerierender KI.** Von ChatGPT oder ähnlicher KI produzierte Texte können Fehler enthalten und stellen keine seriöse Internetquelle dar (→ Kapitel 2).

KI-Tools lassen sich für die Übersetzung fremdsprachlicher Texte nutzen. Doch auch hier ist wegen der Fehlerhaftigkeit der Tools Vorsicht geboten.

- **Nutze ggf. Spezialsuchmaschinen.** Suchmaschinen wie etwa *https://scholar.google.de/* oder *https://www.base-search.net/* bieten die Möglichkeit, gezielt nach wissenschaftlicher Literatur zu suchen.
- **Werde nicht zum „Aktualitätsguru"!** Das Internet besticht zwar durch seine Aktualität, doch erwartet niemand von dir, dass du in Referat oder Facharbeit aktuelle Meldungen vom Abgabetag einbringst. Lege also eine *Deadline für die Quellenrecherche* fest. Diese sollte etwa eine Woche vor dem Referat bzw. einige Wochen vor Abgabe der Facharbeit liegen. Nimm deine Recherche nach diesem Termin nur bei ernsthaften Materiallücken wieder auf.

TIPP

Bei Referaten und Facharbeiten gilt: Ein kritischer Umgang mit Internetquellen ist Pflicht! Stütze deine Arbeit nicht allein auf eine einzige Internetquelle, wie etwa *Wikipedia*®. Ziehe in jedem Fall weitere seriöse Internetquellen sowie möglichst auch gedruckte wissenschaftliche Literatur zu Rate.

Die Strategie der Internetrecherche

Um in der Fülle der Internetquellen die geeigneten Informationen zu finden, bedarf es einer ausgefeilten Suchstrategie. Gehe also wie folgt vor:

Nutze präzise Suchbegriffe. Bevor du mit der Recherche beginnst, solltest du überlegen, was genau du eigentlich suchen willst. Nutze dazu die von dir zum Referats- bzw. Facharbeitsthema entwickelte Stichwortliste/Mindmap (→ Seite 54).
Allerdings ist es meist wenig sinnvoll, sehr allgemeine Stichworte aus dieser Liste/Mindmap in die Suchmaske einer Suchmaschine einzugeben. Man gelangt dann zwar zu sehr vielen Webseiten, deren Inhalte haben aber oft nur wenig mit den tatsächlich gesuchten Informationen zu tun. Präzisiere deshalb deine Suchbegriffe, beispielsweise durch die Beantwortung der folgenden Fragen:

- Nach welcher *konkreten Information* suche ich?
- Durch welche *markanten Schlagworte* lässt sich diese gesuchte Information beschreiben? Gib im Folgenden zusätzlich zu den Stichworten deiner Liste/Mindmap diese markanten Begriffe in die Suchmaske der Suchmaschine ein. Je spezieller und enger diese Begriffe sind, desto größer ist die Chance, die gewünschte konkrete Information auch direkt zu finden.
- Welche *konkrete Frage* habe ich? Du kannst diese Frage direkt in die Suchmaschine eingeben.

TIPP

- Gib zunächst nur einen oder zwei Suchbegriffe in die Suchmaske ein. So bekommst du einen Überblick über den Quellenbestand zum Themenfeld.
- Verfeinere und präzisiere dann deine Suche: Gib mehrere inhaltlich zusammenhängende Suchbegriffe gleichzeitig ein.
- Willst du nur eng auf deinen Suchgegenstand zugeschnittene Quellen angezeigt bekommen, wähle für die Eingabe möglich spezifische Suchbegriffe aus, also z. B. „Rosenschere“ statt „Gerät schneiden Rosen“.
- Erhältst du kein verwertbares Suchergebnis, probiere andere, eventuell nur leicht abgewandelte Suchbegriffe bzw. Begriffskombinationen.

Übrigens: Auch eine gespeicherte Suchhistorie verändert die Ausgabe der Suchmaschine. Dieselbe Suchmaschine kann daher bei zwei identischen Anfragen unterschiedliche Antworten ausgeben.

Nutze unterschiedliche Suchmaschinen. Die Datenbanken von Suchmaschinen weisen, je nach eingesetzter Software und nach der Häufigkeit, mit der diese das Netz durchforscht, Unterschiede in den Eintragungen auf. Zudem variiert die Reihenfolge, in der die Suchergebnisse angezeigt werden, von Suchmaschine zu Suchmaschine. Die Eingabe desselben Suchbegriffes kann daher bei verschiedenen Suchmaschinen zu unterschiedlichen Ergebnissen führen.

Aktuell ist der Einsatz Künstlicher Intelligenz dabei, die Suchmaschinen-Welt zu revolutionieren. Auch traditionelle Suchmaschinen wie *Bing*® oder *Ecosia*® integrieren KI-basierte Chat-Erweiterungen. Ähnlich wie bei ChatGPT kann man hier Fragen formulieren und erhält konkret Antworten (→ Kapitel 2). Teilweise sind deren Ergebnisse in ihrer Ausrichtung auf die formulierte Suchanfrage präziser, als es die Ergebnisse traditioneller Suchmaschinen sind. KI-basierte Systeme lernen zudem aus den Interaktionen mit den Nutzern und verstehen komplexe Anfragen besser als *Google*® & Co. Sie liefern zudem textliche Zusammenfassungen unterschiedlicher Quellen. Inzwischen integrieren viele KI-basierte Suchmaschinen(assistenten) die Angabe der Quellen, die sie für ihre Antworten benutzt haben, in den Antworttext oder listen diese unter dem Text auf.
Trotz dieser Vorteile sollte man KI-basierte Suchmaschinen mit Vorsicht nutzen. Hier fasst eine Maschine Ergebnisse zusammen, ohne dass der Nutzer die Stimmigkeit der Zusammenfassung direkt überprüfen kann. Die Antworten der KI enthalten zudem eventuell Fehler und sind weniger vielfältig als die Ergebnisse traditioneller Suchmaschinen.

Bei den Suchmaschinen unterscheidet man:

- **Allgemeine Suchmaschinen.** Sie durchsuchen das Internet nach dem Vorkommen eingegebener Suchbegriffe. Zum Teil enthalten sie KI-basierte Chat-Erweiterungen.
- **Spezialsuchmaschinen.** Für eine Vielzahl von Themenfeldern gibt es spezielle Suchmaschinen, deren Datenbestand zum jeweiligen Themenfeld deutlich breiter und vollständiger ist als bei allgemeinen Suchmaschinen.
- **Metasuchmaschinen.** Sie durchstöbern den Bestand verschiedener anderer Suchmaschinen parallel nach den eingegebenen Suchbegriffen und listen dann das Ergebnis der Suche auf. Die Reihenfolge der Treffer entspricht dem Mittel der Ergebnisse aller verwendeten Suchmaschinen und ist so oft wenig aussagekräftig. Metasuchmaschinen sind deshalb eher dazu geeignet, seltenen Suchbegriffen nachzuspüren. Auch für einen ersten Überblick über die Informationslage zu einem Thema sind sie zweckdienlich.
- **KI-Suchmaschinen.**

Auf der nächsten Seite findest du eine Auswahl gängiger Suchmaschinen.

SUCHMASCHINEN

Stand: 21.02.2024

Suchmaschinen-Suchmaschinen (Auswahl)
- *http://www.klug-suchen.de/* (Links zu über 1100 deutschsprachigen Suchmaschinen aller Art)
- *http://www.leipzig-sachsen.de/suchmaschinen/suchmaschinen-international.htm* (hier sind auch außergewöhnliche Suchmaschinen aufgelistet)
- *https://www.suchmaschinen-datenbank.de/land/* (kommentierte und mit Bewertungen versehene Übersicht über Suchmaschinen nach Staaten)
- *https://www.ub.uni-bielefeld.de/ub/learn/tutorials/* (→ Suchmaschinen-Tutorial; Einführung in die Arbeit mit Suchmaschinen; kommentierte Liste guter Suchmaschinen)

Metasuchmaschinen (Auswahl)
- *https://www.etools.ch/* (Metasuchmaschine aus der Schweiz; durchsucht sehr schnell 14 Schweizer und internationale Suchmaschinen)
- *http://metacrawler.de/* (Metasuche auf deutschen und internationalen Seiten)
- *https://metager.de/* (älteste deutsche Metasuchmaschine)
- *https://gooken.safe-ws.de/gooken/index.php* (englischsprachig; Metasuchmaschine ohne Nutzerdaten-Speicherung)

Allgemeine Suchmaschinen (Auswahl)
- *https://www.ecosia.org/* (umweltfreundliche Suchmaschine; KI-Ergänzung: AI Chat)
- *https://duckduckgo.com/* (präzise, schnell; ohne Speicherung IP-Adresse)
- *https://fireball.de/* (schnell; hohe Trefferquote; hoher Datenschutz)
- *https://www.bing.com* (Suchmaschine von Microsoft®; KI-Ergänzung: Copilot)
- *https://www.google.de/* (einfach zu bedienen; schnell; hohe Trefferquote)
- *https://www.qwant.com/* (schnell; hoher Datenschutz)
- *https://www.startpage.com/* (hohe Trefferquote; sehr hoher Datenschutz)
- *http://www.wolframalpha.com/* (semantische Suchmaschine: sie versucht die Semantik einer gestellten Frage zu erfassen; in Englisch).

Spezialsuchmaschinen (Auswahl)
- *https://scholar.google.de/* (Suchmaschine für die gezielte Suche nach wissenschaftlichen Quellen)
- *https://www.base-search.net/* (Suchmaschine der Universitätsbibliothek Bielefeld für die Suche nach wissenschaftlichen Quellen)

KI-Suchmaschinen (Auswahl)
- *https://andisearch.com* (KI-Suchmaschine für spezialisierte Anfragen)
- *https://www.perplexity.ai/* (versteht auch komplexe Anfragen)
- *https://you.com/* (Suchergebnisse können gefiltert werden)

4 Informationsbeschaffung

Von der Idee zum Thema

INFORMATIONSQUELLEN

- Primärliteratur („Originale")
- Sekundärliteratur („Texte über …")
- Sonstige Textquellen (Internet …)
- Fotos, Karten, Diagramme …
- selbst erhobene Daten aus Experimenten, Befragungen, Kartierungen … .
- von anderen Forschern erhoben Daten, amtliche Statistiken …

SUCHBEGRIFFE

- Suchbegriffe = zentrale Begriffe, die mit meinem Thema in Verbindung stehen
- Suchbegriffe identifizieren:
  - aus Vorwissen und Schulbüchern
  - aus Lektüre von Übersichtsartikeln in Lexika oder im Internet
  - mithilfe von KI-Tools
- Suchbegriffe ordnen: in einer Liste oder Mindmap

RECHERCHE IN BIBLIOTHEKEN UND BUCHHANDLUNGEN

- generell: in Bibliothekskatalogen nach den Suchbegriffen fahnden + Personal fragen
- in eventuell brauchbaren Büchern: zentrale Suchbegriffe aufspüren in Inhaltsverzeichnis, Fußnoten, Registern bzw. Stichwortverzeichnissen, Abstract und Fazit
- in eventuell brauchbaren Zeitschriften: zentrale Suchbegriffe aufspüren in Jahresverzeichnissen, Literaturzusammenstellungen, Artikelzusammenfassungen (Abstract)
- „Schneeballsystem": Literaturhinweis in Quelle 1 führt zu Quelle 2 …
- wichtig: alle brauchbaren Quellen bibliografisch erfassen!
- auch Kopien mit bibliografischen Kurzangaben versehen (Autor/-innen, Erscheinungsjahr)!

INFORMATIONSRECHERCHE IM INTERNET

- vorab: zentrale Suchbegriffe + geeignete Suchmaschine(n) ermitteln
- bei der Suche:
  - „Schneeballsystem" nutzen: Link in Quelle 1 führt zu Quelle 2, Link in Quelle 2 …
  - aber: Rechercheziel im Auge behalten – nicht willkürlich von Link zu Link springen!
  - brauchbare Internetquellen speichern oder ausdrucken
  - diese bibliografisch erfassen (URL, Entnahmedatum aus dem Netz, Autoren, Titel …)
  - auf Seriösität der verwandten Internetquellen achten
- wichtig: Basis für Referat/Facharbeit darf nicht nur eine einzige Internetquelle sein!

Auswertung von Textquellen

5

Stapelt sich nach erfolgreicher Quellensuche ein Berg von Literatur und Internetausdrucken auf deinem Schreibtisch, so kannst du dich einen Moment zufrieden zurücklehnen – und dann den nächsten Arbeitsabschnitt in Angriff nehmen: die Auswertung der gefundenen Quellen.
Hierbei solltest du ebenso planvoll und zielorientiert vorgehen wie bei der Quellensuche. Folgende fünf Schritte bieten sich dafür an:

1. **Rückbesinnung auf das Thema**
2. **Gewinnen eines ersten Überblicks**
3. **Gründliches Lesen**
4. **Auswertendes Lesen**
5. **Erstellen einer Stoffsammlung**

5.1 *Rückbesinnung auf das Thema*

Im Verlauf der Literatursuche wirst du das ein oder andere Neue zu deinem Referats- bzw. Facharbeitsthema gelesen und erfahren haben. Möglicherweise hat sich dadurch dein Verständnis des Themas verändert.
Bevor du dich an die Auswertung der gefundenen Quellen begibst, solltest du dir daher dein Thema ein weiteres Mal ansehen. Denn das Thema muss die Leitschnur deiner Literaturauswertung sein.
Also:

- **Zielrichtung des Themas erfassen.** Stelle sicher, dass du das Thema und seine Zielrichtung korrekt erfasst hast.
- **Forschungsfrage überprüfen.** Schaue dir erneut die zum Thema entwickelte zentrale Forschungsfrage an (→ Seite 49 und 110). Stimmt diese noch immer mit der Stoßrichtung des Themas überein, so wie du diese jetzt verstehst?
- **Stichwortsammlung/Mindmap checken.** Überprüfe die Stichworte, die du zum Thema notiert hast, auf Stimmigkeit. Präzisiere, ergänze und bereinige falls notwendig die Stichwortsammlung bzw. Mindmap.
- **Thema fest im Blick haben.** Behalte beim Lesen und Auswerten der Quellen das Thema deiner Arbeit stets im Auge. So vermeidest du, dich beim Auswerten der Quellen auf Nebengleise zu begeben und zu „verzetteln".

TIPP

Um das Thema als Leitfaden für die weitere Arbeit vor Augen zu haben, empfiehlt es sich, dieses aufzuschreiben und nahe dem Arbeitsplatz aufzuhängen.

5.2 Gewinnen eines ersten Überblicks

Festlegen der Lesereihenfolge

Ordne die auszuwertenden Textquellen in eine sinnvolle und günstige Lesereihenfolge. Folgende drei Leitfragen können dir dabei helfen:

- **Welches sind Übersichtsdarstellungen oder allgemein gehaltene Werke?** Mit diesen solltest du beginnen. Besonders geeignet für den Leseeinstieg sind etwa dem Thema zuzuordnende Artikel aus Lexika bzw. Enzyklopädien, also zum Beispiel aus *Wikipedia*®. An das Ende der Leseliste gehören Spezialartikel, Detailstudien und thematisch eng gefasste Internetquellen.
- **Welches sind die jüngsten verfügbaren Literaturwerke?** Diese gehören in den ersten Teil deiner Leseliste, greifen sie doch häufig ältere Werke auf, zitieren und verarbeiten diese.
- **Auf welche Literaturverweise bist du bei deiner Informationssuche immer wieder gestoßen?** In der Regel handelt es sich hierbei um Standardwerke zu deinem Thema. Auch sie gehören an den Anfang deiner Leseliste.

Auffinden relevanter Textabschnitte

Identifiziere nun im nächsten Schritt in den Quellen die Abschnitte, die für dein Thema relevant sind:

- **Bücher:** Nutze zum einen das *Inhaltsverzeichnis*. Eventuell kannst du hier bereits die Kapitel identifizieren, die deinem Thema zuzuordnen sind.
  Eine weitere Hilfe stellt das *Personen- und Sachregister* dar. Suche dort nach den Stichworten aus deiner Stichwortliste bzw. Mindmap.
  Auch die *Einleitungen und Zusammenfassungen* der Kapitel liefern Anhaltspunkte für die Relevanz der jeweiligen Teile für deine Arbeit.
- **Zeitschriften:** In Zeitschriftenartikeln helfen oftmals die *Überschriften der Artikelabschnitte* sowie eine eventuelle *Zusammenfassung (Abstract)* am Anfang oder Ende des Artikels sich im Artikeltext zu orientieren.
- **Internetquellen:** Nutze zum Aufspüren von Suchbegriffen innerhalb einer Internetquelle die Suchfunktion deines Browsers bzw. pdf-Readers.

Diagonales Lesen

Lies als Nächstes die für dein Thema relevanten Abschnitte der Textquellen diagonal, das heißt überfliege diese. Das hilft dir zu entscheiden, ob sich eine nähere Betrachtung der Quelle lohnt oder nicht. Gehe dabei wie folgt vor:

- Lass deine Augen von links oben nach rechts unten **über jeweils mehrere Textzeilen** gleiten. Fahnde dabei nach den für dein Thema wichtigen **Schlüsselbegriffen**.

- Suche nach den **zentralen Aussagen** des Textes. Diese sind häufig optisch gekennzeichnet (*kursiv* oder g e s p e r r t gedruckt, **fettgedruckt**, unterstrichen oder durch einen Absatz hervorgehoben). Auch Begriffe wie *deshalb, daher, schlussfolgernd* usw. deuten auf wichtige Textpassagen hin.
- Lies die **Zusammenfassungen** am Anfang/Ende einer Textquelle.
- Besonderes Interesse solltest du **stichwortartigen Aufzählungen** widmen. Häufig fassen diese ein ganzes Kapitel zusammen.

TIPP

Erscheinen dir Buchseiten interessant und wichtig, so lege ein Lesezeichen hinein oder mache die Seite mit einem Haftnotiz-Zettel (Post-it®) kenntlich.
In Ausdrucken, Kopien oder eigenen Büchern kannst du relevante Abschnitte zudem durch einen roten Strich auf dem Seitenrand markieren.
Ergiebige Webseiten lassen sich durch Setzen eines digitalen Lesezeichen im Browser leicht wiederfinden.

Und so geht es weiter ...

Nachdem du alle Textquellen einmal diagonal überflogen hast, heißt es nun:

- **Nicht relevante Quellen aussortieren.** Lege die für dein Thema nicht relevanten Textquellen beiseite.
- **Eine sinnvolle Lesereihenfolge relevanter Quellen festlegen.** Die vorgesehene Lesereihenfolge der Quellen (→ Seite 72) muss vor dem Beginn des eigentlichen Auswertungsvorgang überprüft werden. Sie muss z. B. verändert werden, wenn eine bestimmte Textquelle sich als ergiebiger erwiesen hat als zunächst angenommen. Eine solche Quelle sollte in der Leseliste nach vorne rutschen.
- **Die bisherige Stichwortliste/Mindmap ggf. ergänzen oder korrigieren.**
- **Einen ersten Gliederungsentwurf erstellen.** Halte dazu erste Ideen für Kapitelüberschriften fest und bringen diese in eine dir logisch erscheinende Reihenfolge.
- **Ein Leerblatt-Portfolio erstellen.** Lege zu jeder vorläufigen Kapitelüberschrift ein separates Leerblatt an. Notiere oben auf dem Blatt das Thema der Arbeit und darunter die vorläufige Kapitelüberschrift. Im Folgenden solltest du dann auf diesem Blatt die zur Kapitelüberschrift passenden Ergebnisse der Textauswertung festhalten (→ Stoffsammlung; Seite 75). Das Papierblatt vereint an dieser Stelle zwei Vorteile: Es bietet ausreichend Platz für Notizen und ist jederzeit und an jedem Ort problemlos verfügbar. Anstelle eines Papierblattes kannst du aber auch für jede Kapitelüberschrift eine Karteikarte bzw. in Tablet, Laptop oder PC eine Seite in deinem Schreibprogramm anlegen.

5.3 *Gründliches Lesen*

Lesen

Arbeite nun die Textquellen in der zuvor festgelegten Reihenfolge gründlich durch. Je wichtiger dir ein Text erscheint, desto intensiver solltest du ihn studieren. Eventuell ist es auch notwendig, schwierige oder besonders wichtige Passagen mehrmals zu lesen.
Halte ein analoges oder digitales Fachlexikon und ein Fremdwörterbuch bereit, um gegebenenfalls unbekannte Begriffe nachschlagen zu können.

Symbol	Bedeutung
!	wichtiger Abschnitt
?	Unklarheit/ zu klärende Frage
→	Schlussfolgerung
	Zusammenhang
	Widerspruch
Def.	wichtige Definition
Bsp.	anschauliches Beispiel
Zusf.	zentrale Zusammenfassung
1. 2. 3. 4. 5.	Glieder einer Argumentationskette bzw. zusammengehörende, einem Oberpunkt zuzuordnende Aspekte/ Informationen
Zit.	Textstelle, die man wörtlich zitieren möchte

Markieren und Anmerken

Es ist sinnvoll, beim Durcharbeiten der ausgedruckten, kopierten oder käuflich erworbenen Quellen wichtige Textpassagen zu unterstreichen oder mit einem Textmarker zu markieren.
Zusätzlich solltest du auf dem Seitenrand Anmerkungen notieren. Dies können Stichworte, Abkürzungen oder auch bestimmte Symbole sein. In der Randspalte findest du entsprechende Symbolvorschläge.
Ziel aller Markierungen und Randanmerkungen ist es, für die nachfolgenden Nutzungsschritte **eine rasche Orientierung im Text zu ermöglichen.** Daher ist es wenig sinnvoll, z. B. drei Viertel eines Textes zu markieren oder den Rand mit Dutzenden von Anmerkungen zu füllen. Vielmehr gilt: **Weniger ist oft mehr!**

Hier noch einige Tipps:

- Markiere nur die für dein Thema wirklich wichtigen Textstellen. Bleibe auch bei den Randanmerkungen eher sparsam.
- Benutze für gegensätzliche Positionen oder für Passagen, die sich auf unterschiedliche Schlüsselbegriffe beziehen, **verschiedene Stift- bzw. Markerfarben**.
- Benutze für die Randanmerkungen wenige **standardisierte Symbole**, diese jedoch konsequent.
- Unterstreichen, markieren und mit Anmerkungen versehen darfst du natürlich nur Texte in Ausdrucken, Kopien oder eigenen Büchern.
  In *geliehenen Büchern* kannst du zur Markierung wichtiger Seiten stattdessen schmale **Papierstreifen** verwenden, die sich leicht aus Altpapier zurechtschneiden lassen. An der aus dem Buch herausragenden Seite kannst du diese mit Notizen versehen, wie z. B. „zentrale Definition Lernen“. Auch gibt es im Handel selbstklebende Zettel, Punkte, Pfeile usw. (**Post-its**®), die sich ohne Spuren wieder entfernt lassen. Sie können gleichfalls mit Anmerkungen versehen und an passender Stelle im Buch einklebt werden.

5.4 Auswertendes Lesen und Erstellen der Stoffsammlung

Auswertendes Lesen. Nach dem ersten Durcharbeiten der Quellen gilt es nun, ihnen die relevanten Informationen zu entnehmen, diese Informationen sodann zu ordnen und für die Abfassung des Referats-/Facharbeitstextes aufzubereiten. Lies dazu alle Texte, die sich mit Blick auf dein Thema als ergiebig erwiesen haben, ein weiteres Mal. Entnimm ihnen zugleich die relevanten Informationen und halte diese auf den vorbereiteten Blättern deines Leerblatt-Portfolios (→ Seite 73) fest.

Erstellen der Stoffsammlung. Notiere passend zu den vorläufigen Kapitelüberschriften:

- wichtige Daten, Fakten, Definitionen,
- Hinweise auf bedeutsame Textpassagen, brauchbare Abbildungen usw.,
- knappe Zusammenfassungen bzw. Inhaltsübersichten gelesener Texte,
- kurze wörtliche Auszüge aus einem Text, die du als direkte (wörtliche) Textzitate in deine Arbeit einbinden möchtest,
- Zusammenhänge, die du bei der Auswertung eines Textes oder aus der Zusammenschau mehrerer Texte erkannt hast (ggf. als Struktur-/Pfeildiagramm),
- Notizen hinsichtlich der Übereinstimmungen zwischen verschiedenen Quellen,
- Widersprüche zwischen verschiedenen Quellen bzw. Meinungsgegensätze zwischen verschiedenen Autorinnen und Autoren,
- deine eigenen Gedanken, Ideen, Gewichtungen und Wertungen.

Auf den Blättern deines Portfolios entsteht so eine Stoffsammlung, deren Elemente bereits den Kapitelüberschriften zugeordnet sind. Sie wird im Folgenden die Basis für die Formulierung deines Referats-/Facharbeitstextes sein.

TIPP

Schreibe mit großem Zeilenabstand. Lass einen breiten Rand frei. So hast du reichlich Platz für Einschübe, Korrekturen und Umformulierungen.

Jede der in der Stoffsammlung notierten Informationen muss mit einer **Quellenangabe** versehen werden. Hast du bereits eine Literatur- und Internetquellenkartei angelegt (→ Seite 16 f.), so reicht die Angabe in Kurzform, also:

- Nachname der Autorin bzw. des Autors, Erscheinungsjahr des Buches bzw. der Zeitschrift, Seite auf der die Information steht *(Beispiel: Müller 2011, S. 47)*
- Kurz-URL der Internetquelle und das Datum, an dem du diese dem Netz entnommen hast *(Beispiel: http://www.quelle.de 29.02.2024)*.

Weitere Tipps für das Gestalten der Stoffsammlung:

- **Inhaltsangaben erstellen.** Halte zentrale Inhalte gelesener Texte in Form kurzer Inhaltsangaben fest. Auf diese Weise durchdringst du einen Text besonders intensiv, erfasst dessen zentrale Informationen und erkennst, welche Aspekte des Textes für deine Arbeit von Bedeutung sind. Auch kannst du so überprüfen, ob du den gelesenen Text verstanden hast. Und nicht zuletzt übst du das Formulieren. Fragmente der Inhaltsangaben kannst du später als Grundstock für den Text deiner Arbeit nutzen.
- **Sachinformation und eigene Meinung trennen.** Bei deinen Notizen solltest du darauf achten, klar zwischen den aus Textquellen übernommenen Sachinformationen und deinen eigenen Gedanken, Meinungen und Wertungen zu unterscheiden. Benutze hierfür eventuell zwei verschiedenfarbige Stifte.
- **Direkte Zitate vorbereiten.** Direkte (wörtliche) Zitate müssen exakt aus dem Ursprungstext übernommen werden, das heißt inklusive der originalen Rechtschreibung, Zeichensetzung und Darstellung (z. B. Fettdruck → Seite 88 ff.). Steht dir die Quelle im Original bzw. als Kopie dauerhaft zur Verfügung, so genügt es, das ins Auge gefasste Zitat im Text zu markieren und in der Stoffsammlung eine Kurzfassung mit Quellenangabe zu vermerken. Aus einem entliehenen Buch aber muss das Zitat präzise abgeschrieben werden.
- **Abbildungen nicht vergessen.** Neben Textpassagen können die ausgewerteten Quellen auch Abbildungen enthalten, die für deine Arbeit interessant sind. Bezieh auch diese in die Auswertung ein. Notiere inhaltliche Aspekte und Besonderheiten dieser Abbildungen. Merke an, wie und an welcher Stelle deiner Arbeit sich die jeweilige Abbildung einbauen ließe. Denke daran, die Abbildung als Download oder Kopie in einer für den Druck ausreichenden Größe und Qualität „sicherzustellen“, wenn du sie in deiner Facharbeit oder in die PowerPoint®-Präsentation für dein Referat übernehmen möchtest.
- **Sammelsurium.** Notiere interessante Ideen und Stichworte, die sich keiner Kapitelüberschrift zuordnen lassen, auf einem Blatt mit der Überschrift „Sammelsurium“. Vielleicht kann man sie später ja doch nutzen.
- **Geeignete Dokumentationsform wählen.** Für die Erstellung der Stoffsammlung solltest du die Form wählen, die deinem Arbeitsstil am besten entspricht: das Portfolio mit DIN-A4-Blättern, das Arbeitstagebuch, ein Dokument im Schreibprogramm auf deinem Tablet/Laptop …

TIPP

Falls du die Stoffsammlung handschriftlich erstellst: Schreibe zunächst mit Bleistift. Dies unterstreicht zum einen den unverbindlichen Charakter der ersten Formulierungen. Zum anderen erlaubt ein Bleistifttext schnelles Radieren und damit Korrigieren.

Auswertung von Textquellen

5

Lesen und Aufbereiten von Texten

LESEREIHENFOLGE FESTLEGEN

Kriterien für das Bestimmen der Reihenfolge, in der Textquellen gelesen werden:

→ von allgemein zu speziell (Übersichtsdarstellungen zuerst – Detailstudien zum Schluss)

→ von jung zu alt (jüngste Werke zuerst)

→ von häufig zitiert zu selten erwähnt (Standardwerke zuerst)

GRÜNDLICH LESEN

→ Ziel: für das Thema relevante Textpassagen identifizieren und erfassen

→ Vorgehen: sorgfältig lesen; dabei relevante Textabschnitte markieren und mit Randanmerkungen versehen

→ beim Markieren:
- nur wirklich Wichtiges markieren. Weniger ist oft mehr!
- verschiedenfarbige Stifte/Marker nutzen
- in geliehenen Büchern Klebezettel statt Marker verwenden

→ bei den Randanmerkungen:
- sparsam setzen
- standardisierte Symbole benutzen

→ Tipp: in Büchern an relevanten Stellen Papierstreifen mit Kommentaren einstecken

STOFFSAMMLUNG ERSTELLEN

→ Ziel: themenrelevante Elemente der bearbeiteten Texte zielgerichtet für die Nutzung in Referat/Facharbeit aufbereiten

→ Vorgehen: unter vorläufigen Kapitelüberschriften themenrelevante Inhalte der Quellen stichwortartig notieren; ggf. durch eigene Kommentierungen und Gedanken ergänzen

→ wichtig: alle notierten Informationen mit Quellenangaben versehen!

→ Dokumentationsform: je nach Vorliebe digital, Leerblatt-Portfolio, Arbeitstagebuch ...

→ Tipp: auch Hinweise auf geeignete Abbildungen in die Stoffsammlung aufnehmen

6 Der Weg zum eigenen Text

Dies sollte der Stand sein:

- **Du hast die Literatur-/Quellenrecherche weitgehend abgeschlossen (→ Kapitel 4).**
- **Die für dein Referat/deine Facharbeit relevanten Textquellen sind ausgewertet und eine Stoffsammlung wurde erstellt (→ Kapitel 5); und/oder**
- **deine praktischen Arbeitsteile sind abgeschlossen, deren Ergebnisse wurden ausgewertet und gegebenenfalls grafisch aufbereitet (→ Kapitel 8).**

Damit ist es nun soweit: Das Formulieren deines Referats- bzw. Facharbeitstextes kann beginnen.

6.1 *Von der Stoffsammlung zur Rohfassung*

Nutze KI-Tools als vielseitiges Hilfsmittel – so wie z. B. deinen Taschenrechner – nicht aber für die Formulierung des Textes deiner Arbeit!

Ein wichtiges Wort vorab: Den Text deines Referates bzw. deiner Facharbeit musst du selber formulieren! Eine Künstliche Intelligenz damit zu beauftragen ist ebenso unzulässig, wie den Text durch eine Freundin oder einen Freund erstellen zu lassen! (→ Kapitel 7)

Der Weg zum ausformulierten Text deines Referates bzw. deiner Facharbeit besteht aus einer Reihe von Arbeitsschritten, die du am besten nacheinander ausführst:

- **Vorläufige Gliederung überprüfen.** Kläre die folgenden Fragen: Sind die vorläufigen Kapitelüberschriften jetzt, nachdem du die Quellen bzw. deine Arbeitsergebnisse intensiv ausgewertet hast, noch immer stimmig? Passt deren Reihenfolge? Sofern notwendig: Formuliere sie um, ergänze sie. Verändere gegebenenfalls auch die Reihenfolge der Gliederungspunkte.
- **Am Anfang des Hauptteils beginnen.** Arbeite nun die einzelnen Blätter der Stoffsammlung in der Reihenfolge der Kapitel deiner vorläufigen Gliederung ab. Beginne mit dem Blatt deiner Stoffsammlung, das zum *ersten Kapitel des Hauptteils* des Referates/der Facharbeit gehört. Die *Einleitung* für ein Referat bzw. eine Facharbeit schreibt man in der Regel erst ganz zum Schluss, da hier auch aufgetretene Probleme, die endgültige Gliederung usw. angesprochen werden müssen – also Elemente, die logischerweise erst nach Fertigstellung des Hauptteils beschrieben werden können.
- **Stoffsammlung strukturieren.** Gehe die notieren Punkte auf den Blättern deiner Stoffsammlung durch. Überlege, in welcher Reihenfolge du diese in den späteren Text einbringen willst. Nummeriere sie entsprechend.
- **Rohfassung ist Rohfassung.** Starte mit der Erstellung der Rohfassung deiner Arbeit. Du kannst diese mit Bleistift auf Papier festhalten oder, falls dir dies

lieber ist, auch bereits in den Computer eingeben. Dabei gilt: Keine Hemmungen bei der Formulierung des Textes. Es ist ja nur die Rohfassung. Änderungen sind später immer noch möglich.

- **Der Anfang.** Beginne zum Beispiel mit
  - einer zentralen Definition,
  - deiner Ausgangshypothese,
  - der historischen Entwicklung einer bestimmten Erkenntnis,
  - der räumlichen Abgrenzung des Untersuchungsgebietes,
  - der Erläuterung deines Versuchsansatzes,
  - der Beschreibung und Auswertung einer wichtigen Abbildung …
- **Die Elemente des Textes.** Formuliere dann den weiteren Text des ersten Kapitels. Greife dabei auch auf Formulierungen zurück, die du zuvor in deiner Stoffsammlung notiert hast.
  Der Text kann dabei prinzipiell aus fünf Elementen bestehen:
  - *Direkte (wörtliche) Textzitate* aus den von dir ausgewerteten Quellen. Diese dürfen aber nur sparsam und unter Beachtung bestimmter Regeln in deinen Text eingebracht werden (→ Seite 88 ff.). Sie müssen zudem immer mit einem Quellenbeleg ausgestattet werden (→ Seite 90 ff.).
  - *Daten, Tabellen, Diagramme* usw., die du direkt aus einer Fremdquelle in deinen Text übernimmst. Auch dies sind im strengen Sinne direkte Zitate, die stets mit einer Quellenangabe versehen werden müssen (→ Seite 128).
  - *Indirekte (sinngemäße) Textzitate* aus Fremdquellen. Hierbei handelt es sich um die Zusammenfassung der Inhalte einer oder mehrerer Quellen mit deinen eigenen Worten; auch hier musst du einen Quellenbeleg anfügen (→ Seite 96 f.).
  - *Eigene Forschungsergebnisse* (→ Seite 124 ff.)
  - *Eigene Beschreibungen, Auswertungen, Hypothesen, Schlussfolgerungen, Bewertungen, weiterführende Ideen* usw.
- **Überleitungen formulieren.** Schreibe Überleitungen zwischen den einzelnen Textpassagen, aber auch zwischen den einzelnen Kapiteln, sodass ein zusammenhängender, sich logisch entwickelnder Text entsteht.

TIPP

Beim Erstellen der Rohfassung spielen Rechtschreibung, Zeichensetzung und stilistische Feinheiten noch keine Rolle. Formuliere also „frisch von der Leber weg“. Schreibe zügig. Wichtig ist es, Gedankengänge zunächst einmal festzuhalten, nicht, sie auf den Punkt genau zu formulieren.
Lasse an Stellen, an denen dir keine passende Formulierung einfällt, eine Lücke frei. Du kannst diese Lücken später füllen, ohne Angst haben zu müssen, den roten Faden deines Gedankengangs zu verlieren.

6.2 Von der Rohfassung zum endgültigen Text

Bei Referaten muss aber in der Regel ein Handout erstellt werden (→ Seite 185).

Der Entwurf des Referats-/Facharbeitstextes ist erstellt. Nun folgt die Feinarbeit. *Bei Facharbeiten* solltest du, sofern nicht bereits zuvor geschehen, an dieser Stelle dein Tablet, deinen Laptop oder PC zum Einsatz bringen, denn eine Facharbeit muss prinzipiell in getippter Form abgegeben werden. *Bei Referaten* ist eine Abgabe des Textes in getippter Form meist nicht vorgeschrieben.

Die Endfassung des Textes gestalten. Ausgangspunkt ist die von dir erstellte Rohfassung. Sie muss nun sprachlich und stilistische geglättet und in eine für wissenschaftliche Arbeiten stimmige Form gebracht werden. Konkret heißt dies:

- Beachte bei Facharbeiten die formalen Vorgaben deiner Schule.
- Überprüfe Rechtschreibung und Zeichensetzung.
- Feile an Sprache und Stil (→ Seite 82 f.).
- Überprüfe die sachliche Richtigkeit des Geschriebenen (im Zweifelsfall nochmals in den Ursprungsquellen nachsehen).
- Überprüfe, ob die entwickelten Gedankengänge und Argumentationsketten vollständig und nachvollziehbar sind. Schließe eventuelle Lücken.
- Gestalte deinen Text straff und klar: Kürze langatmige Beschreibungen und Erläuterungen. Beseitige Dopplungen und Wiederholungen.
- Versieh Abbildungen und Tabellen mit Unter- bzw. Überschrift sowie einer Quellenangabe (→ Seite 127 f.). Bette sie in den Text ein, d. h., nimm im Text auf die Abbildung/Tabelle Bezug. Beschreibe und erläutere sie gegebenenfalls.
- Nutze die Möglichkeit, Querverweise zu formulieren, um die Vernetzung von Informationen zu verdeutlichen (z. B. „→ Seite 4" bzw. „siehe Kapitel 2.2"). Auch für die Einbindung von Abbildungen und Tabellen in den Text bieten sich Querverweise an (z. B. „→ Tab. 2" bzw. „siehe Abb. 4").

Korrekturen und Ergänzungen mit Augenmaß vornehmen. Die Leichtigkeit, mit der man an Tablet oder Computer Formulierungen ändern und Textpassagen neu ordnen kann, verführt dazu, dies im Übermaß zu tun. Dabei führt mehrfaches Ändern und Verschieben oftmals zu einer „Verschlimmbesserung" des Textes. Einheitlichkeit des Stils und Klarheit der Argumentationsstruktur gehen verloren. Stoppe also deinen Perfektionierungsdrang und lass den Text nach einem mit zeitlichem Abstand durchgeführten zweiten Korrekturgang einfach stehen.

TIPP

Falls du Änderungen im Aufbau deiner Arbeit vornimmst, solltest du die Gründe dafür notieren, etwa in deinem Arbeitstagebuch. So kannst du die Entstehung der Endfassung später noch nachvollziehen und ggf. erläutern.

Die Endfassung der Kapitelüberschriften formulieren.

- Formuliere unter Beachtung der Kompositionsregeln (→ Seite 133, 135) treffende Überschriften für die einzelnen Kapitel. Die zu Beginn entworfenen vorläufigen Kapitelüberschriften können dabei als Orientierung dienen.
- Stelle die Kapitelüberschriften zum Inhaltsverzeichnis deiner Arbeit zusammen (→ Seite 142 ff.). Nutze hierfür ggf. das entsprechende Tool deines Schreibprogramms, doch nur, wenn du Erfahrung im Umgang damit hast. Ansonsten ist eine Erstellung „per Hand" oft schneller und einfacher.
- Meist gibt es eine Reihe von Alternativen für die Anordnung der Kapitel, die in vielen Fällen alle gleich überzeugend sind. Hast du also eine dir logisch erscheinende Kapitelabfolge entwickelt, so behalten sie bei.

Ergänzen, was jetzt noch fehlt. Du bist in der Schlussphase der Arbeit angekommen. Hier gilt es,

- die Einleitung zu formulieren (→ Seite 147 ff.) und
- das Literatur-/Quellenverzeichnis zusammenzustellen (→ Seite 100 ff.).

Bei Facharbeiten muss man zudem:

- eventuell weitere Verzeichnisse erstellen (→ Seite 144 ff.)
- gegebenenfalls einen Anhang hinzufügen (→ Seite 153)
- die Schlusserklärung abfassen (→ Seite 154)

Bei schriftlichen Arbeiten: Die Schlusskorrektur durchführen.

- Lies deine Arbeit sorgfältig Korrektur. Nutze dazu wenn möglich einen Ausdruck deines Textes. Ein solcher liest sich angenehmer als ein Bildschirmtext. Außerdem fallen Fehler hier eher ins Auge. Beseitige Rechtschreib- und Zeichensetzungsfehler, stilistische Ungereimtheiten, Lücken und Dopplungen.
- Nutze an dieser Stelle auch die Rechtschreibkorrekturfunktion deines Schreibprogramms oder ein online verfügbares Rechtschreibprüfungstool (*z. B. https://rechtschreibpruefung24.de/, https://mentor.duden.de/* oder *https://www.scribbr.de/*). Doch Vorsicht: Sich bei der Schlusskorrektur der Arbeit allein auf digitale Helfer zu verlassen, kann trügerisch sein. Zum einen erkennen diese bestimmte Fehler nicht, zum anderen entstehen durch die Korrektur einzelner Wörter häufig missverständliche Formulierungen oder neue Fehler.

Auch KI-Tools lassen sich zur Rechtschreibprüfung nutzen.

TIPP

Bitte zudem in jedem Fall eine Bekannte oder einen Bekannten, deine Arbeit durchzusehen. Außenstehenden fallen Fehler und Stilbrüche eher auf als der Verfasserin/dem Verfasser. Es muss sich bei dieser/m Bekannten nicht um eine „Fachfrau" oder einen „Fachmann" handeln. Sie bzw. er soll ja nicht die inhaltliche, sondern lediglich die formale Richtigkeit der Arbeit überprüfen.

6.3 Sprache und Stil

Mehr als eine Frage des Geschmacks. Sprache und Schreibstil sind Mittel der Kommunikation zwischen dir und dem Leser. Oberstes Ziel der sprachlichen und stilistischen Gestaltung deiner Arbeit muss es daher sein, deine Erkenntnisse, Forschungsergebnisse und Ideen für den Leser verständlich und nachvollziehbar darzustellen.
Dein Sprach- und Schreibstil ist aber zugleich Ausdruck deiner Persönlichkeit. Er prägt deine Texte ebenso wie es die Inhalte tun. Und das ist gut so. Bleibe auch beim Schreiben deiner Facharbeit oder deines Referates du selbst. Lass dich nicht dazu verleiten, einen gestelzten Schreibstil zu verwenden, nur weil du eine wissenschaftliche Arbeit und keinen „normalen Text" verfasst.
Das Zugeständnis einer „persönlichen Handschrift" bedeutet jedoch nicht, dass es keine Leitlinien gäbe, an die man sich beim Schreiben halten sollte.

Allgemeine Leitlinien. Grundsätzlich gelten für die sprachliche und stilistische Gestaltung der Facharbeit bzw. des schriftlichen Referattextes ähnliche Vorgaben wie für das Schreiben von Klausuren:

- Schreibe interessant, nicht langweilig.
- Schreibe informativ, nicht in leeren Phrasen.
- Schreibe sachlich, nicht emotional.
- Versuche durch Sachargumente zu überzeugen, nicht durch schwärmerische Rhetorik.

Tipps im Detail. Für die Erstellung deines Textes solltest du aufmerksam im Auge behalten:

- Er muss in **Schriftsprache** abgefasst sein.
- Verwende die dir aus dem Unterricht bekannte **Fachsprache**.
- Versieh ausgefallene Fachbegriffe mit einer kurzen Erläuterung. Schreibe diese in Klammern direkt hinter den Begriff. Alternativ kannst du die Definitionen spezieller Fachbegriffe auch in einem Glossar zusammenfassen (→ Seite 146).
- Konstruiere keine eigenen „Fachbegriffe", wie „multifaktorielle Ursachenkompetenz" oder „makromolekulare Destruktionskoordination". Ein Text wird nicht dadurch inhaltlich überzeugend, dass er wissenschaftlich *klingt*.
- Achte bei der Textabfassung auf **gute Lesbarkeit** und **flüssigen Schreibstil**. Vermeide lange, unübersichtliche „Bandwurmsätze". Bei kurzen Sätzen behalten du und der Leser die Übersicht. Dies darf allerdings nicht zu einem Text führen, der aus aneinandergereihten Hauptsätzen besteht.
- Verwende das Passiv und den Konjunktiv möglichst sparsam. Sätze im Konjunktiv wirken oftmals gestelzt.

- **Vermeiden solltest du:**
  - Umgangssprache und saloppe Formulierungen *(krass, cringe …).*
  - Füllwörter und leere Phrasen wie *übrigens, natürlich, selbstverständlich, wie man weiß, wie allgemein bekannt, ja doch wohl* usw.
  - zu viele „dass“-Sätze
  - das „ärztliche“ *wir* bzw. *uns* (Pluralis Majestatis), also Formulierungen wie *Wir schlussfolgern daraus …* oder *Uns erscheint …* – es sei denn, ihr kommt als Autorenteam zu diesen Ergebnissen.
  - unterschwellige Bewertungen (z. B. *aufgeblasene Person* oder *inakzeptable Schadstoffkonzentration*). Schreibe möglichst wertneutral. Wenn du Fakten bewertest oder Stellung beziehst, dann weise diese Passagen klar als eigene Meinung aus. Du kannst deinen Text an dieser Stelle auch in der „Ich-Form“ verfassen. Beispiele: „Dieser Aussage des Autors stimme ich zu.“ oder „Meines Erachtens ist dies ein Beleg dafür, dass …“

Achtung, Fehlerquellen!

- Stelle im Text **Bezüge** her. Verwende dazu Verbindungsworte/-phrasen wie:
  - bei Schlussfolgerungen: *daraus folgt, deshalb, daher, darum*
  - bei Begründungen: *weil, aus diesem Grunde, deswegen, durch, infolge*
  - bei Gegensätzen: *aber, dagegen, im Vergleich dazu, demgegenüber*
  - bei Vergleichen: *obwohl, trotz, dennoch, ungeachtet, wenn auch, jedoch*
- Gliedere deinen Text durch **Absätze**. Ein Absatz sollte immer dann eingefügt werden, wenn ein neuer Sinnabschnitt, eine neue Argumentation oder eine Bewertung beginnt. Doch überlege genau, an welcher Stelle du ihn einfügst. Willkürlich platzierte Absätze stören den Lesefluss. Zudem darf nicht Absatz auf Absatz folgen. Besteht jeder Absatz nur aus einem Satz, so wirkt der Text zergliedert, unruhig und unzusammenhängend.
- Liste gleichrangige Informationen in Form von **Aufzählungen** auf.
- Formuliere **Überleitungen** zwischen den Kapiteln. Stelle so Bezüge zwischen den einzelnen Teilen deines Referates bzw. deiner Facharbeit her.
- Stelle umfangreiche Datensätze in Form von **Tabellen, Diagrammen** oder **Karten** dar. Diese sind anschaulich und für den Leser leichter zu erfassen.

TIPP

Wortwiederholungen lassen sich durch die Verwendung sinnverwandte Begriffe (Synonyme) vermeiden. Du findest solche Begriffe z. B. im Thesaurus deines Textverarbeitungsprogramms (Pfad bei Microsoft Word®: → Wort schreiben → Wort mit rechter Maustaste anklicken → im Menü Unterpunkt *Synonyme* anwählen). Du kannst dir Synonyme auch durch eine textgenerierende KI vorschlagen lassen. Zudem findest du im Internet digitale Synonyme-Lexika wie z. B. *https://synonyme.woxikon.de/* oder *https://www.openthesaurus.de/*.

6.4 Schreibblockaden

Vielleicht geht es dir auch so: Die Formulierung des Textes der Facharbeit/des Referates steht an. Und plötzlich hast du Angst, mit dem Schreiben zu beginnen. Ein erster Satz will dir partout nicht einfallen. Dir fehlen die Worte. In deinem Kopf ist nur ein Gefühl der Leere. Man nennt dies eine „Schreibblockade".

Hier einige erprobte Tipps zur Überwindung einer solchen Schreibhemmung:

- **Mache deinen Kopf frei.** Reduziere deine Ansprüche an den zu schreibenden Text auf ein realistisches Maß. Es geht nicht darum, den Literatur-Nobelpreis zu gewinnen! Halte dir zudem den Stellenwert der vergebenen Note vor Augen. Von ihr hängt in aller Regel nicht dein Abitur ab!
- **Fange einfach an.** Starte mit etwas leicht zu Formulierendem: einer wörtlich übernommenen Definition, einer Beschreibung, der Ausgangshypothese … Sind die einleitenden Sätze erst niedergeschrieben, löst sich oftmals die kreative Blockade und der Rest des Textes geht dir leicht von der Hand.
- **Nutze eine textgenerierende KI.** Lass dir von einer textgenerierenden KI wie ChatGPT einen einleitenden Absatz formulieren. Bearbeite dann jeden Satz des generierten Textes nach deinem Geschmack, sodass der Text zu deinem eigenen wird. In vielen Fällen setzt dies die kreativen Zahnräder im Kopf in Gang und der Rest der Schreibarbeit geht dir locker von der Hand.
- **Denke daran – es ist ja nur die Rohfassung.** Die erste Textfassung, die du erstellst, muss nicht perfekt sein. Schreibe daher „frisch von der Leber weg", mit Bleistift oder am PC, ohne direkte Korrektur von Fehlern oder langes stilistisches Feilen. Auch Lücken im Text sind erlaubt. Entscheidend ist, dass du etwas zu Papier bringst. Der Feinschliff folgt erst im nächsten Schritt.
- **Nutze deine Stoffsammlung.** Die Stoffsammlung (→ Kapitel 5.4) ist eine gute Basis für den zu erstellenden Text. Nutze die dort notierten Ideen, Formulierungen und Zitate als Reservoir für die Schreibarbeit.
- **Sprechen ist leichter als Schreiben.** Bei Schreibblockaden solltest du das Gespräch mit einer Freundin/einem Freund suchen. Berichte ihr/ihm in eigenen Worten von deinem aktuellen Arbeitsstand. Erkläre, worin das Problem besteht, das dich gerade quält. Der mündliche Bericht, aber auch die Nachfragen des Gegenübers führen häufig dazu, dass einem die weitere Arbeitsrichtung oder die Formulierung einer bestimmten Textpassage plötzlich klar vor Augen steht. Eventuell fallen im Gespräch auch Formulierungen, die man für die Textgestaltung nutzen kann (Papier und Stift bereithalten!). Und manches Problem wird zur Bagatelle, wenn man darüber spricht.
- **Nimm dir eine Auszeit.** Hakt es im Schreibprozess, so solltest du eine Pause einlegen. Entspanne z. B. beim Sport. In solchen Schreibpausen kommen einem häufig die besten Einfälle für die Formulierung des nächsten Textabschnitts.

Der Weg zum eigenen Text

Von der Stoffsammlung zum Text

6

VON DER STOFFSAMMLUNG ZUR ROHFASSUNG

→ Ziel: Notizen der Stoffsammlung in zusammenhängenden Text des Hauptteils umsetzen

→ Vorgehen: Reihenfolge der Notizen ordnen – mit etwas Einfachem beginnen (z. B. Definition, Ausgangshypothese ...) – weiteren Text auf Basis der geordneten Notizen formulieren

→ Elemente des Textes:

- direkte (wörtliche) Zitate aus gelesenen Quellen
- Daten, Tabellen, Abbildungen aus gelesenen Quellen
- indirekte (sinngemäße) Zitate aus gelesenen Quellen
- eigene Forschunmgsergebnisse
- eigene Beschreibungen, Erläuterungen, Bewertungen ... .

→ wichtig: Zitate und Entnahmen aus Fremdquellen mit Quellenbelegen versehen!

VON DER ROHFASSUNG ZUM ENDGÜLTIGEN TEXT

Bei Überarbeitung der Rohfassung achten auf:

→ sachliche Richtigkeit des Geschriebenen

→ Logik der entwickelten Gedankengänge/Argumentationsketten

→ Klarheit und Stringenz der Darstellung

→ formale Vorgaben der Schule

→ Grammatik, Rechtschreibung, Zeichensetzung

→ Stimmigkeit der Kapitelüberschriften

LEITLINIEN DES SCHREIBENS

→ Schreibe interessant – nicht langweilig.

→ Schreibe informativ – nicht in leeren Phrasen.

→ Schreibe sachlich – nicht emotional.

→ Versuche durch Argumente zu überzeugen, nicht durch schwärmerische Rhetorik.

TIPPS ZU SPRACHE UND STIL

→ Zusammenhänge und Bezüge deutlich herausarbeiten

→ Überleitungen zwischen den Kapiteln und Kapitelteilen formulieren

→ Fachsprache in angemessenem Umfang verwenden

→ Stilblüten vermeiden

7

Zitate und Quellenbelege

Ein ehemaliger deutscher Verteidigungsminister tat es, ebenso ein ehemaliger ungarischer Ministerpräsident – nur du solltest es in deiner Facharbeit/deinem Referat auf keinen Fall tun: aus den Werken Anderer abschreiben, ohne dies kenntlich zu machen. Plagiieren nennt man solches Kopieren fremder Ideen, Erkenntnisse und Gedanken, ohne den Urheber zu benennen.
Wie aber vermeidet man Plagiate, wo doch fremde Texte in der Regel die Grundlage für die Facharbeit/das Referat sind? Und was ist eigentlich mit Texten, Bildern und Übersetzungen, die eine Künstliche Intelligenz wie ChatGPT oder WOMBO Dream erzeugt hat? Darf ich die nutzen?
Antworten auf diese für alle Schreibenden zentralen Fragen findest du in diesem Kapitel.

7.1 Plagiate

Plagiat: vom lateinischen *plagium* = Menschenraub

Plagiate und die Folgen. Ein Plagiat ist der Diebstahl geistigen Eigentums. Ein solches liegt nicht nur vor, wenn eine ganze Arbeit durch Einsetzen des eigenen Namens anstelle des ursprünglichen Verfassers „umgewidmet“ wird. Auch die wörtliche oder weitgehend wörtliche Übernahme von Texten oder die Übernahme von Diagrammen, Tabellen und Bildern aus Büchern, Zeitschriften oder dem Internet **ohne Angabe der Quelle** ist ein Plagiat.
Wird ein Plagiat in einer Facharbeit oder einem Referat entdeckt, führt dies, je nach Umfang, zu Punktabzügen oder zur Bewertung der Gesamtleistung mit *ungenügend*. Das Entdecken von Plagiaten ist dabei relativ einfach: Es gibt Indizien, die auf Plagiate hindeuten und jedem Lehrer bekannt sind, Stilbrüche etwa oder ungewöhnliche Fachbegriffe. Zudem lassen sich Plagiate mit Internet-Suchmaschinen oder spezieller Plagiat-Finder-Software aufdecken, wie z. B. *https://www.plagscan.com/plagiat-check/* oder *https://www.plagaware.com/de.*

Zitat: wörtliche oder sinngemäße Übernahme von Formulierungen oder Gedanken Anderer

„Aber“ – so wirst du einwenden – „ich muss doch Informationen aus Quellen in meine Arbeit übernehmen. Wie schütze ich mich davor, ein Plagiat zu begehen?“ Die Antwort auf diese Frage lautet: **Zitiere!** Zitate sind in wissenschaftlichen Arbeiten etwas ganz Normales. Entscheidend sind hier aber zwei Dinge:

- Zitate müssen mit einem **Quellenbeleg** (Angabe der Ursprungsquelle) versehen werden und
- wortwörtliche Textübernahmen, sogenannte *direkte Zitate*, zusätzlich durch **Anführungszeichen** kenntlich gemacht werden.

Künstliche Intelligenz. Wie aber ist mit Texten, Bildern und Übersetzungen umzugehen, die eine generative KI wie *ChatGPT*, *WOMBO Dream* oder *DeepL Translator* erzeugt hat? Darf ich diese in meine Arbeit einbinden? Kann ich die KI als Autorin zitieren? Fragen über Fragen – hier die Antworten (Stand März 2024):

- **Autorin bzw. Autor deiner Facharbeit/deines Referates musst du selbst sein!** Zwar kannst du an verschiedenen Stellen im Entstehungsprozess deiner Arbeit KI-Tools als wertvolles Hilfsmittel nutzen. Der Text des Referates bzw. der Facharbeit darf allerdings nicht durch eine generative KI erstellt werden.
- **Nutzt du Produkte, die von einer generativen KI erzeugt wurden, musst du sie genauso kennzeichnen und belegen, wie andere von dir genutzte Quellen.** Nur eine reale Person kann Urheberin bzw. Urheber eines Textes oder Bildes sein. Eine KI kann dies nicht. Damit handelt es sich bei der Übernahme KI-generierter Texte im engeren Sinne zwar nicht um ein Zitat. Dennoch kannst du, **sofern deine Schule dies erlaubt**, solche Textpassagen in dein Referat bzw. deine Facharbeit übernehmen. Du bist aber verpflichtet, die Übernahme nach den gleichen Regeln kenntlich zu machen wie die Übernahme von Texten, die ein Mensch geschrieben hat. Unterlässt du dies, täuschst du eine Autorenschaft vor, die nicht besteht. Dies kann als Täuschungsversuch geahndet werden.
- **Überprüfe KI-generierte Produkte.** KI-generierte Produkte können Ungenauigkeiten, Lücken und Fehler enthalten (→ Kapitel 2). Nutzt du solche Produkte, bist du zusätzlich zur Kennzeichnung auch verpflichtet, diese auf Unzulänglichkeiten hin zu überprüfen. Das heißt, du als Autorin bzw. Autor stehst in gewissem Sinne für die Stimmigkeit der KI-Produkte gerade.

Aktuell gibt es bereits eine Vielzahl von KI-Detektoren, mit deren Hilfe man eine Verwendung KI-generierter Texte und Bilder entdecken kann (→ siehe z. B. *https://kopfundstift.de/ki-texte-erkennen-tools/*).

7.2 Direkte Zitate

Was ist ein direktes Zitat?

Hierbei handelt es sich um die exakte, wortwörtliche Übernahme von Texten, Textabschnitten oder auch Tabellen, Diagrammen und Karten aus einer Fremdquelle. Zu jedem direkten (wörtlichen) Zitat gehört ein Quellenbeleg, also die genaue Angabe der Quelle, aus der du das Zitat übernommen hast, sowie die Angabe der Fundstelle des Zitates innerhalb dieser Quelle.

Wann ist ein direktes Zitat sinnvoll?

Direkte Zitate dürfen nur einen kleinen Teil der Facharbeit/des Referates ausmachen (max. 5 %). Es ist nicht erlaubt, ganze Kapitel oder gar die ganze Arbeit aus direkten Zitaten aufzubauen, da dann die eigene Formulierungsleistung fehlt.

Sinnvoll sind direkte Zitate nur unter bestimmten Bedingungen:

- Hat eine Autorin/ein Autor einen grundlegenden Gedanken so hervorragend formuliert, dass jede Veränderung zu sachlichen Unschärfen führen würde, dann solltest du diese Textpassage wörtlich in deine Arbeit übernehmen.
- Willst du eine Textpassage aus einer Primärquelle (→ Seite 51 f.) nachfolgend interpretieren und kommentieren, so solltest du diese Passage deiner Interpretation als direktes Zitat voranstellen. Dasselbe gilt für Tabellen, Diagramme, Karten oder Bilder, die du nachfolgend auswertest und erläuterst. Auch sie gehören der Erläuterung in der Originalfassung vorangestellt.
- Vertrittst du in einer bestimmten Frage eine andere Meinung als ein von dir gelesener Autor, dann solltest du den Autor „gerechtigkeitshalber zu Wort kommen lassen", dessen Position also wörtlich zitieren, bevor du deine gegensätzliche Meinung darlegst.
- Definitionen, die für deine Arbeit besonders wichtig sind, musst du exakt angeben. Dieses gilt erst recht, wenn eine Definition in der Fachliteratur umstritten ist. Mit dem wörtlichen Zitat der Definition beziehst du eindeutig Position, auch wenn die zwischen den Fachleuten bestehenden Meinungsunterschiede etwa aus Platzgründen nicht ausführlich dargestellt werden.
- In praktischen naturwissenschaftlichen Arbeiten ist es oftmals sinnvoll, die Vorschriften, nach denen du deine Versuche bzw. Untersuchungen ausgeführt hast, wörtlich zu zitieren. So kann der Leser deinen Versuchsweg nachvollziehen und eventuell aufgetretene Probleme einschätzen.
- Direkte Zitate können auch als Beleg eigener Behauptungen, Interpretationen und Argumentationsschritte angeführt werden.

Wie sollte ein direktes Zitat aussehen? (→ Beispiel auf der nächsten Seite)

- Das Zitat muss exakt der Ursprungsquelle entsprechen. Groß- und Kleinschreibung, Zeichensetzung, Rechtschreibung, Hervorhebungen, Daten, selbst Fehler müssen originalgetreu aus der Ursprungsquelle übernommen werden.
- Enthält ein Zitat Fehler (z. B. eine falsche Datenangabe, Druckfehler), so müssen diese durch das direkt hinter dem Fehler in eckige Klammern gesetzte Wort sic (mit oder ohne Ausrufezeichen) gekennzeichnet – also [sic] bzw. [sic!].

lat. *sic* = so; es steht dort wirklich so

- Der wörtlich übernommene Text wird in Anführungszeichen „ … " gesetzt. ①
- Wird eine Textstelle zitiert, die ihrerseits ein Zitat beinhaltet, so wird dieses Zitat im Zitat in einfache Anführungszeichen ‚ … ' gesetzt. ⑦
- Kürzungen in direkten Zitaten sind möglich, aber nur zulässig, wenn dadurch der Sinn des Zitates nicht verfälscht wird. Zudem muss jede Kürzung kenntlich gemacht werden, und zwar dadurch, dass man an die Stelle des weggelassenen Wortes oder Satzes drei in eckigen Klammern stehende Punkte setzt […]. ④
- Werden ein oder mehrere Absätze ausgelassen, so werden die in eckigen Klammern stehenden Auslassungspunkte in eine Extra-Zeile gesetzt. ⑩

DIREKTE ZITATE IN EINER FACHARBEIT IM FACH GEOGRAPHIE

2.1 Wüstentypen der Sahara

Die Sahara, „die mit 9 Millionen km² die mit Abstand größte Wüste der Erde darstellt und den afrikanischen Kontinent vom Atlantik bis zum Roten Meer durchzieht“ ② (https://www.michael-martin.de 29.02.2024), bedeckt eine Fläche, die rund 25 mal so groß ist wie Deutschland. ①

Viele Europäer verbinden mit dem Begriff Sahara die Vorstellung sonnendurchglühter „endlos weite[r] Sand- und Dünenfelder, die von Karawanen auf wochenlangen Reisen durchschritten werden und in denen sich die Fahrzeuge der Rallye Paris–Dakar festfahren“ (Six 2001, S. 14). Diese Vorstellung stimmt jedoch nur bedingt. „Bau und Struktur des Großraumes Sahara sind ③ [vielmehr] äußerst vielfältig. ④ [...] Die gesamt Sandfläche [der Sahara] kann man aber ④ [...] auf [nur] ca. 20 % der Sahara-Fläche abschätzen“ (Schiffers 1980, S. 12).⑤

Neben der Sandwüste mit ihren riesigen Dünenmeeren, den *Ergs*, gehören auch die Felsschuttwüste *(Hamada)*, die Kies- oder Geröllwüste *(Serir)* und nicht zuletzt die Gebirgswüste mit den beeindruckenden Gebirgszügen des Ahaggar-, Aïr- und Tibesti-Massivs zu den landschaftsprägenden Wüstentypen der Sahara. Teilweise, so im Ahaggar- und Tibesti-Gebirge,
⑥ „[...] begleiten [vulkanische Erscheinungen] wichtige Strukturlinien im Untergrund. ⑦ ‚Die Gleichförmigkeit des Landschaftsbildes legt sich täuschend und verhüllend über den bunten Reichtum seines Baues‘“ (ebd., S. 12; mit einem Zitat aus Krenke 1943). ⑧

Im folgenden sollen nun die einzelnen Wüstentypen der Sahara näher vorgestellt werden. Six (2001, S. 14) charakterisiert sie so:

> „Die **Hamada** ⑨ [Hervorhebung des Verfassers] ist die in der Sahara am weitesten verbreitete Wüstenform (ca. zwei Drittel der Gesamtfläche) und das arabische Wort ([hamada] = tot) bezeichnet eine Steinwüste aus kantigem Felsschutt (vgl. Diercke Weltatlas S. 134/135).
> [...] In Abhängigkeit vom [Ausgangs]Gestein unterscheidet man zwischen Kalkstein-, Sandstein- und Basalthamada. Das scharfkantige Material ist an Ort und Stelle insbesondere durch Frostverwitterung (und Salzsprengung) entstanden. ⑪
> [...] ⑩
> **Erg.** [Hervorhebung des Verfassers] Die riesigen Dünenmeere oder arabisch „Erg“ [...] sind äußerst spektakulär [...]. Der Kern der Ergs ist immer aus Riesendünen (= Draa) aufgebaut.“

4

- Zur Verbesserung der Verständlichkeit eines direkten Zitates können Einfügungen in das Zitat eingebunden werden. Diese Ergänzungen werden in eckige Klammern gesetzt, damit man sie von den in runden Klammern stehenden Einschüben im Originaltext unterscheiden kann. ③
- Fügst du erläuternde Einschübe ein oder hebst Worte des zitierten Textes durch Fettdruck hervor, so solltest du dies durch die in eckige Klammern gesetzte Phrase [Einschub des Verfassers] bzw. [Hervorhebung des Verfassers] kenntlich machen. ⑨
- Auch Umstellungen in der Satzkonstruktion, die zur Einpassung des Zitates in den laufenden Text notwendig sind, werden durch eckige Klammern gekennzeichnet. Dabei wird an der Stelle im Satz, an der Text entfernt wurde, eine eckige Klammer mit drei Auslassungspunkten gesetzt [...]. Der an eine andere Stelle im Satz verschobene Text wird gleichfalls in eckige Klammern gesetzt. ⑥
- Dies gilt nicht für die Anpassung von Groß-/Kleinschreibung am Beginn eines direkten Zitates. Beim ersten Buchstaben des Zitates darf ohne Kennzeichnung durch eckige Klammern die Groß-/Kleinschreibung geändert werden.
- Für die Zeichensetzung gilt:
  - Geht ein Satz nach dem Ende des direkten Zitates weiter, so steht das Komma nach dem Anführungszeichen bzw. Quellenbeleg. ②
  - Reicht das Zitat bis zum Satzende, so wird als Satzzeichen stets das Satzzeichen gesetzt, das der Satzzusammenhang fordert, in den das Zitat in der Arbeit gestellt wird. Das Satzzeichen steht nach dem Anführungszeichen bzw. nach dem Quellenbeleg. ⑤
- Kürzere Zitate werden in den laufenden Text integriert. ①
- Längere Zitate werden vom übrigen Text abgesetzt, indem sie
  - in einer neuen Zeile begonnen werden;
  - vom vorausgehenden und vom nachfolgenden Text jeweils durch eine Leerzeile abgesetzt werden;
  - links (und ggf. auch rechts) um bis zu einem Zentimeter eingerückt werden;
  - mit kleinerer Schriftgröße geschrieben werden (z. B. 10 pt statt 12 pt);
  - mit einzeiligem anstelle des sonst vorgegebenen eineinhalbzeiligen Zeilenabstandes geschrieben werden. Sie sind auf diese Weise sofort als direktes Zitat erkennbar. ⑪

Direkte Zitate können auch *kursiv* gesetzt werden, um sie vom laufenden Text abzuheben. Kläre mit deiner Fachlehrerin/deinem Fachlehrer, ob sie/er dies wünscht.

Wie wird die Ursprungsquelle eines direkten Zitates angegeben?

Jedes direkte Zitat muss zusätzlich zum zitierten Text einen **Quellenbeleg**, also die Angabe der Ursprungsquelle, enthalten. Für diesen gibt es vier Vorgaben:

- Der Quellenbeleg muss direkt hinter dem wörtlich zitierten Text stehen.
- Der Quellenbeleg muss so gestaltet sein, dass die Ursprungsquelle und zudem auch die Fundstelle innerhalb dieser Quelle eindeutig zu identifizieren sind.

- Im Rahmen einer Arbeit muss der Quellenbeleg bei allen Zitaten in einheitlicher Form vorgenommen werden.
- Zusätzlich zum Quellenbeleg „direkt am Zitat“ muss die jeweilige Quelle auch im Literatur- und Quellenverzeichnis aufgeführt werden (→ Seite 100 ff.).

Die Form, in der ein Quellenbeleg erfolgt, ist aber nicht festgelegt. Je nach Fachgebiet sind verschiedene Formate üblich. Besonders verbreitet sind zwei Varianten: das *naturwissenschaftliche* und das *geisteswissenschaftliche Belegverfahren*.

TIPP

Welches Belegverfahren für dich relevant ist, hängt von den Vorgaben deiner Schule bzw. den Vorlieben der dich betreuenden Lehrkraft ab. Frage diese daher, bevor du mit der Reinschrift beginnst, nach ihren Wünschen zur Gestaltung der Quellenbelege.

Beim **naturwissenschaftlichen Belegverfahren** (auch als *„Harvard-Methode“* oder *„amerikanisches Verfahren“* bezeichnet) wird die Ursprungsquelle im laufenden Text als Kurzbeleg angegeben (*z. B. Morenburg 2023, S. 111* oder *https://www.uni-stuttgart.de/ 15.02.2024*).
Das System, nach dem diese Kurzbelege erstellt werden, verdeutlicht die Übersicht auf → Seite 92. Hier findest du Mustervorlagen für solche Kurzbelege.
Auf zwei Aspekte sei noch hingewiesen:

- Zitiert man dieselbe Quelle direkt nach dem ersten Zitat ein weiteres Mal, so kann in diesem Fall der Beleg so aussehen: ebd., S. 7 (→ Seite 89, ⑧).
- Bezieht sich ein Zitat auf mehr als eine Seite in der Ausgangsquelle, so muss die Belegangabe wie folgt aussehen:
  - das Zitat stammt von den Seiten 1 und 2 ⇒ Morenburg 2023, S. 1 f.
  - das Zitat stammt von den Seiten 1, 2 und 3 ⇒ Morenburg 2023, S. 1 ff.
  - das Zitat stammt von den Seiten 1–8 ⇒ Morenburg 2023, S. 1–8
  - das Zitat stammt von den Seiten 1 und 99 ⇒ Morenburg 2023, S. 1 und 99

ebd. = ebenda, eben die unmittelbar vorher angeführte Quelle

f. = eine folgende Seite
ff. = mehrere folgende Seiten

TIPP

Für Kurzbelege nach dem naturwissenschaftlichen Belegverfahren gibt es unterschiedliche Layout-Varianten. Gängig sind z. B.:
„Es lebe die Vielfalt!“ (Donnerbrink 2018, S. 85)
„Es lebe die Vielfalt!“ (Donnerbrink 2018:85)
„Es lebe die Vielfalt!“ (*Donnerbrink*, 2018, S. 85)
„Es lebe die Vielfalt!“ (DONNERBRINK 2018: 85)
Wichtig: Die gewählte Variante muss durchgängig in der gesamten Facharbeit bzw. im gesamten Referat verwendet werden!

Kennzeichen der Quelle	Form des Kurzbeleges im Text	Beispiele
Quelle hat eine/n Verfasser/-in	Nachname der Autorin/ des Autors – Erscheinungsjahr der Quelle – Komma – Seite, von der das Zitat stammt	Steenblock 2024, S. 101 ①, ②
Quelle hat zwei oder drei Verfasser/-innen	Nachnamen der Autoren/-innen durch einen Schrägstrich getrennt – Erscheinungsjahr der Quelle – Komma – Seite, von der das Zitat stammt; Alternativ: Autorennachnamen durch „und" oder „&" verbinden	Rau/Bart 2021, S. 77 ④ oder Rau und Bart 2021, S. 77 oder Rau & Bart 2021, S. 77
Quelle hat vier oder mehr Verfasser/-innen	Nachname des ersten Autors/der ersten Autorin – et al. (lat. et alii = und andere) – Komma – Seite, von der das Zitat stammt	Castrup et al. 2016, S. 41 ③
Zitate aus zwei oder mehr Werken eines Autors, die alle im selben Jahr verfasst wurden. oder Zitate aus zwei Internetquellen mit identischer Kurz-URL, die am selben Tag aus dem Netz entnommen wurden	Die Kennzeichnung der unterschiedlichen Quellen erfolgt durch Hinzufügen eines Kleinbuchstaben hinter der Jahreszahl (in alphabetischer Folge beginnend mit a).	Rosenbaum 2017a, S. 11 Rosenbaum 2017b, S. 91 bzw. https://www.faz.net 29.02.2024 a https://www.faz.net 29.02.2024 b oder www.faz.net 29.02.2024 a www.faz.net 29.02.2024 b
Zitat aus einer Quelle, die ihrerseits wiederum ein Zitat enthält	Angabe der zitierten Quelle wie zuvor beschrieben – Semikolon – Phrase „mit einem Zitat aus" – Angabe der Quelle, aus der das zitierte Zitat stammt	Weidlich 2019, S. 12; mit einem Zitat aus Lose 1999 bzw. https://www.uni-stuttgart.de 03.03.2024; mit einem Zitat aus Blüthgen 1966
Zitat eines Ausschnitts aus einer Quelle, den der Autor/ die Autorin der Quelle selber zitiert hat	Angabe der zitierten Quelle wie zuvor beschrieben – Semikolon – Phrase „zitiert nach" – Doppelpunkt – Angabe der Quelle, aus der der zitierte Text stammt	Raffkopf 2020; zitiert nach: Struff 2024, S. 21 ⑤ oder Raffkopf 2020; in: Struff 2017, S. 21
Quelle ist ohne Jahresangabe	Angabe der zitierten Quelle wie zuvor beschreiben – anstelle der Jahreszahl die Angabe „o. J." (= ohne Jahresangabe) – Seite, von der das Zitat stammt	Steinbeißer o.J., S. 12
Übernahme einer Tabelle, eines Diagramms, eines Bildes usw. aus einer Literatur- oder Internetquelle	Der Quellenangabe wird vorangestellt: – bei unveränderter Übernahme: aus – bei Übernahme mit Veränderungen: verändert aus – bei Neuerstellung: erstellt nach	aus Huhnbein 2015, S. 33 verändert aus Huhnbein 2015, S. 33 erstellt nach Huhnbein 2015, S. 33
Internetdokument (mit Autorenangabe und Datum der Einstellung)	Kurzbeleg wie bei Literaturwerken (s. o.)	Moppel 2023 oder Nissen/Mohn/Klapps 2019
Internetdokument (ohne Autorenangabe und Datum der Einstellung)	abgekürzte URL (= Internet-Adresse bis einschließlich Domainangabe, d.h. einschließlich .de, .org, .com usw.) – Entnahmedatum aus dem Internet – ggf. Seite, von der Zitat stammt	http://www.wahlbrinck.de 23.02.2024 oder www.wahlbrinck.de 23.02.2024 ②
KI-generierter Text KI-generierte Übersetzung KI-generierte Abbildung	Name und ggf. Version des Tools – Datum der Kommunikation mit dem KI-Tool	ChatGPT-3.5 29.02.2024 DeepL Übersetzer 03.03.2024 Wombo Dream 04.03.2014

Tab. 7.1: Quellenbelege nach dem naturwissenschaftlichen Belegverfahren (Kurzbelege); die Ziffern beziehen sich auf das Beispiel auf → Seite 93.

NATURWISSENSCHAFTLICHES BELEGVERFAHREN, FACHARBEIT IM FACH GESCHICHTE

2 Der Opium-Krieg

2.1 Der Weg in den Krieg

In der Zeit von 1775 bis 1839 war die Entwicklung Chinas von negativen Tendenzen gekennzeichnet: „Von der Bevölkerungsexplosion und der mit ihr zusammenhängenden Verarmung [der Masse der Bevölkerung; Einschub d. Verf.]; vom Verfall der Verwaltung, als einer gleichbleibenden Zahl von Beamten die unablässig steigende Zahl der Menschen in ihren Verwaltungsbezirken buchstäblich über den Kopf wuchs; und schließlich [...] von der sich ausbreitenden Korruption" (Seitz 2004, S. 96). ①

Von 1700 bis 1800 stieg die Bevölkerung Chinas um 204 Millionen auf 342 Millionen Menschen an (Seitz 2004, S. 94). Chinas Bevölkerung war damit zweieinhalbmal so zahlreich wie die aller europäischen Staaten zusammengenommen und China vereinte mehr als ein Drittel der damaligen Weltbevölkerung auf sich (Seitz 2004, S. 94; http://de.wikipedia.org ②
29.02.2024). Im Jahre 1851 besaß China ca. 432 Millionen Einwohner und damit dreimal so viel Menschen wie 150 Jahre zuvor (Staiger et al. 2009, S. 82). ③
Im gleichen Zeitraum aber konnte die landwirtschaftliche Anbaufläche nur um 50 Prozent ausgeweitet werden. Die Hektarerträge für Getreide ließen sich mit den damals zur Verfügung stehenden Mitteln kaum noch steigern. Die Agrarproduktion hielt folglich mit dem Bevölkerungswachstum nicht Schritt (Seitz 2004, S. 94). Hinzu kam die schlechte Infrastruktur. „Die landwirtschaftlichen Produkte wurden huckepack über schmale Wege und in schmalen Booten auf einem Gewirr von Flüssen [...] transportiert. Zugtiere stellten eine Seltenheit dar, da sie zu kostspielig für die meisten Bauern waren" (Spence/Chin 1996, S. 11). ④

Und obwohl deren Einkünfte kaum für das tägliche Brot ausreichten, presste die Regierung durch korrupte Beamte aus ihnen mit grausamen Methoden immer höhere Abgaben heraus. Teilweise verließen verzweifelte Bauern ihr Land und wurden Banditen (Seitz 2004, S. 94 f.). Gleichzeitig aber gedieh unter den hoffnungslosen, geknechteten Bauern und Handwerkern der Opiumkonsum. Opium wurde bereits seit Mitte des 18. Jahrhunderts von den Portugiesen und später von den Engländern nach China eingeführt (Wilhelmy 1905; zitiert nach: http://www.jaduland.de 23.05.2018). Neben der berauschenden ⑤

– 4 –

Beim **geisteswissenschaftlichen Belegverfahren** (auch als *„deutsche Zitierweise“* bezeichnet) wird der Quellenbeleg in Form von Fußnoten oder Endnoten geführt (→ Beispiel Seite 95).

- Dazu wird nach dem Anführungszeichen am Zitatende eine hochgestellte Ziffer gesetzt. ①
- Wird eine Statistik, Grafik usw. übernommen, so wird die Zitatziffer an das Ende der Über- bzw. Unterschrift der Tabelle, Abbildung usw. gesetzt. ②
- Alle Zitate einer Arbeit bzw. bei längeren Arbeiten alle Zitate eines Kapitels werden dabei fortlaufend nummeriert.
- Die Quellenangabe kann dann in zwei Formen erfolgen:
  - Entweder als **Fußnote** am Ende (Fuß) der Seite. Dabei wird ein Teilstrich gezogen, der über ein Fünftel bis ein Drittel der Textbreite verläuft (Zitierstrich) ③. Dann wird die Ziffer des Zitates aufgeführt. Schließlich wird die Quelle angegeben. Am Ende steht ein Punkt. ⑤
  - Oder aber in Form von **Endnoten** am Ende eines Kapitels oder am Ende der Arbeit. Die Endnoten stellen dabei eine Sammlung aller Fußnoten eines Kapitels bzw. einer Arbeit dar. Diese Art des Quellenbelegs ist allerdings die für den Leser mühsamste.
- Die Angabe der Quelle erfolgt bei Fuß- wie bei Endnoten in gleicher Weise, und zwar exakt so wie im Literatur- und Quellenverzeichnis (→ Seite 100 ff.). Dies gilt für Literatur- wie für Internetquellen.
- Bei der ersten Angabe einer Quelle in einer Fuß- oder Endnote muss diese im vollen Wortlaut angegeben werden **(Vollbeleg)**. ⑤, ⑥
- Wird die gleiche Quelle ein zweites oder weiteres Mal zitiert, kann die Angabe abgekürzt werden **(Kurzbeleg)**. Es werden dann nur noch angegeben
  - bei Literatur: der Nachname des Autors, das Erscheinungsjahr der Arbeit und die Seitenzahl. ⑦
  - bei Internetquellen: die URL und das Abrufdatum. ⑧
- Zitierst du vom selben Autor mehrere Werke, so muss du, um Verwechslungen auszuschließen, auch beim zweiten oder weiteren Zitat eine Kurzform des Titels der Quelle angegeben.
- Fußnoten werden in kleinerer Schrifttype (z. B. Times New Roman 9 pt) und mit einfachem Zeilenabstand geschrieben. ⑨
- Viele Textverarbeitungsprogramme bieten die Möglichkeit, Fußnoten automatisch zu erstellen und zu verwalten. Wie dieses geht, wird in der Hilfe zum Programm erläutert.
- In Fußnoten können neben Quellenangaben auch Informationen aufgeführt werden, die nicht direkt in den Gedankengang des Haupttextes passen, es jedoch wert sind, erwähnt zu werden. Auch Hinweise auf Querverbindungen zu anderen Stellen der Arbeit sowie Begriffserläuterungen, persönliche Kommentare usw. lassen sich in Fußnoten unterbringen. ④

GEISTESWISSENSCHAFTLICHES BELEGVERFAHREN, FACHARBEIT IM FACH GEOGRAPHIE

2.1 Die Bevölkerungsentwicklung Mumbais

Greater Mumbai (ehemals Greater Bombay)[3], ① heute eine Megastadt mit über 13 Mio. Einwohnern, war „noch vor vierhundert Jahren nicht mehr als ein Fischernest“.[4] Im Jahre 1534 erhielten die Portugiesen vom Sultan von Gujarat „sieben kleine, mit Kokospalmen bewachsene und nur von einigen Fischern bewohnte Inseln zum Geschenk“.[5] Sie bezeichneten diese Inseln als *Bom Bahia* (= gute Bucht), woraus sich im Laufe der Zeit der Name Bombay entwickelt haben soll.[6] Die Portugiesen nutzten Bombay seiner geschützten Lage wegen als Hafen.

1661 erhielten die Briten die sieben Inseln, in deren Einzugsgebiet damals rund 10.000 Menschen lebten. Sie bauten den Hafen aus. Im Jahre 1668 „verpachtete der [britische] König das Gebiet an die [...] [britische] East India Company, die daraufhin ihren Hauptsitz 1687 von Surat [...] in das besser geeignete Bombay verlegte. Dies kann als eigentliches Geburtsjahr der Weltstadt gelten.“[7]

Der Aufstieg Mumbais lässt sich an der Entwicklung der Einwohnerzahl ablesen:

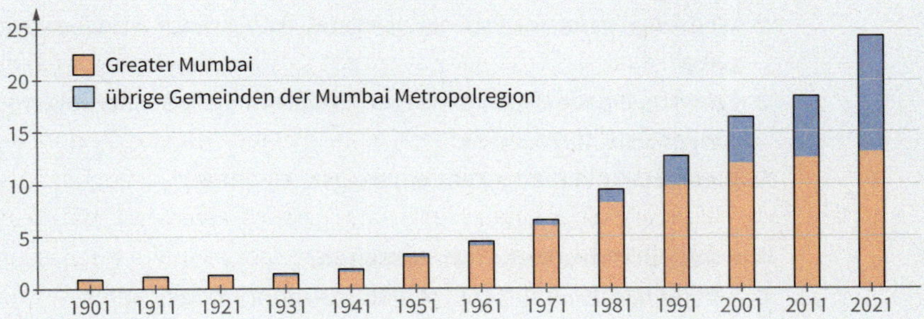

Abb. 1: Die Bevölkerung der Metropolregion Mumbai 1901–2021[8] ②

③

⑨

3 Greater Mumbai (ehemals Greater Bombay) besteht aus Bombay Island, einer rund 67 km² großen Insel, sowie der sich nördlich anschließenden Insel Salsette. Seit 1995 trägt Bombay den Namen Mumbai. Zu den Hintergründen der Umbenennung vgl. Eckert, 2006, S. 65–79. ④

4 Rockmann, D., Mein Bombay, Frankfurt 1998, S. 10. ⑤

5 Rockmann, 1998, S. 11. ⑦

6 Vgl. zur Entwicklung des Namens Bombay: Nissel, H., Bombay/Mumbai: Stadterweiterung und Stadtumbau einer „Globalizing City“, in: Ahunja, R. und Brosius, C. (Hrsg.), Mumbai – Delhi – Kolkata, Heidelberg 2006, S. 31 ff.

7 Nissel, 2006, S. 19 f.

8 Diagramm erstellt mit Daten aus Dey, T., Bansal, A. und Dwivedi, L.K., Population Projection of Metropolitan Cities in India: An Approach to Bayesian Hierarchical Model, in: Demography India, Vol. 50, No. 2, 2021, p. 22, https://iasp.ac.in/uploads/journal/2%20266_Tapas%20Dey1-1641029626.pdf, Abruf 09.03.2024; https://en.wikipedia.org/wiki/Mumbai, Abruf 08.03.2024; https://www.indiaonlinepages.com/population/mumbai-population.html, Abruf 08.03.2024. ⑥ ⑧

–5–

7.3 *Indirekte Zitate*

Indirekte Zitate machen in Facharbeiten und Referaten in der Regel die Masse des Textes aus.

Was ist ein indirektes Zitat?

Jede Form einer *sinngemäßen Wiedergabe* fremder Texte, Daten und Gedanken bezeichnet man als indirektes (sinngemäßes) Zitat (→ Beispiel Seite 97). Dabei kann es sich zum Beispiel handeln um

- die Wiedergabe der Aussage eines fremden Autors mit deinen eigenen Worten ②;
- einen von dir selbst formulierten Text, der aber auf Darstellungen bzw. Daten beruht, die du zuvor in einer/mehreren fremden Quellen gelesen hast ④;
- sofern in deiner Schule erlaubt: eine von dir selbst formulierte Zusammenfassung von Antworten einer textgenerierenden KI.

In all diesen Fällen haben deine Formulierungen geistige Mütter bzw. Väter, die der Fairness halber angegeben werden müssen. Zu jedem indirekten Zitat gehört deshalb ein **Quellenbeleg**, also die genaue Angabe der Quelle(n), auf die sich deine Ausführungen stützen. ①, ②, ③, ⑤, ⑥

Wann liegt kein indirektes Zitat vor?

- Wenn du eigene Untersuchungsergebnisse vorstellst, auswertest und kommentierst.
- Wenn du eigene Beschreibungen, Erläuterungen, Schlussfolgerungen, Bewertungen usw. formulierst.
- Wenn du ein direktes Zitat einbringst.

Wie soll ein indirektes Zitat aussehen?

- Ein indirektes Zitat steht niemals in Anführungszeichen.
- Anfang und Ende eines umfangreicheren indirekten Zitates müssen für den Leser erkennbar sein. In der Regel kann dieses dadurch erreicht werden, dass ein längeres indirektes Zitat einen eigenen Absatz bildet ④, ⑤.
- Jedes indirekte Zitat muss mit einem **Quellenbeleg** versehen werden. Dieser steht am Anfang oder Ende des Satzes bzw. Absatzes, der das indirekte Zitat enthält ①, ③, er kann aber auch in den Satz integriert sein ⑤.
- Der Quellenbeleg kann nach dem *naturwissenschaftlichen* oder *geisteswissenschaftlichen Belegverfahren* erfolgen. Es muss aber das gleiche Belegverfahren verwendet werden wie bei den direkten Zitaten.
- Die Quellenbelege werden nach den gleichen Regeln erstellt wie bei direkten Zitaten (→ Seite 87 ff.). Es kann jedoch der Zusatz *nach, siehe* oder *vgl.* (= vergleiche) vorangestellt werden. ⑥
- Werden einzelne Aussprüche, Gedanken usw. eines Autors in indirekter Rede zitiert, muss der Konjunktiv verwendet werden. ②

INDIREKTE ZITATE IN EINER ARBEIT IM FACH PÄDAGOGIK

2.2 Definition von Ablösung

Eine sehr allgemeine Definition des Begriffes Ablösung findet sich bei Fröhlich im Wörterbuch Psychologie. Dort heißt es: Der Begriff Ablösung (bzw. Abnabelung) steht als „Bezeichnung für die im Verlauf der individuellen Entwicklung schrittweise vollzogene Lösung von Bindungen an die elterliche Autorität, bzw. an die Denk- und Verhaltensnormen älterer Menschen" (Fröhlich 2000, S. 34). Fröhlich ①
vertritt die Meinung, dass die Ablösung die entscheidende Voraussetzung dafür sei, um eigenständig in der Welt der Erwachsenen bestehen und handeln zu ②
können (ebd., S. 34).
Guski und Langlotz-Brunner (1991, S. 38) unterscheiden zusätzlich eine innere ③
und eine äußere Ablösung. Die innere Ablösung beinhaltet die emotionale Loslösung des Heranwachsenden aus dem Schonraum Familie. Dieser psychodynamische Prozess ist vielschichtig und vollzieht sich familienintern. Die innere ④
Ablösung ist die Voraussetzung dafür, dass die äußere Ablösung erfolgen kann. Diese dokumentiert sich in einem eigenen Lebensstil und gegebenenfalls auch einer Verlagerung des Wohnortes.

Noch differenzierter beschreibt Hurrelmann (1999, S. 142) die Ablösung. ⑤
Er unterscheidet vier Ebenen, auf denen die Ablösung erfolgt:

- *auf psychologischer Ebene* durch eine verstärkte Ausrichtung der Gefühle und Einstellungen an Gleichaltrigen, bei gleichzeitig schwindendem Einfluss der Eltern
- *auf kultureller Ebene* durch das Entdecken eines eigenen Lebensstils, der sich nicht an dem der Erwachsenen orientieren muss
- *auf räumlicher Ebene* durch die Verlagerung des Wohnortes
- *auf materieller Ebene* indem der junge Erwachsene finanziell unabhängig wird.

In der Regel werden die vier Ebenen vom Heranwachsenden in der zuvor genannten Reihenfolge durchlaufen.

Stirlin vertritt die Meinung, dass der Ablöseprozess als Spirale zu begreifen sei, die sich allmählich in Richtung Selbstverwirklichung und Differenzierung von Heranwachsenden und Eltern weitet und Schritt für Schritt zu einer immer größeren Unabhängigkeit beider Parteien führt (vgl. Stirlin 1974, S. 144). ⑥

6

Seite erstellt nach: ANSGAR ELLING: Möglichkeiten der Begleitung des Ablöseprozesses an der Schule für Geistigbehinderte. Münster 2001, S. 10 f., unveröffentlichte Hausarbeit.

7.4 *Zitate und Quellenbelege in Referaten*

Auch ein mündlicher Vortrag stützt sich auf Quellen, die man gelesen und durchgearbeitet hat. Folglich enthält auch jedes mündlich vorgetragene Referat Zitate.

Direkte Zitate. Werden im Vortrag Textquellen wörtlich zitiert, muss eine solche Stelle als direktes Zitat ausgewiesen werden. Es gelten hier die gleichen Regeln wie für ein direktes Zitat in schriftlichen Texten:

- Es dürfen keine inhaltlichen Veränderungen vorgenommen werden, ohne diese kenntlich zu machen.
- Ein eindeutiger Quellenbeleg ist Pflicht.
- Zudem ist es wichtig, den Beginn und das Ende eines direkten Zitates deutlich zu markieren. Allerdings kann dieses ja, anders als in einem schriftlichen Text, nicht durch Anführungszeichen geschehen. Vielmehr markieren hier zwei Floskeln den Anfang und das Ende des direkten Zitates, nämlich: „*Ich zitiere aus*“ sowie „*Zitatende*“.

Ein direktes Zitat in einem Referat sollte damit die folgende Form aufweisen:

BEISPIEL: DIREKTES ZITAT IM REFERAT

Der durch Aktivitäten des Menschen verursachte Klimawandel ist mittlerweile für jedermann zu spüren. Und zwar bei den Temperaturen wie auch beim Niederschlag. Ein gutes Beispiel ist hier der Winter 2023/24. Ich zitiere aus dem Artikel „Irrwitzig warm“ in der Frankfurter Allgemeinen Sonntagszeitung vom 3. März 2024: „Normalerweise liegt die Durchschnittstemperatur im Februar in Deutschland bei 1,5 Grad im Plus. Nachfrost ist häufig, oft liegt Schnee. Doch in diesem Jahr hat sich der Wintermonat in einen Frühlingsmonat verwandelt: Die Durchschnittstemperatur lag bei 6,6 Grad Celsius.“ Und weiter: „Schon zu Fastnacht blühten am Rhein die Osterglocken.“ Zitatende.
Im Winter 2023/24 war es also deutlich zu warm und zudem extrem nass. […]

Indirekte Zitate. Ein Referat enthält in der Regel auch große Passagen, die sich sinngemäß auf eine oder mehrere Textquellen beziehen. Es wäre jedoch für den Vortragsfluss störend, wollte man jedes dieser indirekten Zitate mit einem Quellenbeleg versehen. Hier reicht es, die benutzte Literatur am Ende des Referates anzugeben, etwa indem man sie im Handout auflistet (→ Seite 185 f.). Verteilt man kein Handout, können die benutzten Quellen auch auf einer digitalen Folie vorgestellt, an die Tafel geschrieben oder im Original mitgebracht werden.

Zitate im Handout. Für Handout-Texte gelten bei *direkten Zitaten* (also auch bei Bildern, Grafiken, Tabellen und Karten) die gleichen Zitierregeln wie für schriftliche Arbeiten. Auch umfangreiche *indirekte Zitate* sollten hier mit einem Quellenbeleg versehen werden. Ansonsten aber reicht das im Handout aufgeführte Literatur- und Quellenverzeichnis zur Dokumentation aus (→ Seite 185 f.).

7.5 Checklisten: Richtiges Zitieren

Prüfkriterien für direkte Zitate

	✓
Der zitierte Text wurde in Anführungszeichen gesetzt.	
Der zitierte Text wurde wortgenau übernommen.	
Auslassungen und Ergänzungen wurden kenntlich gemacht.	
Das Zitat wurde mit einem Quellenbeleg versehen.	
Die zitierte Quelle wurde im Literatur- und Quellenverzeichnis aufgeführt.	
Das Zitat steht nicht isoliert da, wird in den Zusammenhang des Facharbeits-/Referatstextes eingebettet. Das heißt, der zitierte Text wird ausgewertet, kommentiert, interpretiert oder durch vertiefende eigene Ausführungen ergänzt. Er dient also nicht nur als Ersatz für eine eigene Textformulierung.	
Das direkte Zitat ist aussagekräftig und gibt nicht einfach Banalitäten oder Allgemeinplätze wieder, die man leicht auch mit eigenen Worten hätte formulieren können.	
Das Zitat passt in den Kontext des übrigen Textes.	
Das Zitat ist nicht zu lang, enthält nicht zu viele verschiedene Facetten. Leserinnen und Lesern wird klar, welche konkrete Bedeutung das Zitat in der Arbeit hat. Lange Zitate sind nur zulässig, wenn sie ausführlich interpretiert und erläutert werden.	
Das Zitat ist vollständig. Es endet nicht etwa, bevor der Kerngedanke bzw. die beweiskräftige Stelle überhaupt genannt wurde.	
Der Sinnzusammenhang, in den das Zitat gestellt wird, ist ähnlich dem Sinnzusammenhang in der Ursprungsquelle. Damit wird dem „Geist“ des zitierten Textes Rechnung getragen.	

Tab. 7.2: Checkliste: Direkte Zitate – korrekt gestaltet

Prüfkriterien für indirekte Zitate

	✓
Das Zitat wurde mit einem Quellenbeleg versehen.	
Die zitierte Quelle wurde im Literatur- und Quellenverzeichnis aufgeführt.	
Der zitierte Text wurde nicht wortgetreu übernommen. Bei indirekten Zitaten muss der Ursprungstext mit eigenen Worten zusammengefasst und wiedergegeben werden. Man darf also nicht zu nahe am Wortlaut des Ausgangstextes bleiben.	
Der zitierte Ursprungstext wird durch die Umformulierung nicht im Sinn verfälscht. Die Aussage oder Absicht des Autors der Ausgangsquelle wird treffend wiedergegeben. Um dies zu erreichen, muss man den Ursprungstext vor dem Zitieren genau erfassen und dessen Inhalt verstanden haben.	
Das Zitat wurde in den Text der Facharbeit/des Referates eingebettet. Zwischen den indirekten Zitaten gibt es Überleitungen und Zwischentexte. Merke: Ein Text, der nur aus aneinandergereihten indirekten Zitaten besteht, wirkt spröde und enthält zumeist auch Brüche und Gedankensprünge.	

Tab. 7.3: Checkliste: Direkte Zitate – korrekt gestaltet

7.6 Literatur- und Quellenverzeichnis

Funktion

Als Autorin bzw. Autor einer Facharbeit oder eines Referates bist du verpflichtet, alle benutzten Quellen offenzulegen. Die Angabe der Quellen muss dabei grundsätzlich so gestaltet sein, dass alle Interessierten sie in Büchereien, im Internet oder an anderer Stelle problemlos finden können. So erhält man die Möglichkeit, deine Literaturangaben nachzuprüfen und, falls gewünscht, die von dir benutzten Quellen im Original einzusehen.
Beim naturwissenschaftlichen Belegverfahren werden die benutzten Quellen im Text jedoch nur in verkürzter Form angegeben (→ Seite 91 ff.). Hier dient dann das *Literaturverzeichnis* (sofern nur Literatur aufgeführt wird) bzw. das *Literatur- und Quellenverzeichnis* (sofern Literatur und andere Quellen wie z. B. Internetseiten aufgeführt werden) dazu, deiner Pflicht zur exakten Angabe der Quellen nachzukommen.

Allgemeine Kennzeichen

Ein Literatur- und Quellenverzeichnis weist folgende generelle Kennzeichen auf:

- In ihm sind **alle Quellen aufgeführt**, die du in der Facharbeit/im Referat direkt oder indirekt zitiert hast. Doch auch nur diese und keine weiteren!
- In einer Facharbeit bildet das Literatur- und Quellenverzeichnis das letzte Kapitel (vor einem eventuellen Anhang). Auf dem Referat-Handout steht es an letzter Stelle. Es sollte daher erst ganz zum Schluss mithilfe der bibliografischen Notizen (→ Seite 16 ff.) erstellt werden.
- Im Literatur- und Quellenverzeichnis müssen die **Quellen alphabetisch nach Autorennamen bzw. Kurz-URL geordnet** werden. Bei gleichen Nachnamen kommt der Vorname der Autoren als zweites Ordnungskriterium hinzu.
- Mehrere Werke eines Autors wie auch mehrere Internetquellen mit gleicher Kurz-URL werden chronologisch geordnet, also nach dem Erscheinungsjahr bzw. Entnahmedatum aus dem Internet, beginnend mit dem ältesten Werk.
- Im Literatur- und Quellenverzeichnis können drei Gruppen von Quellen aufgeführt sein: Primärliteratur, Sekundärliteratur und Sonstige Quellen (→ Seite 51 f.). Nur in den sprachlichen Fächern ist es üblich, Primär- und Sekundärliteratur getrennt aufzuführen (→ Seite 103).
- Der Bereich *Sonstige Quellen* kann bei Bedarf weiter untergliedert werden z. B. in *Internetquellen, Archivalische Quellen* (Dokumente), *Filme* oder *Hilfsmittel*, worunter auch KI-generierte Texte oder Übersetzungen fallen. Eine solche Feinuntergliederung empfiehlt sich jedoch nur, wenn von einem „Quellentyp“ mindestens drei verschiedene Quellen zitiert wurden. Ansonsten können diese Quellen unter der Überschrift Sonstige *Quellen* zusammengefasst werden.

- Zitierte Zeitungsartikel werden, sofern nicht (bei drei und mehr zitierten Artikeln) in einem separaten Verzeichnisabschnitt unter der Überschrift *Zeitungen* aufgeführt, wie Zeitschriftenartikel bibliografiert: Je nachdem ob du die Print- oder die Online-Version benutzt hast, werden sie unter Literatur oder Internetquellen aufgelistet.

Layout

Über die Layoutgestaltung eines Literatur- und Quellenverzeichnisses gibt es sehr unterschiedliche Vorstellungen. Prinzipiell aber gilt:

- Ist die Zahl der aufgeführten Quellen gering, so wird das Verzeichnis in gleicher Schriftgröße geschrieben wie der Text der Arbeit. Bei einer großen Zahl von Quellen oder bei Platzmangel kann es mit kleinerer Schrifttype gesetzt werden.
- Die Quellenangaben werden mit einfachem Zeilenabstand geschrieben.
- Absätze werden „hängend" formatiert, das heißt, sind für eine Quellenangabe mehrere Zeilen notwendig, so werden die zweite und folgende Zeile nach rechts eingerückt.
- Am Ende jeder Quellenangabe steht ein Punkt.
- Vom Vornamen einer/s Autorin/s wird nur der erste Buchstabe angegeben. Nur bei gleichen Nach- und Vornamen zweier Autoren werden weitere Buchstaben aufgeführt.
- Bei den Autorennamen werden Titel wie Dr., Prof. usw. weggelassen.
- Die Angabe 1. *Auflage* wird nicht vermerkt.
- Bei Verlagen mit mehreren Verlagsorten wird nur der erste angegeben.
- Viele Schreibprogramme gestalten Internet-Adressen automatisch blau und unterstrichen. Kurz-URL und URL können in dieser Weise aufgeführt werden.

Layoutvarianten

Für die Feingestaltung des Literatur- und Quellenverzeichnisses in Facharbeiten sind zwei Kriterien maßgebend:

- die Art, in der du die Quellenbelege im Text deiner Facharbeit gestaltet hast, ob du also das *naturwissenschaftliche* oder das *geisteswissenschaftliche Belegverfahren* verwendet hast;
- die Layoutvorgaben deiner Schule wie auch die persönlichen Layoutvorlieben deiner Lehrerin bzw. deines Lehrers

Informiere dich daher vor der Erstellung des Verzeichnisses bei der betreuenden Fachlehrkraft, welche Layoutvariante diese bevorzugt bzw. welche an deiner Schule gesetzt ist, und berücksichtige diese dann bei der Gestaltung.

Im Folgenden werden **zwei gängige Layoutvarianten** vorgestellt. Nutze, je nachdem, welches Belegverfahren du in deiner Arbeit verwandt hast, eine der beiden Beispieltabellen für die Erstellung deines Literatur- und Quellenverzeichnisses.

Layoutvariante 1: Einträge in das Literatur- und Quellenverzeichnis bei Verwendung des geisteswissenschaftlichen Belegverfahrens

Quelle	Form der Quellenangabe	Beispiele
Ein Buch – ein Autor	Nachname, abgek. Vorname, Titel des Buches, Untertitel, Auflage, Erscheinungsort Erscheinungsjahr.	Pantle, C., Der Dreißigjährige Krieg, Als Deutschland in Flammen stand, 6. Auflage, Berlin 2017. ①
Ein Buch – zwei oder drei Autoren	Nachname, abgek. Vorname und Nachname, abgek. Vorname, Titel des Buches, Untertitel, Auflage, Erscheinungsort Erscheinungsjahr.	Häusser, A. und Maugg, G., Hungerwinter, Deutschlands humanitäre Katastrophe 1946/47, Berlin 2011. ⑥
Ein Buch – vier oder mehr Autoren	Nachname des ersten Autors, abgek. Vorname et al., Titel des Buches, Untertitel, Auflage, Erscheinungsort Erscheinungsjahr.	Heineberg, H. et.al., Stadtgeographie, 5. Auflage, Paderborn 2017. ②
Aufsatz in einem Sammelband (ein Buch, in dem Aufsätze verschiedener Autoren enthalten sind)	Nachname, abgek. Vorname, Titel des Aufsatzes, Untertitel des Aufsatzes, in: Nachname, abgek. Vorname (Hrsg.), Titel des Sammelbandes, Untertitel, Auflage, Erscheinungsort, Erscheinungsjahr, Seitenangabe Anfang und Ende des Aufsatzes.	Alkemeier, I., Die Bergpredigt ein Stück Weltliteratur – fazinierend und provozierend – bis heute, in: Hillesheim, K-F. und Weber, B. (Hrsg.), Perspektiven der Lehrerbildung, Zum Auftrag der Zentren für schulpraktische Lehrerausbildung, Münster 2010, S. 353–370. ④
Aufsatz in einer Zeitschrift	Nachname, abgek. Vorname, Titel des Aufsatzes, Untertitel des Aufsatzes, in: Name der Zeitschrift, Nummer der Zeitschrift Erscheinungsjahr, Seitenangabe Anfang und Ende des Aufsatzes.	Schmude, J. und Bischof, M., Tourismus im deutschen Alpenraum – Strukturen, Herausforderungen, Trends, in: Geographische Rundschau, 5/2018, S. 24–30. ⑧
Artikel in einer Zeitung (mit Angabe des Autors)	Nachname, abgek. Vorname, Titel des Artikels, Untertitel des Artikels, in: Name der Zeitung vom Erscheinungsdatum, Seite.	Bouée, C.-É., Das Wettrennen um die Künstliche Intelligenz, in: Frankfurter Allgemeine Sonntagszeitung vom 12.08.2018, S. 20. ⑦
Artikel in einer Zeitung (ohne Angabe des Autors)	Titel des Artikels, Untertitel, in: Name der Zeitung vom Erscheinungsdatum, Seite.	Der Sieger: Currywurst, Deutsche essen laut Apetito-Ranking in der Kantine gerne deftig, in: Münstersche Zeitung vom 24.05.2012, S. 5. ③
Internetdokument (mit Autor und Datum der Einstellung)	Nachname des Autors, abgek. Vorname, Titel des Dokuments, [gegebenenfalls Zeitung/Zeitschrift], Datum der Meldung bzw. Datum der Einstellung ins Netz, vollständige URL, Abrufdatum aus dem Internet.	Fischer, L., Artensterben: Wer den Klimawandel überlebt, Spektrum der Wissenschaft, 11.03.2024, https://www.spektrum.de/news/artensterben-wer-den-klimawandel-ueberlebt/2210661, Abruf 12.03.2024. ⑨, ⑩
Internetdokument (ohne Autor)	vollständige URL, Titel des Dokuments, Untertitel, Abrufdatum aus dem Internet.	https://www.stadt-muenster.de/dominikanerkirche, „Zwei Graue Doppelspiegel für ein Pendel“, Gerhard Richters Geschenk an die Stadt, Abruf 13.03.2024.
KI-basierte Hilfsmittel (ChatGPT, DeepL usw.	Name und ggf. Version des KI-Tools, bereitstellende Firma bzw. Organisation, URL des KI-Tools, Nutzungsaspekt, Datum der Kommunikation mit dem KI-Tool.	ChatGPT-3.5, OpenAI, https://chat.openai.com/ → Prompt „Was ist eine unmittelbare Kunstform?“, Kommunikation 14.03.2024. ⑯
Sonderfälle	siehe Seite 106	⑤, ⑧, ⑪

Tab. 7.4: Beispielhafte Einträge im Literatur- und Quellenverzeichnis nach dem geisteswissenschaftlichen Belegverfahren

LITERATUR- UND QUELLENVERZEICHNIS EINER FACHARBEIT IM FACH ENGLISCH

6 Literatur- und Quellenverzeichnis

Primärliteratur

Salinger, J. D., The Catcher in the Rye, London 1994. ①

Sekundärliteratur

Crane, C. et al., J. D. Salinger "The Catcher in the Rye", Letts Explore Literature Guides, Carnforth 2004. ②

Der Fänger im Roggen, in: Hamburger Abendblatt vom 29.12.2003. ③

Günter, B., J. D. Salinger "The Catcher in the Rye“ (1951), in: Freese, P. und Hermes, L. (Hrsg.), Der Roman im Englischunterricht der Sekundarstufe II, Theorie und Praxis, 2. Auflage, Paderborn 1981, S. 207–222. ④

Hamilton, I., In Search of J. D. Salinger, London 1998. ⑤

Hamilton, I., The Trouble with Money and Other Essays, London 1998.

Münder, P., Jerome David Salinger „Der Fänger im Roggen“ (The Catcher in the Rye), Interpretationen und unterrichtspraktische Vorschläge, 6. Auflage, Analysen und Reflexionen Bd. 2, Hollfeld 2005.

Pinsker, S. und Pinsker, A., Understanding The Catcher in the Rye, A Student Casebook to Issues, Sources, and Historical Documents, Westport Connecticut 1999. ⑥

Spinnen, B., Das absolute Kind, Endlich neudeutsch: J.D. Salingers „Der Fänger im Roggen“, in: Süddeutsche Zeitung vom 17.03.2003. ⑦

Steinle, P. H., In Cold Fear, The Catcher in the Rye, Censorship Controversies and Postwar American Character, Columbus Ohio 2000.

Zapf, H., Logical Action in Salinger's Catcher in the Rye, in: College Literature, 12/1985, pp. 266–271. ⑧

Internetquellen

Wahlbrinck, B., The Catcher in the Rye, external aspects of "The Catcher in the Rye", http://www.wahlbrinck.de/catcherintherye/ext.htm, Abruf 14.03.2024. ⑨

Wahlbrinck, B., The Catcher in the Rye, internal aspects of "The Catcher in the Rye", http://www.wahlbrinck.de/catcherintherye/int.htm, Abruf 14.03.2024.

Smith, H., Manhattan Ulysses, Junior, The Catcher in the Rye, By J. D. Salinger, Saturday Review of Literature, July 14, 1951, https://www.unz.com/print/SaturdayRev-1951jul14-00012/?View=PDF, Abruf 16.03.2024. ⑩

Sonstige Quellen

Wahlbrinck, B. (2024), Erfahrungen mit dem Einsatz des Romans "The Catcher in the Rye“ im Unterricht am Emsland-Gymnasium in Rheine. Interview geführt am 12.03.2024. ⑪

Hilfsmittel

ChatGPT-3.5, OpenAI, https://chat.openai.com/ ⑯
→ Prompt „Definiere Erwachsenenwerden“, Kommunikation 09.03.2024.
→ Hilfe bei der Erstellung der Gliederung, Kommunikation 12.03.2024.

DeepL Übersetzer, DeepL SE, https://www.deepl.com/de/translator
→ Übersetzung von Textpassagen, Kommunikation 14.03.2024.

Layoutvariante 2: Einträge in das Literatur- und Quellenverzeichnis bei Verwendung des naturwissenschaftlichen Belegverfahrens

Quelle	Form der Quellenangabe	Beispiele
Ein Buch – ein Autor	Nachname, abgek. Vorname (Erscheinungsjahr): Titel des Buches. Untertitel. [Ggf.: Reihe Band.] Auflage. Erscheinungsort: Verlag.	Haftendorn, D. (2016): Mathematik sehen und verstehen: Werkzeug des Denkens und Schlüssel zur Welt. 3. Auflage. Heidelberg: Springer Spektrum.
Ein Buch – zwei oder drei Autoren	Nachname, abgek. Vorname/Nachname, abgek. Vorname (Erscheinungsjahr): Titel des Buches. Untertitel. [Ggf.: Reihe Band.] Auflage. Erscheinungsort: Verlag.	Pinel, P.J./Barnes, S.J./Garner, M. (2024): Biopsychologie. Pearson Studium – Psychologie. 11. Auflage. München: Pearson.
Ein Buch – vier oder mehr Autoren	Nachname, abgek. Vorname des ersten Autors et al. (Erscheinungsjahr): Titel des Buches. Untertitel. [Ggf.: Reihe Band.] Auflage. Erscheinungsort: Verlag.	Brown, T.L. et al. (2018): Chemie. Studieren kompakt. Pearson Studium – Chemie. 14. Auflage. Hallbergmoos: Pearson.
Wörterbücher und Lexika	Herausgeber (Hrsg.) (Erscheinungsjahr): Titel. Band. Auflage. Stichwort. Erscheinungsort: Verlag.	Brockhaus-Lexikonredaktion (Hrsg.) (2003): Brockhaus Universallexikon. Band 1. Artikel: Aids. Leipzig: F.A. Brockhaus.
Aufsatz in einem Sammelband (ein Buch, in dem Aufsätze verschiedener Autoren enthalten sind)	Nachname, abgek. Vorname (Erscheinungsjahr): Titel des Aufsatzes. Untertitel des Aufsatzes. In: Nachname, abgek. Vorname (Hrsg.): Titel des Sammelbandes. Untertitel des Sammelbandes. Erscheinungsort: Verlag, Seite Anfang und Ende des Aufsatzes.	Nissel, H. (2006): Bombay/Mumbai: Stadterweiterung und Stadtumbau einer „Globalizing City". In: Ahuna, R./Brosius, C. (Hrsg.): Mumbai – Delhi – Kolkata. Annäherung an die Megastädte Indiens. Heidelberg: Draupadi, S. 19–34.
Aufsatz in einer Zeitschrift	Nachname, abgek. Vorname (Erscheinungsjahr): Titel des Aufsatzes. Untertitel. In: Name der Zeitschrift, Nummer des Heftes, Seite Anfang und Ende des Aufsatzes.	Boyle, R. (2018): Planetologie – Wie entstand der Mond? In: Spektrum der Wissenschaft, 2/18, S. 53–58.
Artikel in einer Zeitung (mit Angabe des Autors)	Nachname, abgek. Vorname (Erscheinungsjahr): Titel des Artikels. Untertitel. In: Name der Zeitung, Erscheinungsdatum, Seite(n).	Hobom, B. (2007): Armes Grün. Wie Gentechnik zur Mangelernährung führt. In: Frankfurter Allgemeine Zeitung, 18.07.2007, N 1.
Artikel in einer Zeitung (ohne Angabe d. Autors)	Name der Zeitung (Erscheinungsdatum): Titel des Artikels. Untertitel. Seite.	Münsterländische Volkszeitung (24.08.2018): Text für Verfassungsreform steht. Korsika soll autonom werden. S. 4.
Internetdokument (mit Autor und Datum der Einstellung)	Nachname des Autors, abgek. Vorname, Titel des Dokuments, [gegebenenfalls Zeitung/Zeitschrift], Datum der Meldung bzw. Datum der Einstellung ins Netz, Vollständige URL, Abrufdatum aus dem Internet.	Schmitt, S. (2018): Die Hitze vom Nordpol. In: Zeit online, 05.08.2018. https://www.zeit.de/ 2018/32/meteorologie-nordpol-sommer-hitze-trockenheit, Abruf 15.03.2024.
Internetdokument (ohne Autor)	Kurz-URL (Entnahmedatum). Institution: Titel des Dokuments. Untertitel. Vollständige URL, Entnahmedatum aus dem Internet.	https://de.wikipedia.org (14.03.2024). Wikipedia®: London. https://de.wikipedia.org/wiki/London, Abruf 14.03.1024.
KI-basierte Hilfsmittel (ChatGPT, DeepL usw.)	Name und ggf. Version des KI-Tools, bereitstellende Firma bzw. Organisation, URL des KI-Tools, Nutzungsaspekt, Datum der Kommunikation mit dem KI-Tool.	ChatGPT-3.5, OpenAI, https://chat.openai.com/ → Prompt „Was ist eine unmittelbare Kunstform?", Kommunikation 14.03.2024. (16)
Sonderfälle	siehe Seite 106	(8), (12), (13), (14), (15)

Tab. 7.5: Beispielhafte Einträge im Literatur- und Quellenverzeichnis nach dem naturwissenschaftlichen Belegverfahren

LITERATUR- UND QUELLENVERZEICHNIS EINER FACHARBEIT IM FACH BIOLOGIE

8 Literatur- und Quellenverzeichnis

Literatur

Brüning, A. (2005): Das Gute an der Seuche. Epidemien im Mittelalter förderten eine Genveränderung, die vor AIDS schützt. In: Berliner Zeitung, 31.03.2005, Wissenschaft, S. 15.

DAH/HAS (Deutsche AIDS-Hilfe e.V. und HIV-Arbeitskreis Südwest) (Hrsg.) (2003): HIV und AIDS. Ein Leitfaden für Ärzte, Apotheke, Helfer und Betroffene. 5. Auflage. Berlin: Springer. (12)

Hood, L. (1995): Biologie und Medizin im 21. Jahrhundert. In: Kevles, D. J./ Hood, L. (Hrsg.): Die genetische Karte des Menschen. Frankfurt a. M.: Insel, S. 156–183.

Kräusslich, H.-G./Müller, B. (2004): Wettrüsten gegen ein mörderisches Virus. In: Spektrum der Wissenschaft, 4, S. 34-41.

Modrow, S./Truyen, U./Schätzel, H. (2022): Molekulare Virologie. 4. Auflage. Heidelberg: Springer Spektrum.

Mölling, K. (1988): Das AIDS-Virus. Weinheim: VCH.

Wierz, V./Nürnberg, M. (Hrsg.) (2022): HIV-Infektion in der Pflege. Stuttgart: Georg Thieme Verlag KG.

Yarchoan, R. (ed.) (2014): Cancers in People with HIV and AIDS: Progress and Challenges. New York: Springer Science and Business Media. (8)

Internetquellen

Bertram, I. (2023): Geheilter „Düsseldorf-Patient": Was der Fall für die HIV-Forschung bedeutet. Stand: 20.02.2023. https://www.tagesschau.de/wissen/gesundheit/hiv-leukaemie-stammzellspende-101.html, Abruf 15.03.2024.

Gebhardt, U. (2023): Welt-Aids-Tag: Warum HIV die Weltgemeinschaft noch immer herausfordert. Stand: 01.12.2023. https://www.spektrum.de/news/welt-aids-tag-herausforderungen-und-offene-fragen/2200186, Abruf 14.03.2024.

Reiser, O. (o.J.): Impfstoff gegen AIDSVirus zeigt Wirkung? http://chemie-im-alltag.de/articles/0046/index.html, Abruf 15.03.2024. (13)

Stützle, J. (2023): Die Geschichten von sechs HIV-Patienten die heute virusfrei sind. Stand 01.12.2023. https://www.deutsche-apotheker-zeitung.de/news/ artikel/2023/12/01/die-geschichten-von-sechs-hiv-patienten-die-heute-virusfrei-sind, Abruf 14.03.2024.

https://de.wikipedia.org (12.03.2024a). Wikipedia®: AIDS. https://de.wikipedia.org/wiki/AIDS, Abruf 12.03.2024.

https://de.wikipedia.org (12.03.2024b). Wikipedia®: HIV. https://de.wikipedia.org/wiki/HIV, Abruf 12.03.2024. (14)

Sonstige Quellen

Hoffmann, T. und Cziepluch, C. (1994): AIDS. Aufbau, Vermehrung und Nachweis von HIV. VHS-Video. Heidelberg: Spektrum Akademischer Verlag. (15)

Hilfsmittel

ChatGPT-3.5, OpenAI: https://chat.openai.com/ (16)
→ Hilfe beim Identifizieren zentraler Suchbegriffe zu meinem Thema, Kommunikation 12.03.2024 und 13.03.2024.

DeepL Übersetzer, DeepL SE: https://www.deepl.com/de/translator
→ Übersetzung der Seiten 3 – 16 aus Yarchoan (2014), Kommunikation 14.03.2024.

Anmerkungen zu den Layoutvarianten 1 und 2

An dieser Stelle sei noch auf einige Sonderfälle bei der Gestaltung des Literatur- und Quellenverzeichnisses hingewiesen (→ Beispiele Seite 103 und 105):

- **Sonstige Quellen** (z. B. Video, CD-ROM, Interviews). Sie müssen in ähnlicher Weise im Quellenverzeichnis aufgeführt werden wie Textquellen. Wichtig ist: Mache möglichst genaue Angaben zur jeweiligen Quelle. ⑪, ⑮
- **KI-generierte Texte, Bilder und Übersetzungen**. Sie werden, da sie keinen realen Autor haben, unter der Überschrift *Hilfsmittel* aufgeführt. Dabei solltest du auch die Prompts angegeben, mit denen du die KI gefüttert hast. ⑯

Prompt = Input des Benutzers, zu dem die generative KI einen Output erstellt (→ Kapitel 2)

- **Institutionen**. Im laufenden Text kann die (offizielle) Abkürzung der Institution als Kurzbeleg genutzt werden. Im Quellenverzeichnis muss aber hinter der Abkürzung der vollständige Name in Klammern aufgeführt werden. ⑫
- **Quellen mit unvollständigen Angaben**. Ist bei einer Quelle der Name des Verfassers unbekannt, so schreibt man an dessen Stelle „o. V.“ (ohne Verfasser), fehlt der Erscheinungsort „o. O.“ (ohne [Erscheinungs]Ort) und fehlt eine Angabe zum Erscheinungsjahr „o. J.“ (ohne [Erscheinungs]Jahr). ⑬
- **Englischsprachige Quellen**. Bei diesen werden die deutschen Abkürzungen „Hrsg.“ (Herausgeber) und „S.“ (Seite) wie folgt ersetzt:
  - ed. = Editor, Einzahl ⑧
  - eds. = Editors, Mehrzahl
  - p. = page, Einzahl
  - pp. = pages, Mehrzahl. ⑧
- **Gleiche/r Autor/-in + gleiches Erscheinungsjahr**. Hast du von einer Autorin/einem Autor mehrere Werke mit gleichem Erscheinungsjahr zitiert oder mehrere Internetquellen mit gleicher Kurz-URL und gleichem Abrufdatum, so gilt
  - beim *naturwissenschaftlichen Belegverfahren*: Die Quellen erhalten hinter der Jahreszahl den Zusatz a, b, c usw. Sie werden diesem Zusatz entsprechend geordnet. ⑭
  - beim *geisteswissenschaftlichen Belegverfahren*: Das Ordnungskriterium ist hier der Titel des Werkes. Den Jahreszahlen werden keine Kleinbuchstaben hinzugefügt. ⑤
- **eBooks** werden im Literatur- und Quellenverzeichnis in gleicher Weise aufgeführt wie gedruckte Literatur. Allerdings sollte der Zusatz „eBook“ in Klammern hinter der Literaturangabe aufgeführt werden.

TIPP

Wähle in jedem Fall für das Literatur- und Quellenverzeichnis die gleiche Layoutvariante wie für die Belegangaben im Text. Hast du also z. B. bei den Belegangaben im Text die Autorennamen *kursiv*, in GROSSBUCHSTABEN oder KAPITÄLCHEN gesetzt, so musst du dies auch im Quellenverzeichnis tun.

Zitate und Quellenbelege

7

Quellen richtig zitieren und angeben

DIREKTE ZITATE MÜSSEN

- aussagekräftig sein
- den Originaltext wortwörtlich wiedergeben
- mit einem Quellenbeleg versehen werden
- in Facharbeiten in Anführungszeichen gesetzt werden
- in Referaten durch eine Eingangs- und Endfloskel gekennzeichnet werden

Sie dürfen max. 5 % des Gesamttextes ausmachen!

INDIREKTE ZITATE

- sind sinngemäße Übernahmen aus fremden Quellen
- fassen Fakten, Ideen, Gedanken aus einer/mehreren Quellen zusammen
- müssen in eigenen Worten formuliert sein
- müssen mit einem Quellenbeleg versehen werden
- werden nicht in Anführungszeichen gesetzt

QUELLENBELEGE

Naturwissenschaftliches Belegverfahren (Harvard-Verfahren):

- Quellenangabe als Kurzbeleg im laufenden Text
- Literatur: Nachname Autor/-in + Jahr der Veröffentlichung + ggf. Seite (n)
- Internetquelle mit Autor: Nachname Autor/-in + Jahr der Veröffentlichung + ggf. Seite (n)
- Internetquelle ohne Autor: Kurz-URL und Datum der Entnahme aus dem Netz

Geisteswissenschaftliches Belegverfahren (Deutsche Zitierweise):

- Ursprungsquellen in Fuß- oder Endnoten angeben
- bei erster Angabe einer Quelle alle relevanten Quellenmerkmale aufführen (Vollbeleg)
- bei weiteren Angaben derselben Quelle Angaben wie beim naturwissenschaftlichen Belegverfahren (Kurzbeleg)

Wichtig: Hast du eine generative KI genutzt, gib sie als Hilfsmittel an!

LITERATUR- UND QUELLENVERZEICHNIS

- steht am Ende einer Facharbeit bzw. eines Referat-Handouts
- listet alle zitierten Quellen in alphabetischer Reihenfolge der Autorennamen auf
- muss für jede Quelle möglichst vollständige bibliografische Angaben enthalten

8 Eigene Forschungsarbeit

Du hast den Drang, Dingen auf den Grund zu gehen? Du willst lieber selbst aktiv sein, als dich durch einen Stapel von Büchern zu lesen? Deine Schule oder Fachlehrkraft lassen in Zeiten generativer KI reine Literaturarbeiten nicht mehr zu oder du möchtest den Verdacht, deine Arbeit sei von einer KI geschrieben worden, minimieren?
In all diesen Fällen ist für dich eine Facharbeit die Richtige, bei der du selbst forschend tätig werden kannst. Egal, ob du dabei im Labor arbeitest, eine Kartierung oder Umfrage durchführst oder Zeitzeugen interviewst – stets gelten für Planung, Durchführung, Auswertung und Dokumentation deiner Forschungsarbeit die gleichen Regeln. Und die stellt dir Kapitel 8 vor.

8.1 Vorüberlegungen

Die Möglichkeit zu eigener Forschung bietet sich prinzipiell in allen Fächern. Bevor du jedoch ein Thema wählst, dessen Bearbeitung eigene Forschungstätigkeit erfordert, solltest du überlegen, ob diese Wahl für dich auch die Richtige ist. Denn Forschungsarbeiten haben eine Reihe markanter Vor- wie auch Nachteile.

Vorteile

- Eigene Forschung beinhaltet einen hohen Motivationseffekt. Es macht in der Regel Spaß, sie zu planen, durchzuführen und die Ergebnisse auszuwerten.
- Sie ermöglicht die praktische Einübung von Methoden, die in der Schule ansonsten eher selten angewendet werden.
- Sie bereiten auf ein Studium vor. Arbeiten mit einem Anteil eigener Forschung entsprechen forschungsorientierten Seminar- und Abschlussarbeiten, wie man sie in vielen Fächern an der Hochschule zu erstellen hat.

Nachteile

- Eigene Forschungsarbeit muss sorgfältig geplant und durchgeführt werden.
- Sie ist in vielen Fällen deutlich zeitaufwendiger als eine reine Literaturarbeit.
- Sie kann zu einem nicht befriedigenden Ergebnis führen oder sogar ganz fehlschlagen. Man benötigt also eventuell eine hohe Frustrationstoleranz.
- Man muss hier oftmals Arbeitstechniken anwenden, die zuvor im Schulalltag noch nicht besonders intensiv eingeübt worden sind (anders als die Auswertung schriftlicher Quellen) und darf sich dabei von der ungewohnten Arbeitssituation nicht verunsichern lassen.

8.2 Genereller Ablauf

Bei forschungsorientierten Referaten und Facharbeiten steht nicht die Auswertung von Textquellen, sondern die Gewinnung und Auswertung eigener Forschungsergebnisse im Mittelpunkt. Hier geht es darum, eine aufgeworfene Forschungsfrage bzw. ein Ausgangsproblem mithilfe eigener Untersuchungen, Befragungen oder anderer praktischer Arbeiten zu beantworten bzw. zu lösen.

Systematisch vorgehen

Dabei geht man prinzipiell in fünf Schritten vor:

- **Schritt 1 – Problembenennung**. Ausgangspunkt kann z. B. ein bestimmter Text, eine Fernsehsendung, eine Alltags- oder Unterrichtssituation sein. Hier taucht eine Frage oder ein klar umgrenztes Problem auf. Diese Frage bzw. dieses Problem wird nun präzise formuliert *(= Forschungsfrage, wissenschaftliche Fragestellung)*. Beispiele wären etwa: „Wie hat sich der Unterricht an meiner Schule im Fach Deutsch in den letzten 30 Jahren verändert?“ oder „Welche heimischen Obstsorten haben den höchsten Vitamin-C-Gehalt?“
- **Schritt 2 – Planung**. Ist die Forschungsfrage formuliert, so muss man nun die Schritte planen, mit denen man zu einer Antwort auf diese Frage gelangt. In manchen Fällen wird man dazu zunächst Vermutungen über mögliche Antworten anstellen *(= Lösungshypothese(n) erstellen)*. Dann formuliert man das Forschungsziel, wählt die geeignete Forschungsmethode und legt den Forschungsablauf fest (Arbeitsplan, → Seite 112 ff.).
- **Schritt 3 – Durchführung**. Nun werden die zuvor geplanten Arbeitsschritte unter Anwendung der gewählten Forschungsmethoden durchgeführt. Die Ergebnisse werden in geeigneter Form festgehalten (schriftlich, filmisch, als Skizze, in einem Tondokument usw.).
- **Schritt 4 – Aufbereitung und Auswertung der Ergebnisse**. Mithilfe geeigneter Verfahren werden die erhalten Forschungsergebnisse (Rohdaten) ausgewertet. Dazu gehört ggf. auch deren Umarbeitung (z. B. Transfer von Interviewmitschnitten in einen gedruckten Text) oder Aufbereitung (z. B. Zusammenfassung der Rohdaten und grafische Darstellung der zusammengefassten Werte).
- **Schritt 5 – Nutzung der Ergebnisse**. Im letzten Schritt werden die ermittelten Forschungsergebnisse dazu genutzt,
  - die Ausgangsfrage zu beantworten/das Ausgangsproblem zu lösen;
  - die im Schritt 2 formulierten Hypothesen zu bestätigen (verifizieren) oder zu widerlegen (falsifizieren);
  - ggf. bekannte Regeln/Theorien zu bestätigen;
  - ggf. eine Verallgemeinerung der Ergebnisse vorzunehmen und daraus eine neue Regel oder Gesetzmäßigkeit abzuleiten;
  - ggf. neue Problemfragen aufzuwerfen.

8.3 Planung

Forschung muss, auch um zeitliche Fehleinschätzungen zu vermeiden, sorgfältig geplant werden. Diese Planung beinhaltet drei Schritte:

1. Forschungsziel formulieren

Am Beginn der Arbeit steht in der Regel einer der folgenden vier Ausgangspunkte:
- ein aufgeworfenes Problem
- eine aufgetauchte Frage
- eine aufgestellte Hypothese
- ein konkreter Forschungsauftrag.

Lege hiervon ausgehend dein Forschungsziel fest. Formuliere dazu eine konkrete **Forschungsfrage**, also eine Frage, die du mithilfe deiner Forschung beantworten möchtest. Eine gute Forschungsfrage ist:
- eine W-Frage (wie, wer, wo, warum ...);
- offen gestellt, also keine Ja-Nein-Frage;
- nicht zu weit und nicht zu eng gefasst;
- in einem Satz formuliert;
- so formuliert, dass ihre Beantwortung Forschungsarbeit erfordert;
- für dich spannend zu bearbeiten.

Folgende Überlegungen können dir helfen, eine gute Forschungsfrage zu finden:
- Was willst du konkret mit deiner Forschungsarbeit erreichen?
- Was soll konkret überprüft oder nachgewiesen werden?
- Was willst du beweisen oder widerlegen?

Halte die Forschungsfrage schriftlich fest (z. B. im Arbeitstagebuch → Seite 14 f.).

2. Geeignete Forschungsmethode(n) wählen

Überlege nun im zweiten Schritt, wie du das gesteckte Forschungsziel erreichen, also deine Forschungsfrage beantworten kannst. Leitfragen können hierbei sein:
- Welche Forschungsmethode ist geeignet, dir Informationen/Daten/Fakten zur Beantwortung deiner Forschungsfrage zu liefern?
- Welche konkreten Arbeitsschritte müssen unternommen werden?
- Wie sieht eine sinnvolle Reihenfolge dieser Arbeitsschritte aus?

Zur Beantwortung der ersten Fragen solltest du
- überlegen, welche Arbeitsmethoden dir aus dem Unterricht bekannt sind.
- dich in der Fachliteratur über mögliche Methoden, Versuchsansätze, Experimente usw. informieren.
- ggf. die betreuende Lehrkraft um Hilfestellung bitten.

Methoden für die eigene Forschungsarbeit sind unter anderem:

- **Beobachtungen und Untersuchungen**, z. B.
  - Beobachtung und Dokumentation einer Mondfinsternis
  - Beobachtung des Sozialverhaltens in einer Kindergartengruppe
  - Analyse der Effizienz ausgewählter Suchmaschinen im Internet
  - Vogelbeobachtungen in einem Waldgebiet
  - Untersuchung chemischer Parameter in einem Baggersee
  - Untersuchung der Bodengegebenheiten in zwei Waldarealen
- **Experimente**, z. B .
  - Experimente zu Beugung und Interferenz von Licht
  - Experimente zur Ermittlung der Fotosyntheseleistung von Blaualgen bei Licht verschiedener Wellenlängen
  - Experimente zur Ermittlung des Nitratgehaltes von Nahrungsmitteln
- **Bau eines Modells und Modellreflexion**, z. B. Bau und Reflexion eines Modells
  - zur Funktionsweise eines quergestreiften Muskels
  - zur Simulation von Starkregenfolgen im Gebirge bei unterschiedlicher Hangneigung und Bodenbedeckung
- **Begehungen, Erkundungen, Kartierungen**, z. B.
  - Begehung eines Öko-Winzerbetriebes
  - Erkundung des Arbeitsablaufes in der Lokalredaktion einer Tageszeitung
  - Kartierung der Geschäfte in der Innenstadt von …
  - Kartierung des Pflanzenbestandes zweier von ihren Bodengegebenheiten her unterschiedlicher Brachflächen
- **Umfragen**, z. B.
  - Umfrage unter den Besuchern eines Weihnachtsmarktes zu dessen Angebot und Attraktivität
  - Umfrage unter Busfahrgästen hinsichtlich ihrer Fahrgewohnheiten und ihrer Meinung zur Qualität des ÖPNV in ihrer Heimatstadt
  - Umfrage unter Passanten zur Interpretation eines ausgestellten Kunstwerks
  - Umfrage unter den Kunden eines Reisebüros über deren Vorstellungen von einem idealen Urlaubsziel
- **Expertenbefragungen und Interviews**, z. B.
  - Befragung von Lokalpolitikern zum Flächennutzungsplan …
  - Befragung zweier Professoren der Universität … zu den Möglichkeiten und Problemen einer Zusammenarbeit von Universität und Industrie
  - Befragung eines Ingenieurs der Firma … zu den von der Firma gefertigten Windrädern, zu deren Aufstellung und möglichen Nutzungsproblemen
  - Befragung eines Försters zu den Waldschäden im Revier …
  - Interviews mit Zeitzeugen zur Lernsituation am …-Gymnasium um 1960
  - Interviews mit Schülern/-innen einer Partnerschule im Ausland zu den Lernbedingungen vor Ort per Messenger-Dienst (in der Landessprache)

Experimentelles Arbeiten ist einerseits eine Methode, die sehr viel Spaß machen kann, andererseits ist es mitunter mühsam, zu verwertbaren Ergebnissen zu kommen.

- **Auswertung von Archivmaterial und Originalquellen**, z. B.
  - Auswertung von Dokumenten zur Baugeschichte der Stadtkirche im Kirchenarchiv und im Archiv der Heimatstadt
  - Auswertung von Tagebuchaufzeichnungen der Großmutter aus den Jahren 1945–1955 zur Lebenssituation in den Gründerjahren der BRD bzw. DDR
  - Auswertung von Tagesschauberichten zu Afrika, die vom 1.2. bis 14.2. ausgestrahlt wurden, wurden, hinsichtlich Thematik und Intention
  - Auswertung eines aktuellen, bisher noch nicht sprachlich untersuchten Buches unter einer bestimmten sprachtheoretischen Fragestellung
  - Analyse der filmischen Umsetzung des Buches … von … im gleichnamigen Film des Regisseurs …

3. Den Ablauf der Forschungsarbeit planen

Hast du dich für eine oder mehrere Methoden entschieden, mit deren Hilfe du dein Forschungsziel erreichen willst, so kannst du dich an die Planung der notwendigen Arbeitsschritte machen. Das Ergebnis deiner Überlegungen sollte ein konkreter **schriftlicher Arbeitsplan** sein, in dem du die methodischen, technischen und zeitlichen Aspekte deiner geplanten Forschungsarbeit festhältst.
Die Beantwortung der in der Liste auf → Seite 114 aufgeführten Fragen kann dir bei der Erstellung deines Arbeitsplanes helfen. Auf der gegenüberliegenden Seite ist ein beispielhafter Ausschnitt aus einem solchen Arbeitsplan dokumentiert.

TIPP

Du solltest eine Kopie dieses Planes gut sichtbar in der Nähe deines Schreibtisches aufhängen – als Gedächtnisstütze für eventuelle Fixtermine.

Noch einige Hinweise:

- Du kannst den Arbeitsplan in deinem Arbeitstagebuch, einem separaten Forscherheft oder mithilfe einer entsprechenden Planungsapp auch in deinem Smartphone oder Tablet festhalten.
- Der Arbeitsplan bildet die Richtschnur für deine Forschungsarbeit. Er ist aber nicht unumstößlich, sondern muss bei auftretenden Problemen immer wieder neu der jeweiligen Situation angepasst werden.
- Falls du auf die Mithilfe von Lehrkräften, Hausmeistern, Experten oder Zeitzeugen angewiesen bist, solltest du den Plan mit diesen Personen abstimmen.
- Halte die abgesprochene Zeitplanung dann auch ein!
- Als „Service“ für die Personen, deren Assistenz du benötigst, kannst du ihnen eine schriftliche Übersicht über die Termine zusammenstellen, an denen ihre Hilfe gewünscht bzw. notwendig ist.

BEISPIEL: ERSTE SEITE EINES ARBEITSPLANES IM FACH BIOLOGIE

Arbeitsplan zur Untersuchung von Revierverhalten und Kommunikation bei Kampffischen (Betta splendens)

Vorbereitung

21.5. Aufstellen zweier großer Aquarien (aus Schule) in der Biologiesammlung direkt nach dem Unterricht. Frau Dr. Müller schließt auf. Ausmessen der Aquarien für Plastiktrennwände und Pappe. Nachmittags besorgen von schwarzer Pappe und Klebeband (zum Abdunkeln Aquarien außen) und von schwarzen Plastikschubern zum Unterteilen der Aquarien (→ Bürobedarfshandlung Sauser). Bestellung von vier Kampffischmännchen und zwei Kampffischweibchen in Zoohandlung Gluck.

22.5. ab 15.00 Uhr Einrichten Aquarien. Frau Dr. Müller schließt auf und hilft falls notwendig. Anbringen von Führelementen für Aquarienunterteilung (Material Biologiesammlung; Silikonkleber mitbringen aus Vaters Werkkeller). Unterteilen Aquarien in drei gleich große Abteilungen durch Plastiktrennwände in Führelementen. Abkleben der Aquarien außen mit schwarzer Pappe um Störungen von außen auszuschalten. Einrichten der Aquarien (Pumpen + Heizungen + Dreifachstecker aus Schule). Keine Bepflanzung.
Bereitlegen von Kescher und Glasstäben (Biologiesammlung).

23.5. nachmittags Abholen Kampffische in Zoohandlung Gluck. Futter mitbringen. Kosten: Biologieetat/ich 50 : 50. Hausmeister Kruse schließt Biologiesammlung um 16.00 Uhr auf. Einsetzen der Kampffische in die Aquarien. Einsetzschema:

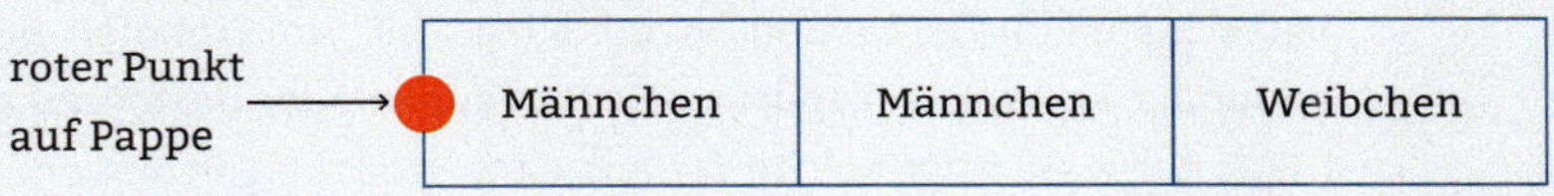

25.5. 15.30 Uhr Installation Digital-Videokamera + Beleuchtung auf Stativ (Kamera, Lampen, Stative aus Schule). Probeaufnahmen. Frau Dr. Müller schließt auf. Fütterung Kampffische jeden Morgen vor Unterricht. Am Abend und am Wochenende füttert Hausmeister Kruse.

26.5. zu Hause Spiegel in eingekerbten Rohrstock einpassen und befestigen für Attrappenversuche (Material Werkkeller Vater)

Untersuchung

29.5. 15.00 Uhr Treffen mit Frau Dr. Müller vor Biologiesammlung. Beobachtung Ruheverhalten der Kampffische in den Abteilungen der Aquarien. Je Kampffisch 10 min. Achten auf Bewegung, Körperhaltung, Flossenschlag, Farbe, Kiemen.
Dokumentation: Videokamera + Diktiergerät (Smartphone) + Forscherheft.

30.5. 15.00 Uhr Treffen mit Hausmeister Kruse vor Biologiesammlung. Untersuchung Verhalten Kampffischmännchen bei gegenseitiger Sichtung. Bereitlegen Kescher und Glasstäbe. Herausziehen Trennwände zwischen den Männchen im ersten Aquarium. Beobachten.
Fragen zur Beobachtung:
- Wie schnell reagieren Männchen aufeinander?
- Wie sehen die Reaktionen aus?

Eine Liste hilfreicher Fragen beim Erstellen eines Arbeitsplanes

- Welche **Hilfsmittel** werden benötigt (z. B. Geräte und Materialien für Experimente, Mikroskop mit Fotoaufsatz, Smartphone zur Dokumentation usw.)? Welche dieser Hilfsmittel stellt die Schule bereit, um welche musst du dich selbst kümmern? Wo kannst du diese ggf. besorgen?
- Welche **Kosten** fallen an (z. B. für Fahrten, den Kauf von Versuchstieren, Geräten oder Chemikalien)? Wer trägt diese Kosten – die Schule, Sponsoren, du selbst?
- Welcher **Zeitrahmen** ist für die einzelnen Arbeitsschritte anzusetzen? Plane hier großzügig. Kalkuliere ein, dass Experten oder Zeitzeugen, die du befragen willst, unter Umständen einen vollen Terminkalender haben oder in Urlaub fahren, dass Begehungen/Kartierungen beim ersten Mal wegen schlechten Wetters abgebrochen werden müssen oder Experimente schiefgehen und wiederholt werden müssen.
- Welche **Zeitvorgaben** sind zu beachten? Willst du in Archiven arbeiten, so erkundige dich frühzeitig nach deren (manchmal recht ungewöhnlichen) Öffnungszeiten. Kläre ggf. ab, in welchem Zeitfenster Beobachtungen möglich oder Umfragen sinnvoll sind. Behalte schließlich auch die insgesamt für die Facharbeit/das Referat zur Verfügung stehende Erstellungszeit im Auge!
- Benötigen einzelne Arbeitsschritte **Vorlaufzeiten**? Dies könnten z. B. sein: Bestellzeiten für Geräte und Chemikalien, Zeit zum Einholen einer Umfrageerlaubnis, Zeit zum Aufspüren von Zeitzeugen oder Bestellzeit für benötigte DVDs. Berücksichtige solche Vorlaufzeiten großzügig in deiner Zeitplanung.
- **Bei Arbeiten in der Schule:** Wie erhalte ich am Nachmittag oder am Wochenende Zugang zu Material und Fachräumen? Muss die betreuende Lehrkraft während meiner Experimente und Untersuchungen anwesend sein? Falls ja, sollte der Arbeitsplan eng mit der Lehrerin oder dem Lehrer abstimmt werden.
- Welche **rechtlichen Probleme** könnten auftreten und müssen vor Beginn der Forschungsarbeit geklärt werden? Müssen z. B. Genehmigungen für Probeentnahmen, Begehungen, Kartierungen, Befragungen und Umfragen eingeholt werden? Geben Zeitzeugen die Erlaubnis zur Verwendung von Foto- und Tonmaterial, das du bei deinen Interviews aufgenommen hast? Gilt diese Erlaubnis für deine Facharbeit inklusive einer eventuellen öffentlichen Präsentation? Lass dir die Erlaubnis schriftlich bestätigen!
- Welche **Sicherheitsstandards** musst du einhalten? Diese Frage ist vor allem bei Experimenten in den Fächern Biologie, Chemie und Physik bedeutsam.
- Wie willst du die **Ergebnisse** deiner Forschung **erfassen und festhalten**? Neben der in jedem Fall sinnvollen Führung eines Forscherheftes (→ Seite 115 f.) bieten sich hier unter anderem an: Computerausdrucke, Fotos, Videofilme, Tonaufzeichnungen, Protokollblätter, Fragebögen und Kartenskizzen.

8.4 Durchführung

Die konkrete Durchführung deiner Forschungsarbeit wird je nach Thema und gewählter Methode sehr unterschiedlich aussehen. Allen Forschungsarbeiten gemeinsam ist aber die Notwendigkeit, deren Verlauf und Ergebnis sorgfältig zu dokumentieren.

Dokumentation

Die möglichst genaue Dokumentation der Ergebnisse ist bei eigener Forschungsarbeit deshalb so wichtig, weil die Informationsquellen hier äußerst vergänglich sind: Ein Tier wiederholt das einmal beobachtete Verhalten nicht unbedingt. Eine Umfrage kann eventuell kein zweites Mal durchgeführt werden. Zeitzeugen können wegziehen oder versterben. Daher gilt bei eigener Forschung:
Was man nicht protokolliert oder sonst wie festhält, ist oft für immer verloren.

Für die Dokumentation deiner Forschungsarbeit heißt dies:

- Die Dokumentation sollte möglichst detailliert erfolgen. Man kann nicht zu viele Informationen, wohl aber zu wenige festhalten!
- Insbesondere bei der schriftlichen Dokumentation ist darauf zu achten, Forschungsergebnisse wertungsfrei zu dokumentieren. Was zunächst zählt, sind Fakten und Daten. Erst im nächsten Schritt werden die Fakten und Daten dann ausgewertet und interpretiert.
- Festgehalten werden müssen:
  - Forschungsziel bzw. Forschungsfrage;
  - der Arbeitsplan;
  - während der Durchführung der Forschung alle Abweichungen vom vorgesehenen Arbeitsplan und deren Gründe; diese Informationen benötigst du unter anderem für eine spätere Fehlerdiskussion;
  - Besonderheiten im Forschungsablauf wie z. B. besonders gelungene Arbeitsschritte, aber auch Störfaktoren und Fehlschläge;
  - die Ergebnisse deiner Forschungsarbeit.
- Dokumentiere Relevantes möglichst zeitnah, das heißt nicht erst eine Woche später aus dem Gedächtnis.
- Versieh jede dokumentierte Information mit einem Datum (und, sofern von Bedeutung, auch der Uhrzeit). Häufig ist dies bei der späteren Auswertung eine wichtige Hilfe.

Dokumentationsmedien und Dokumentationsverfahren

- Das **Arbeitstagebuch** (→ Seite 14 f.) oder ein entsprechendes „**Forscherheft**". Hierunter versteht man einen Collegeblock oder ein gebundenes Heft, in dem alle Forschungsschritte schriftlich sowie in Form von Skizzen, Zeichnungen usw. festgehalten werden. Neben dem Forschungsverlauf und den Forschungsergebnissen kannst du hier auch bereits Auswertungs- und Interpretationsideen, persönliche Anmerkungen und Verbesserungsvorschläge notieren.

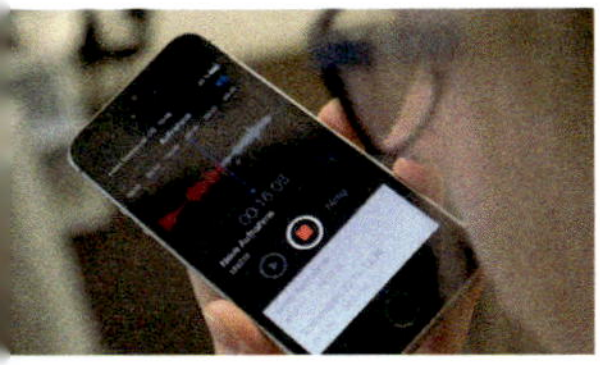

- Interviews, Expertenbefragungen, Umfragen und Beobachtungen kannst du am einfachsten per **Smartphone, Videokamera** oder **Tonträger** dokumentieren. Insbesondere bei Interviews bietet dieses Verfahren den Vorteil, dass man die Antworten später in aller Ruhe abschreiben kann, ohne befürchten zu müssen, beim Mitschreiben entscheidende Aspekte zu verpassen.
- Wichtig ist es, dabei auf gute Tonqualität zu achten. Du solltest dir der Tonqualität des vorgesehenen Aufnahmegerät, also z. B. deines Smartphones oder Tablets (→ Kapitel 1.5), sicher sein. Mache ggf. vor Beginn des Interviews oder der Befragung eine Tonprobe.

- Für eine Dokumentation in Form von Bildern kommen Fotos und Videoaufnahmen infrage. Besonders unkompliziert ist hier der Einsatz der Kamera des eigenen Smartphones oder Tablets. Nutzt du hingegen ein unbekanntes Gerät, so solltest du dich vorab mit dessen Technik vertraut machen.
- Neben den zuvor genannten gibt es je nach Art der Forschungsarbeit noch **weitere Dokumentationsmedien:** Karten und Kartenskizzen, Fragebögen, Ausdrucke einer Kommunikation per E-Mails, Dateien auf CD-ROM oder Memory-Stick usw.

Hinweise zu ausgewählten Forschungsmethoden

Experimente

- **Exaktes Arbeiten** ist hier oberstes Gebot. Dies gilt für die genaue Beschriftung benutzter Glasgeräte ebenso wie für das Abwiegen von Chemikalien.
- Fertige von deinem Versuchsaufbau **beschriftete Skizzen** und ggf. **Fotos** an.
- Die Ergebnisse deiner Experimente müssen reproduzierbar sein. Halte dich daher genau an die Versuchsplanung/Versuchsvorschriften. Abweichungen musst du genau beschreiben. Du solltest sie zudem begründen.
- Beachte die **Sicherheitsstandards** insbesondere beim Umgang mit Elektrizität, Radioaktivität und Chemikalien.
- Entsorge Chemikalien und Abfälle fachgerecht. Frage in Zweifelsfällen bei der betreuenden Lehrkraft nach.
- Nutze zur **Dokumentation der Ergebnisse** ggf. ein Protokollschema (→ Seite 117). Dies ermöglicht eine übersichtliche Dokumentation der Versuchsergebnisse und erleichtert deren spätere Auswertung. Vermerke auf jedem Protokollblatt Datum und Uhrzeit bzw. die Versuchsnummer als Ordnungsinformationen. Zudem auch die Rahmenbedingungen des jeweiligen Versuches und Besonderheiten der Versuchsanordnung.

BEISPIEL : PROTOKOLLSCHEMA, EINFACH

Datum: ____________________ Versuchsnummer: ____________________

Rahmenbedingungen des Versuches: ____________________

____

Besonderheiten/Abweichungen vom Versuchsplan:

____

____

Temperatur Wasserbad	Startzeit	Färbung nach 1′	Färbung nach 5′	Färbung nach 10′

Tierbeobachtungen/-untersuchungen zu Hause und in der Schule

- Achte auf eine möglichst artgerechte Haltung der Tiere. Halte die Tierschutzbestimmungen ein.
- Denke daran: Die Tiere sind an erster Stelle Lebewesen und erst an zweiter Stelle Versuchsobjekte!
- Sorge für eine regelmäßige Fütterung und die Säuberung der Halteboxen, Aquarien usw.

Umfragen

- **Genehmigung einholen**. Für Umfragen benötigst du in vielen Fällen eine Erlaubnis: in der Schule vom Schulleiter, in der Stadt/Gemeinde vom Ordnungsamt usw. Du solltest diese auch in schriftlicher Form bei dir tragen, um auf eventuelle Nachfragen direkt reagieren zu können.
- Lege das Ziel deiner Umfrage fest und richten dann den Fragenkatalog an diesem Ziel aus.
- **Fragenkatalog gestalten**. Für den Fragenkatalog gilt:
  - Der Wortlaut der Fragen muss vor Beginn der Umfrage festgelegt werden.
  - Nutze ggf. **Künstliche Intelligenz**, um dir einen Katalog von Fragen vorschlagen zu lassen, aus dem du dann die geeigneten auswählst, bzw. die du entsprechend deinen Vorstellungen umformulierst.
  - Wichtig für mündlich durchgeführte Umfragen: Allen Befragten müssen die gleichen Fragen im gleichen Wortlaut gestellt werden. Unterschiedliche Formulierungen können zu einer Verfälschung der Ergebnisse führen.

- Formuliere deine Fragen klar und eindeutig. Vermeide missverständliche Begriffe und Formulierungen. Eine uneindeutige Frage ist z. B.: „Kaufen Sie gerne hier ein?“ (→ Was ist unter „gerne“ zu verstehen?)
- Vermeide Suggestivfragen („Sie sind doch auch der Meinung, dass …“).
- Standardisierte Fragen mit vorgegebenen Antwortalternativen (→ Fragebogen Seite 119) liefern leicht auszuwertende Ergebnisse, engen aber andererseits die Antwortspielräume der Befragten stark ein.
- Die Antwortalternativen können mit Kästchen zum Ankreuzen oder in tabellarischer Form vorgegeben werden (→ Seite 119). Beide Formen ermöglichen eine schnelle Auszählung der Antworten.
- Achte darauf, die Meinungsvielfalt der Befragten nicht durch zu wenige Antwortvorgaben einzuengen. Gib also nicht nur „hoch – niedrig“ vor, sondern besser eine Skala zwischen 1 (niedrig) und 6 (hoch).
- Gib jedoch nicht zu viele Antwortmöglichkeiten vor. Dies führt bei den Befragten zur Verwirrung und bedeutet einen hohen Auswertungsaufwand.
- Bei offenen Fragen wie z. B. „Warum haben Sie Köln als Reiseziel gewählt?“ erhältst du eine Vielzahl an Antworten, deren Auswertung unter Umständen schwierig und zeitaufwendig ist. Dafür überraschen sie oftmals.

➲ **Protokoll erstellen.** Halte die Antworten der Befragten genau fest:
- Bei schriftlichen Befragungen ist dies bereits durch die ausgefüllten Fragebögen gegeben.
- Bei mündlich durchgeführten Umfragen mit vorgegebenen Antwortalternativen bietet sich eine Protokollierung in Form von Strichlisten an.
- Hierzu solltest du ein vorbereitetes Protokollblatt benutzen, auf dem die Fragen und Antwortalternativen vermerkt sind (→ Seite 119). Vorteil: Du kannst die Fragen ablesen und die Antworten durch Ankreuzen der entsprechenden Antwortalternativen protokollieren.
- Stellst du offene Fragen, ist die Protokollierung der Antworten auf Tonträgern sinnvoll. So erhältst du jede Antwort im Wortlaut zur Auswertung. Nutze hier die Rekorder-/Diktiergeräte-App deines Smartphones/Tablets.

➲ **Erfassung persönlicher Daten der Befragten.** Überlege vorab, ob es für deine Arbeit notwendig ist, Alter, Geschlecht, Familienstand, Beruf oder Einkommen der Befragten zu erfassen. Oft führen Fragen zur persönlichen Lebenssituation und erst recht die Angabe des Namens zu einer Abwehrhaltung und mindern die Bereitschaft der Befragten, weitere Fragen zu beantworten.
Glaubst du, auf die Erfassung persönlicher Daten nicht verzichten zu können, so solltest du diese erst am Ende der Befragung erheben (→ Seite 119).

➲ **Sich vorstellen.** Informiere die Befragten vorab über deinen Status und das Ziel der Umfrage („Ich bin Schüler der …-Schule und führe für meine Facharbeit eine Befragung zum Thema … durch.“). Sichere ihnen die Anonymität ihrer Antworten zu.

BEISPIEL: FRAGEBOGEN IM FACH GEOGRAPHIE ZUM THEMA „VERKEHR UND VERSORGUNG“

Mündliche Umfrage zum Einkaufsverhalten in Dudelstadt am 03.04.2024

Befragte/r Nummer: ______________________

1) Aus welcher Stadt bzw. Gemeinde kommen Sie? ______________________

2) Wie sind Sie zu Ihrem heutigen Einkauf in Dudelstadt angereist?
   - ◻ zu Fuß ◻ Fahrrad ◻ Pkw ◻ Bus ◻ Bahn ◻ Sonstiges

3) Falls Sie mit dem Auto angereist sind, auf welchem Parkplatz parken Sie?
   - ◻ Buschheide ◻ Geistergasse ◻ Rosenschanze ◻ Parkstreifen an Straße

4) Falls Sie mit dem Auto angereist sind, wie bewerten Sie die Höhe der Parkgebühren auf den Parkplätzen in Dudelstadt?
   - ◻ viel zu hoch ◻ zu hoch ◻ angemessen ◻ zu niedrig ◻ viel zu niedrig

5) Falls Sie mit dem Auto angereist sind, hatten Sie vor Fahrtantritt bereits Kenntnis über das kostenlose Park-and-ride-Angebot in Dudelstadt (von/bis Parkplatz Buschheide an der Autobahnabfahrt)? ◻ Ja ◻ Nein

6) Haben Sie das Park-and-ride-System heute genutzt? ◻ Ja ◻ Nein

7) Welche Waren beabsichtigen Sie bei Ihrem heutigen Einkauf in Dudelstadt zu kaufen?
   - ◻ Lebensmittel
   - ◻ Sonstige Textilwaren
   - ◻ Brillen/Uhren/Schmuck
   - ◻ Radio- und Fernsehartikel
   - ◻ Möbel
   - ◻ Sportartikel
   - ◻ Sonstiges
   - ◻ Kleidung
   - ◻ Schuhe
   - ◻ Bücher
   - ◻ Computer
   - ◻ Körperpflegeartikel/Parfüm
   - ◻ Reisen im Reisebüro

8) Wie häufig kommen Sie nach Dudelstadt zum Einkaufen?
   - ◻ 1 x pro Jahr ◻ 2 – 5 x pro Jahr ◻ 6 – 11 x pro Jahr ◻ 1 x im Monat
   - ◻ Häufiger als 1 x im Monat

9) Welche Waren haben Sie bei Ihren Einkäufen in Dudelstadt in den letzten zwei Jahren gekauft?
   - ◻ Lebensmittel
   - ◻ Sonstige Textilwaren
   - ◻ Brillen/Uhren/Schmuck
   - ◻ Radio- und Fernsehartikel
   - ◻ Möbel
   - ◻ Sportartikel
   - ◻ Sonstiges
   - ◻ Kleidung
   - ◻ Schuhe
   - ◻ Bücher
   - ◻ Computer
   - ◻ Körperpflegeartikel/Parfüm
   - ◻ Reisen im Reisebüro

10) Geschlecht: ◻ weiblich ◻ männlich ◻ divers

11) Alter: ______________________

- Akzeptiere es, wenn jemand nach deinen einleitenden Worten erklärt, nicht befragt werden zu wollen.
- **Größe der Befragtengruppe**. Wähle die Zahl der Befragten nicht zu klein. Damit die Ergebnisse signifikant (= nicht zufällig) sind, ist eine statistisch ausreichende Größe der Befragtengruppe notwendig.
- **Testlauf**. Probiere deine Fragen eventuell vor der eigentlichen Umfrage an Bekannten oder Verwandten aus. Beseitige festgestellte Unklarheiten.
- Bitte ggf. die betreuende Lehrkraft um Mithilfe bei der Erstellung des Fragenkatalogs.

Interviews und Expertenbefragungen

- **Vorabinformation**. Nimm möglichst bereits einige Zeit vor dem geplanten Interviewtermin Kontakt mit deiner Interviewpartnerin/deinem Interviewpartner auf. Informiere diese/n über deinen Interviewwunsch und dessen Hintergrund (Thema der Facharbeit/des Referates …).
- **Terminabsprache**. Vereinbare mit der Gesprächspartnerin/dem Gesprächspartner einen konkreten Termin für das Interview. Halte diesen dann auch ein!
- **Vorbereitung**. Bereite dich intensiv auf das Interview vor:
  - Informiere dich im Vorfeld über deine Gesprächspartnerin/deinen Gesprächspartner und alle Sachaspekte, die du im Interview ansprechen möchtest. Bist du uninformiert, so wirkst du als Interviewführender hilflos.
  - Plane deine Gesprächsführung. Überlege dir vorab die Fragen, die du stellen willst. Nutze ggf. auch **Künstliche Intelligenz**, um dir geeignete Fragen vorschlagen zu lassen. Es empfiehlt sich die Anlage eines Interviewfragebogens, der dir als Interviewer hilft, deine Fragen gut formuliert und in der richtigen Weise zu stellen, keine der geplanten Fragen zu vergessen und ggf. wichtige Antwortaspekte direkt zu notieren.
  - Kontrolliere dein Equipment. In der Regel wirst du das Interview mit einen Tonaufzeichnungsgerät festhalten. Auch hierfür bietet sich das Smartphone/Tablet an. Überprüfe dessen Funktionstüchtigkeit und Speicherplatz.
- Notiere zu Beginn des Interviews Datum, Uhrzeit und Ort.
- Interviews verlangen eine intensive Zusammenarbeit zwischen Fragendem und Befragten. Sie können prinzipiell in eher starrem Rahmen oder relativ offen geführt werden.
- **Offen geführte Interviews**.
  - In einem offen geführten Interview formulierst du deine Fragen eher unspezifisch oder gibst lediglich Gesprächsimpulse. Du nimmst dich damit als Interviewer zurück und räumst dem Interviewten große Spielräume für die Beantwortung der Fragen ein.
  - Offen geführte Interviews bieten vielfältige Chancen, interessante und überraschende Informationen zu erhalten. Zudem sind sie auch für dich als

Interviewer spannend. Hier solltest du aber in jedem Fall die Möglichkeit einer Tondokumentation nutzen, da eine direkte Mitschrift der Antworten kaum möglich ist.

- Zudem erfordert diese Interviewvariante von dir als Interviewer ein hohes Maß an Flexibilität und Reaktionsvermögen. Nur so kannst du direkt auf überraschende Informationen reagieren und diese ggf. durch gezieltes Nachfragen konkretisieren.
- Du solltest dich zudem darauf einstellen, dass manche Interviewte dazu neigen, abzuschweifen. Überlege dir deshalb bereits vor Beginn des Interviews Strategien, mit deren Hilfe du die Interviewpartnerin/den Interviewpartner wieder an die gestellte Frage heranführen kannst. Diese könnten z. B. sein: die Wiederholung der gestellten Frage; das Umformulieren der gestellten Frage unter Aufgreifen eines von deinem Gegenüber geäußerten Gedankens; das Zurückführen auf den Kern der gestellten Frage, indem man mit der Frage in Zusammenhang stehende Daten bzw. Fakten nennt und die/den Interviewte/n um eine konkrete Stellungnahme dazu bittet.

➲ **Eng geführte Interviews.**

- Einfacher zu führen, zu protokollieren und auszuwerten sind Interviews, bei denen die Fragen enger formuliert sind. Dies ist z. B. bei den sogenannten W-Fragen der Fall (Welche …? Wann …? Wo …? usw.).
- Allerdings haben diese Fragen den Nachteil, dass die Informationsbreite in dem Maße abnimmt, wie die Fragestellung eingeengt wird. Willst du allerdings präzise, auch quantitativ auswertbare Informationen erhalten, solltest du eine enge Fragestellung wählen. Doch übertreibe die Einengung nicht, da das Interview ansonsten den Charakter eines Polizeiverhöres annehmen könnte.

➲ **Probleme.**

- Interviews sind nicht immer einfach zu führen. Deine Interviewpartner/-innen können vom Thema abschweifen (siehe oben). Sie können aber auch durch die gestellten Fragen emotional aufgewühlt werden. Teilweise ist dies bei Zeitzeugen der Fall. Stell dich auf solche Situationen ein und überlege im Vorfeld, wie du in einem solchen Fall reagieren kannst.
- Achte auf den Schutz der Persönlichkeitsrechte der Interviewten. Das Mitlaufenlassen eines digitalen Aufnahme- oder Diktiergerätes während des Interviews musst du dir vor Interviewbeginn genehmigen lassen. Auch müssen Zitate aus Interviews in deiner Arbeit mit einer Nennung des Namens der interviewten Person versehen werden.
- Die Tondokumente eines Interviews musst du im Original aufbewahren, um sie ggf. als Beleg für deine Darstellung zur Hand zu haben.

➲ **Fotos.** Mache eventuell auch Fotos von deiner Interviewpartnerin/deinem Interviewpartner und füge diese in deine Arbeit ein.

- **Vom Interview zum Text**. Bei der Auswertung von Interviews musst du den gesprochenen Text in die Schriftform überführen. Dabei kannst du ggf. entsprechende *KI-Tools* nutzen, die Audiodateien in Textdateien überführen. Für die Einbindung von Interviewpassagen in den Text deiner Facharbeit/deines Referates gilt:
  - Du kannst Auszüge aus Interviews wörtlich oder sinngemäß einbringen.
  - Zitate aus Interviews sollten durch eine entsprechende Anmerkung als solche kenntlich gemacht werden.
  - Wörtliche Zitate aus Interviews werden in gleicher Weise aufgeführt wie *direkte Zitate* aus Textquellen (→ Seite 87 ff.). Allerdings muss zusätzlich der Name des jeweils Sprechenden angegeben werden, um so klar zwischen Fragendem und Interviewtem zu unterscheiden. Hierzu ein Beispiel: MONA BRAUN: „Wo genau waren Sie am 9. November 1989, als die Berliner Mauer fiel?" KURT SOBOTSCHIK: „Als Mitglied der Grenztruppen der DDR …"
  - Aus der Gesprächsführung resultierende Besonderheiten (z. B. Pausen, Wiederholungen, Gesten usw.) solltest du ggf. kursiv und in Klammern in ein wörtliches Zitat einfügen.
  - Interviews können aber auch größere Passagen enthalten, die du nicht wörtlich zitieren möchtest. Willst du diese in geraffter, zusammengefasster Form in deine Arbeit einbringen, so gelten hierfür die Regeln für *indirekte Zitate* (→ Seite 96 ff.).
  - Als Quelle wird der Name der/des Interviewten sowie das Datum des Interviews angegeben. Beim naturwissenschaftlichen Belegverfahren reicht der Kurzbeleg aus (Beispiel: Interview mit Wahlbrinck 2024).
  - Das Interview muss auch im Quellenverzeichnis aufgeführt werden (unter „Sonstige Quellen"; → Beispiel Seite 103, ⑪).
- In Facharbeiten kannst du den vollständigen Text des Interviews im Anhang abdrucken oder der Arbeit eine Kopie deines Tonmitschnittes beifügen.

Begehungen und Erkundungen

- Ähnlich wie beim Interview müssen auch hier im Vorfeld genaue Absprachen mit dem zu erkundenden Betrieb getroffen werden (→ Seite 120). Wichtig ist ebenfalls das Einholen der Genehmigung zur Begehung des Werksgeländes.
- Zur Dokumentation werden neben Papier (z. B. auf einem Klemmbrett) oder Forscherheft auch Smartphone, Kamera oder Camcorder benötigt.
- Wichtig ist: Die Genehmigung zur Nutzung der aufgenommenen Bilddokumente muss beim Betriebsführer oder einer anderen entscheidungsberechtigten Person eingeholt werden.
- In die Begehung/Erkundung können Kurzinterviews mit Personen eingebettet sein, denen man begegnet ist. Diese können per Tonrekorder, oder aber auch schriftlich festgehalten werden.

Kartierungen

- Vorbereitung.
  - Für die Kartierung wird eine entsprechende Kartengrundlage benötigt, wie etwa ein Katasterplan, eine topografische Karte oder eine Karte des zu kartierenden Waldareals.
  - Um die Kartierungsergebnisse im Gelände festhalten zu können, brauchst du eine feste Schreibunterlage, also z. B. ein Klemmbrett.

  - Du solltest die zu kartierende Region vor Kartierungsbeginn erkunden, um dich mit den räumlichen Gegebenheiten vertraut zu machen.
  - Ebenfalls solltest du ein Kartierungsprotokollblatt vorbereiten. In diesem müssen unter anderem die genaue Lagebezeichnung des kartierten Objektes und dessen kartierte Kennzeichen/Eigenschaften vermerkt werden. Nach Abschluss der Kartierung können dann die Informationen aus den Protokollblättern in die Kartengrundlage übertragen werden.
  - Auch für Kartierungen benötigst du unter Umständen eine Genehmigung, etwa auf einem Firmengelände, in Aufforstungsregionen usw.
- **Durchführung**.
  - Dokumentiere die Kartierungsergebnisse klar und lesbar. Es ist wichtig, so zu arbeiten, dass man die eigenen Notizen und Zeichnungen auch noch Wochen später „verstehen" kann.
  - Notiere neben den ermittelten Kartierungsergebnissen ggf. auch Besonderheiten und Probleme, die dir im Verlauf der Kartierung aufgefallen sind.
  - Widrige Witterungseinflüsse können Kartierungen verzögern. Plane also ausreichend Zeitreserven ein.
  - Schreibe mit einem wischfesten Stift, denn der nächste Regenguss kommt meist unverhofft.
- Kartierungen können mit einer Befragung kombiniert werden (z. B. Befragung von Geschäftsinhabern zur Miethöhe; Erfassung der Verkaufsausrichtung der Geschäfte – beides wird später kombiniert in dieselbe Karte eingetragen).

Archivarbeit

- Beachte, dass Archive teilweise recht „unübliche" Öffnungszeiten haben.
- In einigen Archiven muss man sich vorab anmelden und ggf. auch eine Bescheinigung der Schule als „Arbeitsberechtigung" mitbringen.
- Archive sind häufig anders strukturiert als Büchereien. Lass dich daher von einem bzw. einer Angestellten in Aufbau und Struktur des Archivs einweisen.

8.5 *Aufbereitung der Ergebnisse*

Die im Rahmen deiner Forschungsarbeit ermittelten Daten musst du nun
- ordnen und zusammenfassen;
- auswerten, interpretieren und bewerten;
- darstellen und präsentieren.

Auswertung, Interpretation und Bewertung der Forschungsergebnisse. Je nach Art der Forschungsarbeit werden diese Schritte sehr unterschiedlich aussehen. Generell aber gilt:
- Nimm in der Analyse der Forschungsergebnisse klar und deutlich Bezug auf deine Forschungsfrage, das Ausgangsproblem oder die Ausgangshypothese.
  - Welche Antwort(en) liefern die Ergebnisse für deine Forschungsfrage?
  - Lässt sich mit ihrer Hilfe das Ausgangsproblem lösen?
  - Bestätigen oder widerlegen die Ergebnisse deine Ausgangshypothese?
- Überprüfe, inwieweit du das Ziel deiner Forschungsarbeit erreicht hast.
- Ordne die Ergebnisse ggf. in den Rahmen der wissenschaftlichen Forschung ein. Das heißt: Vergleiche deine Ergebnisse mit den in der Literatur dokumentierten Vergleichsdaten bzw. Darstellungen zur untersuchten Thematik.

Darstellung der Forschungsergebnisse. Ist die Auswertung der Ergebnisse erfolgt, kann man sich Gedanken machen, wie man diese anschaulich und ansprechend darstellen kann. Prinzipiell stehen dafür folgende Formen zur Verfügung:
- Text und Tabelle,
- Grafik und kartografische Darstellung,
- Skizze, Foto oder eine andere Form von Abbildung.

Tabellen und tabellarische Darstellungen

Tabellen bieten den Vorteil, die aufgelisteten Daten exakt ablesen zu können. Außerdem können auch uneinheitliche Datensätze in einer Tabelle zusammengefasst werden (→ Beispiele Seite 125).

Auf der anderen Seite ist die Anschaulichkeit einer Tabelle eher gering. Tabellen mit vielen Datenangaben wirken zudem schnell unübersichtlich.

Bei der Erstellung von Tabellen muss man Folgendes beachten:
- Die Rohdaten müssen in der Regel zusammengefasst werden, um die Datenmengen auf ein tabellengerechtes Maß zu reduzieren.
- Es können absolute Werte (z. B. Anzahl, °C), aber auch Prozentwerte oder Indexwerte dargestellt werden.
- Der besseren Lesbarkeit wegen sollte man, falls von der Sache her vertretbar, auf Zahlen mit drei oder vier Kommastellen verzichten.

- Tabellen werden entsprechend ihrer Reihenfolge in der Arbeit nummeriert. Vor der Tabellennummer steht dabei der Zusatz „Tab.“ (also Tab. 1, Tab. 2 ...).
- Jede Tabelle erhält neben der Tabellennummer eine Überschrift. Diese sollte den Tabelleninhalt knapp und prägnant zusammenfassen und ggf. auch eine Angabe des Bezugsraumes und des Bezugszeitpunktes enthalten.
- Jede Tabelle muss eine knappe, aber aussagkräftige Beschriftung der Spalten und Zeilen enthalten.

BEISPIELE: TABELLARISCHE DARSTELLUNGEN

Tab. 1: Die Wassertemperaturen im Haddorfer See (Gemeinde Wettringen) gemessen am 26.03. und 08.08.2023 in der Seemitte (in °C)

	Wassertiefe (in m)									
	0,5	1	2	3	4	5	6	7	8	9
26.03.2023	2,6	2,6	2,6	2,6	2,6	2,6	2,7	2,7	2,7	2,7
08.08.2023	19,2	18,9	18,5	18,1	17,8	17,5	17,3	13,5	13,3	13,0

Quelle: eigene Messungen

Tab. 2: Eine Übersicht über die wichtigsten Diagrammarten und deren Nutzungsbereich

bevorzugt zu wählende Diagrammart → darzustellende Information ↓	Kurven-diagramm	Säulen- od. Balken-diagramm	gestapeltes Säulen-diagramm	Kreis-sektoren-diagramm	Flächen-diagramm
umfangreiche durchgängige Datenreihen mit absoluten Werten/Indexwerten	✓				
weniger umfangreiche oder unterbrochene Datenreihen mit absoluten Werten		✓			
miteinander zu vergleichende Einzeldaten		✓			
miteinander zu vergleichende Datenreihen	✓	✓			
Entwicklungsreihen	✓				
kombinierte Datenreihen aus zusammenhängenden absoluten Werten					✓
durchgängige Datenreihen von Prozentwerten					✓
prozentuale Anteile eines Ganzen			✓	✓	
prozentuale Zusammensetzung verschiedener Mengen in Gegenüberstellung			✓	✓	✓

Quelle: eigener Entwurf

- Die Einheit der Daten muss angegeben werden (z. B. Personen, °C, kg). Dies kann in der Tabellenüberschrift oder in der jeweiligen Spalte/Zeile geschehen.
- Tabellen sollten leserfreundlich gestaltet werden:
  - Zahlen und Beschriftungen nicht zu klein setzen. Günstig ist die gleiche Schriftgröße wie im Text der Arbeit bzw. eine geringfügig kleinere.
  - Beschriftungen nur horizontal anordnen
  - Spaltenüberschriften ggf. in Fettdruck setzen
- Unter jeder Tabelle muss die Datenquelle vermerkt werden.
  - Sind in der Tabelle selbst ermittelte Daten aufgeführt, so lautet die Quellenangabe: „Quelle: eigene Messungen" oder „Quelle: eigene Erhebung".
  - Wurde die Tabelle aus einer Fremdquelle übernommen, wird der Angabe der Quelle der Zusatz „aus" vorangestellt, also z. B. „aus Müller 2023, S. 8".
  - Wurde sie aus einer Fremdquelle übernommen, aber verändert, wird der Quellenangabe der Zusatz „verändert aus" vorangestellt.
  - Wurde sie mit Fremddaten neu erstellt, lautet der Zusatz „erstellt nach".
- Die Quellenangabe wird in der Regel in kleinerer Schrifttype geschrieben.
- Die Tabelle wird vom Text durch eine Leerzeile abgesetzt.
- Im Text wird auf eine Tabelle durch Nennung der jeweiligen Tabellennummer verwiesen. Beispiel: „[...] hat deutlich zugenommen (Tab. 3). Daher [...]". Möglich ist zudem der Zusatz „siehe" bzw. „→" (also: siehe Tab. 3, → Tab. 3).

TIPP

Tabellen, Grafiken und Bilder ergänzen die Auswertung deiner Forschungsergebnisse, ersetzen sie aber nicht!
Es genügt nicht sie abzudrucken; ihre Inhalte müssen im dazugehörigen Text beschrieben, interpretiert und bewertet werden.

Abbildungen

Grafiken, Karten, Skizzen und Bilder werden unter dem Oberbegriff *Abbildungen* zusammengefasst. Sie dienen der Veranschaulichung, lockern aber überdies den Text auf, setzen ästhetische Marken. Doch Vorsicht: Abbildungen nur zur Auflockerung in den Text einzustreuen ist unzulässig. Oberste Priorität muss in jedem Fall die Übermittlung von Informationen haben. Einzige Ausnahme: Der „Eyecatcher" auf dem Deckblatt einer Facharbeit oder der ersten Folie im Referat. Für alle Abbildungen gilt:

- Abbildungen werden entsprechend ihrer Reihenfolge in der Arbeit nummeriert. Die Nummer wird dabei mit dem Zusatz „Abb." versehen (also: Abb. 1, Abb. 2, Abb. 3 ...). Bei der Nummerierung wird nicht zwischen Grafiken, Karten, Skizzen oder Bildern unterschieden.

BEISPIEL: ABBILDUNG

Abb. 1: Die nächtliche Skyline von Pudong (Shanghai, VR China)
Quelle: eigene Aufnahme vom 17.10.2018

- Jede Abbildung erhält neben der Nummer eine Bildunterschrift. Diese sollte den Inhalt der Abbildung knapp und prägnant zusammenfassen und ggf. auch eine Angabe des Bezugsraumes und des Bezugszeitpunktes enthalten.
- Abbildungen sollten leserfreundlich gestaltet werden:
  - Eingebrachte Abbildungen müssen aussagekräftig sein.
  - Sie dürfen nicht zu klein sein. Beschriftungen müssen gut lesbar sein.
  - Ihre Druckqualität muss ausreichend sein.
  - Bei Grafiken und Karten darf die Farbpalette nicht zu groß sein. Auch müssen alle verwendeten Farben klar voneinander zu unterscheiden sein.
- Unter jeder Abbildung muss die Datenquelle vermerkt werden.
  - Wurde eine Grafik auf der Basis selbst ermittelter Daten erstellt, lautet die Angabe: „Quelle: eigene Messungen“ oder „Quelle: eigene Erhebung“.
  - Bei Fotos lautet sie „Quelle: eigene Aufnahme“, bei Skizzen „Quelle: eigener Entwurf“. Eventuell wird hier das Datum der Aufnahme hinzugefügt.
  - Wurde die Abbildung aus einer Fremdquelle übernommen wird der Angabe der Quelle der Zusatz „aus“ vorangestellt, also z. B. „aus Meier 2022, S. 71“.
  - Wurde die Abbildung aus einer Fremdquelle übernommen, aber verändert, wird der Quellenangabe der Zusatz „verändert aus“ vorangestellt.
  - Wurde sie mit Fremddaten neu erstellt, lautet der Zusatz „erstellt nach“.
- Die Quellenangabe wird in deutlich kleinerer Schrifttype geschrieben.
- Sie wird unter der Abbildungsunterschrift aufgeführt.
- Die Abbildung wird vom Text durch eine Leerzeile abgesetzt.
- Im Text wird auf eine Abbildung durch Nennung der Abbildungsnummer verwiesen. Beispiel: „[...] ist einen Anstieg um rund 30 % (Abb. 7). Daher [...]“

Diagramme (Grafiken) lassen sich per Hand oder mithilfe entsprechender Tools im Textverarbeitungs- und Tabellenkalkulationsprogramm erstellen. Dabei bietet sich folgendes Vorgehen an:

- Überlege zunächst: Was willst du dem Leser durch das Diagramm mitteilen? (= Kommunikationsabsicht)
- Lege das Diagrammthema fest (Diagramminhalt + Raumbezug + Zeitbezug).
- Wähle die darzustellenden Daten/Elemente aus.
- Wähle die für deine Datenbasis geeignete Diagrammart (→ Seite 125).
- Sichte und ordne die zu verarbeitenden Daten (erfasse Höchst-/Tiefstwerte, die zeitliche Datenabfolge, auszuklammernde Werte usw.).
- Lege die Skalierung und die Skalenbeschriftung fest. Einheiten nicht vergessen!
- Bestimme die Gestaltung von Signaturen, Farben, Linien usw.
- Erstelle ggf. eine Legende. Achtung: Auch hier die Einheiten angeben!
- Beschrifte das Diagramm (Abbildungsnummer, Diagrammunterschrift, Quelle).

BEISPIELE: GRAFISCHE DARSTELLUNG VON FORSCHUNGSERGEBNISSEN

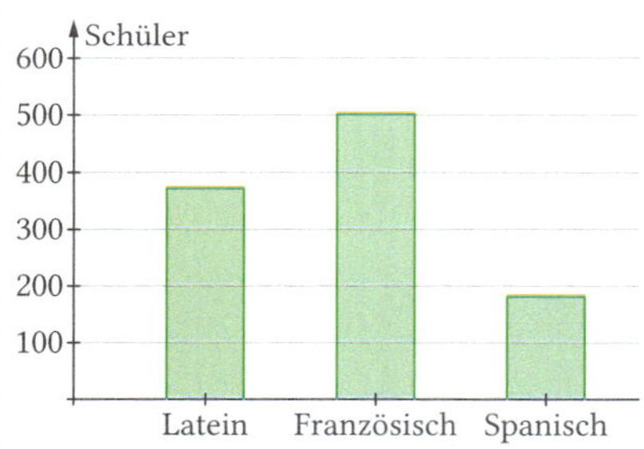

Abb. 2: Die Verteilung der „Zweitsprache" am Rufus-Gymnasium in Berlin Schuljahr 2023/24
Quelle: eigene Erhebung

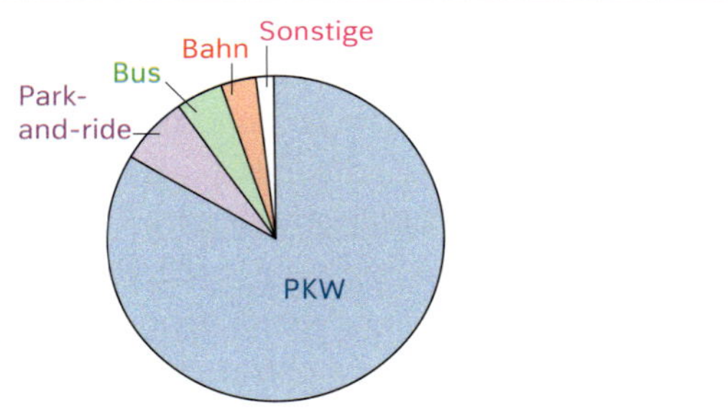

Abb. 3: Anreise der Kunden des Kaufhauses Nubbelberg (in Dudelstadt) am 03.04.2024
Quelle: eigene Erhebung; Zahl der befragten Kunden: 122

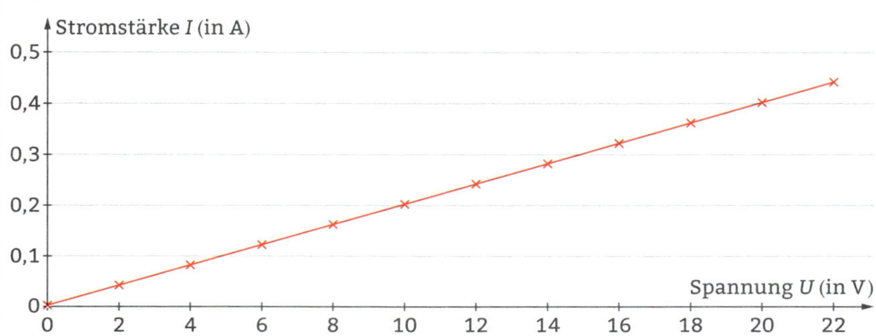

Abb. 4: Ergebnisse der Stromstärkemessung bei verschiedenen angelegten Spannungen (Konstantan-Draht der Länge 0,75 m mit 0,1 mm Durchmesser)
Quellen: eigene Messungen; ergänzt aus DORN 2002, S. 124

Eigene Forschungsarbeit

8

Eigene Forschung planen, durchführen und auswerten

SCHRITTFOLGE BEI EIGENER FORSCHUNGSARBEIT

- Forschungsfrage formulieren
- ggf. Hypothesen entwickeln
- Forschungsmethode wählen & Arbeitsplan erstellen
- Forschungsarbeit ausführen
- Ergebnisse aufbereiten und auswerten
- ggf. Fehler-/Problemdiskussion
- Forschungsfrage beantworten

FORSCHUNGSMETHODEN (AUSWAHL)

- Beobachtungen & Untersuchungen
- Experimente
- Bau von Modellen & Modellreflexion
- Begehungen & Erkundungen
- Kartierungen
- Umfragen
- Interviews & Expertenbefragungen
- Auswertung von Archivmaterial

ARBEITSPLAN

Er hält die methodischen, technischen und zeitlichen Aspekte der Forschungsarbeit fest.

Fragen, die im Arbeitsplan berücksicht werden sollten:

- Welche Hilfsmittel benötige ich und wer stellt diese bereit?
- Welche Kosten entstehen und wer trägt diese?
- Welcher Zeitrahmen ist für die einzelnen Arbeitsschritte anzusetzen?
- Welche Zeitvorgaben sind zu berücksichtigen (Öffnungszeiten, Abgabefristen ...)?
- Welche Vorlaufzeiten sind zu beachten (Bestellfristen, Zeitvorgabe Interviewpartner/-innen ...)?
- Welche Unterstützung benötige ich (durch Hausmeister, Lehrkraft, Expertinnen/Experten ...)?
- Welche rechtlichen Vorgaben & Sicherheitsstandards muss ich beachten?
- Wie kann ich meine Arbeitsergebnisse erfassen & dokumentieren?

DARSTELLUNGFORMEN DER ARBEITSERGEBNISSE

- Text
- Diagramme/Grafiken
- Tabellen
- kartografische Darstellungen
- Skizzen/Schemazeichnungen
- Fotos

Wichtig: Tabellen & Abbildungen im Text der Arbeit beschreiben, interpretieren, kommentieren!

9 Die Facharbeit

In den vorangehenden Kapiteln wurdest du mit den Aspekten und Methoden vertraut gemacht, die bei der Erstellung eines Referates wie auch einer Facharbeit gleichermaßen Anwendung finden.
Nun ist es an der Zeit, die Besonderheiten der beiden Formen wissenschaftlichen Arbeitens in den Blick zu nehmen.
Schauen wir uns also zunächst die Facharbeit genauer an und klären dabei folgende Fragen:

- **Welche Merkmale zeichnen diese Form wissenschaftlicher Arbeiten aus?**
- **Welche formalen wie auch inhaltlichen Aspekte müssen bei ihrer Erstellung Berücksichtigung finden? Und last but not least:**
- **Welche Kriterien sind für die Bewertung von Facharbeiten relevant? Denn das Wissen um die angelegten Bewertungsmaßstäbe schützt dich vor bösen Überraschungen bei der Notenbekanntgabe.**

9.1 Aufbau

Eine Facharbeit besteht aus drei Teilen:

- Den **Präliminarien** (lat. = Vorbereitung, Einleitung). Hierzu gehören
  - Deckblatt
  - Titelblatt
  - Inhaltsverzeichnis
  - gegebenenfalls: Abbildungsverzeichnis
  - gegebenenfalls: Tabellenverzeichnis
  - gegebenenfalls: Abkürzungsverzeichnis
- Dem eigentlichen **Textteil** mit
  - Einleitung
  - Hauptteil
  - Schlussteil
- Dem **Anhangteil** mit
  - gegebenenfalls: Endnoten
  - gegebenenfalls: Glossar
  - Literatur- und Quellenverzeichnis
  - Schlusserklärung
  - gegebenenfalls: Anhang

Bevor nun im Folgenden die Bausteine einer Facharbeit einzeln vorgestellt werden, einige Worte zum Grundgerüst einer solchen Arbeit, der Gliederung.

9.2 Gliederung

Ziel der Gliederung einer Facharbeit ist es,
- in die Fülle der dokumentierten Informationen einen roten Faden einzuziehen;
- eine logische Abfolge der dargestellten Inhalte herzustellen;
- dem Lesenden die Erfassung der Arbeitsstruktur und eine rasche Orientierung in der Facharbeit zu ermöglichen.

Ohne durchdachte Gliederung wären Facharbeiten in vielen Fällen nicht mehr als eine konfuse Anhäufung von Einzelinformationen, durch die sich der Leser mühsam hindurcharbeiten müsste.

Merkmale der Gliederung. Da jede Facharbeit ihre Besonderheiten hat, lässt sich das Vorgehen beim Erstellen einer Gliederung nur schwer standardisieren. Zentral ist aber, dass die Gliederung folgende Merkmale aufweist:
- Der rote Faden der Facharbeit ist in ihr deutlich abgebildet.
- Sie ist klar und schlüssig aufgebaut.
- Sie weist keine Brüche, Sprünge oder Umkehrungen auf.

Bereits nach der ersten inhaltlichen Kontaktaufnahme mit deinem Thema kannst du einen Gliederungsentwurf erstellen. Dieser wird dann fortlaufend dem erreichten Arbeitsstand angepasst, ergänzt und ggf. umstrukturiert.

Gliederungsprinzipien. Bei der Konzeption der Gliederung kann dir eines der folgenden Grundprinzipien als Leitfaden dienen:
- Das ***chronologische Prinzip***. Leitprinzip der Gliederung ist hier die zeitliche Abfolge der Ereignisse.
- Das ***analytische Prinzip***. Hier wird zunächst ein Tatbestand/Ereignis vorgestellt bzw. beschrieben. Dann werden dessen innere Struktur und Ursachenzusammenhänge herausgearbeitet und dessen Bedeutung bzw. Folgen erläutert und bewertet (→ Beispiele Seite 134).
- Das ***deduktive Prinzip***. Zunächst wird ein allgemeiner Rahmen/ein Prinzip/eine Gesetzmäßigkeit dargestellt. Dann werden konkrete Fallbeispiele/Ereignisse/Beobachtungen aufgezeigt und begründet in den zuvor dargestellten allgemeinen Rahmen eingeordnet.
- Das ***induktive Prinzip***. Hier geht man umgekehrt vor, wie beim deduktiven Prinzip, stellt also zunächst konkrete Fallbeispiele/Ereignisse/Beobachtungen vor und leitet daraus allgemeine Gesetzmäßigkeiten ab.
- Das ***vergleichende Prinzip***. Hier werden Ereignisse/Fakten/Texte anhand bestimmter Leitaspekte miteinander verglichen. Der Vergleich dient dazu, Gemeinsamkeiten und Unterschiede herauszustellen und das Ereignis, die Fakten oder den Text in eine Kategorie bzw. Klasse einzuordnen.

- Das ***Prinzip bei Forschungsarbeiten***. Eine typische Gliederungsstruktur weisen Facharbeiten auf, die vor allem auf eigener Forschung beruhen (→ Beispiel Seite 143), und zwar:
  - Einordnung der Forschungsarbeit in den wissenschaftlichen oder gesellschaftlichen Kontext
  - Vorstellen des Forschungsziels und der Forschungsfrage
  - Erläuterung des Forschungsansatzes
  - Darstellung der Forschungsmethoden und Forschungsdurchführung
  - Dokumentation, Auswertung und Interpretation der Forschungsergebnisse
  - Beantwortung der Forschungsfrage
  - Erläuterung der aus den Ergebnissen abzuleitenden Folgerungen bzw. kritische Einordnung der Ergebnisse in den derzeitigen fachlichen Wissensstand oder Ausblick auf weitergehende Fragestellungen, die sich aus den Forschungsergebnissen ergeben haben.

Es ist durchaus möglich, dass die Gliederung deiner Facharbeit nicht zur Gänze einem der obigen Prinzipien entspricht, sondern Elemente verschiedener Gliederungsprinzipien enthält (→ Beispiel Seite 134).

Formale Gestaltung der Gliederung. Was genau in der Gliederung steht, hängt logischerweise vom konkreten Thema deiner Facharbeit ab. Wie die Gliederung formal gestalten wird, dafür gibt es hingegen einige Vorschriften.

TIPP

Auch wenn es in weiten Teilen einen *common sense* für die formale Gestaltung und das Layout einer Gliederung gibt, so existieren doch es verschiedene gängige Alternativen, die häufig durch persönliche Vorlieben bestimmt sind. Bevor du die endgültige Gliederung deiner Facharbeit festlegen, solltest du daher die betreuende Lehrerkraft nach ihrer favorisierten Variante fragen.

Wichtige formale Aspekte der Gliederung sind:

Gliederungsebenen. Eine Gliederung ist wie eine große Schachtel aufgebaut, in der mehrere kleine Schachteln stecken, in denen wiederum jeweils weitere noch kleinere Schachteln enthalten sind.
Formal findet dies in den verschiedenen Ebenen der Gliederung seinen Ausdruck:

- Oberste Ebene ist die Ebene der Kapitel.
- Jedes Kapitel kann in Unterkapitel (Abschnitte) untergliedert werden. Diese bilden die zweite Gliederungsebene.
- Die Unterkapitel können ihrerseits in Unter-Unterkapitel unterteilt werden, die dann die dritte Gliederungsebene darstellen.

Du solltest in deiner Gliederung nicht über die dritte Gliederungsebene hinausgehen. Meist reicht es sogar, die Gliederung bis zur zweiten Ebene zu verfeinern. Eine kleinschrittige Gliederung erreicht nämlich das Gegenteil von dem, was eigentlich erreicht werden soll: Sie wirkt verwirrend statt übersichtlich, deckt die Strukturen der Arbeit zu, statt sie herauszustellen.
Zudem gilt:

- Zu jedem Gliederungspunkt muss mindestens eine halbe Seite Text vorliegen.
- Wer A sagt, muss auch B sagen! Das heißt: Ein Kapitel darf nur dann in Unterkapitel untergliedert werden, wenn es mindestens zwei davon gibt. Eine Untergliederung mit nur einem Unterkapitel ist unzulässig. Ebenso müssen bei Untergliederung eines Unterkapitels mindestens zwei Unter-Unterkapitel vorhanden sein.

Überschriften. Jedes Kapitel, Unterkapitel und Unter-Unterkapitel deiner Facharbeit muss eine eigene Überschrift erhalten. Für diese Überschriften gilt:

- Die Überschrift muss den Inhalt des zugehörigen Gliederungspunktes eindeutig zusammenfassen.
- Sie muss knapp und prägnant sein.
- Nach einer Überschrift steht kein Punkt.
- Überschriften von Unterkapiteln dürfen keine Wiederholung der Kapitelüberschrift sein (also nicht: Kapitelüberschrift: *Goethe und Schiller* – Unterkapitel 1: *Goethe*/Unterkapitel 2: *Schiller*).
- Allgemeine, nichtssagende Formulierungen sollten vermieden werden (also nicht: *Der Beginn* oder *Schlussteil*). Besser ist es, in der Überschrift zentrale Inhaltsaspekte des Kapitels prägnant abzubilden, wie z. B. *Zielsetzung der Arbeit* oder *Persönliche Stellungnahme zur Freigabe von Sterbehilfe*.
- Alle Überschriften einer Facharbeit sollten im gleichen Stil abgefasst werden. Dabei stehen zur Verfügung:
  - Der ***Nominalstil***. Dies ist ein Stil, der durch Substantive geprägt ist. Beispiele sind: *Ergebnisse der Temperaturmessungen* oder *Probleme Namibias in den 1990er-Jahren* (→ unteres Beispiel auf Seite 134 sowie Beispiel Seite 143). Der Nominalstil ist für Gliederungen besonders gut geeignet.
  - Der ***Verbalstil***. Dieser Schreibstil bevorzugt Verben. Beispiele sind: *Ergebnisse, die ich bei den Temperaturmessungen erhalten habe* oder *Vielfältige Probleme hemmen Namibia in den 90er-Jahren des 20. Jahrhunderts.* Der Verbalstil ist für Gliederungen nur bedingt geeignet.
  - Der ***Interrogativstil*** (= Fragestil). Beispiele sind: *Welche Ergebnisse habe ich bei meinen Temperaturmessungen erhalten?* oder *Welche Probleme hatte Namibia in den 90er-Jahren des 20. Jahrhunderts?* Dieser Stil ist für Gliederungen weniger geeignet, da er zu wenig prägnant und als Stil nicht für die ganze Facharbeit durchzuhalten ist.

BEISPIEL: GLIEDERUNGEN

Autorin: Lena Anna Castrup

Facharbeitsthema:
Analyse der Stücke „Habanera“ und „Seguidilla“ aus der Oper „Carmen“ von Georges Bizet im gleichnamigen Film „Carmen“ von Carlos Saura in Bezug auf die tänzerische Umsetzung und die Funktion der jeweiligen Szenen.

Gliederung:

1 Mein Weg zum Facharbeitsthema

2 „Carmen“ – Die Oper
- 2.1 Inhalt der Oper
- 2.2 Musikalische Analysen
  - 2.2.1 Musikalische Analyse der „Habanera“
  - 2.2.2 Musikalische Analyse der „Seguidilla“

3 „Carmen“ – Der Film
- 3.1 Inhalt des Films
- 3.2 Analysen der Tänze
  - 3.2.1 Analyse der „Habanera“
  - 3.2.2 Analyse der „Seguidilla“
- 3.3 Analysen der Szenenfunktionen
  - 3.3.1 Die Szenenfunktion der „Habanera“
  - 3.3.2 Die Szenenfunktion der „Seguidilla“

4 Persönliche Stellungnahme

Gliederung unter Anwendung des analytischen Gliederungsprinzips

Autorin: Christina Uhlenbrock
Facharbeitsthema: Tanz als Therapie?
Gliederung:

1 Zielsetzung der Arbeit und Begründung der Wahl des Themas
- 1.1 Ziel der Facharbeit
- 1.2 Persönliche Motive der Themenwahl
- 1.3 Materiallage

2 Historischer Abriss der Tanztherapie

3 Konzept der Tanztherapie

4 Akteure der Tanztherapie
- 4.1 Patienten und Institutionen
- 4.2 Therapeuten

5 Genereller Verlauf und Dauer der Tanztherapie

6 Aufbau einer Therapiesitzung

7 Exemplarische Darstellung der Methodik der Tanztherapie
- 7.1 Die Patientengruppe der autistischen Kinder
- 7.2 Der methodische Ansatz dargestellt am Beispiel des „Spiegelns“

8 Erfolge und Ergebnisse der Tanztherapie

9 Sinn oder Unsinn der Tanztherapie

Gliederung, die Elemente des analytischen und des deduktiven Gliederungsprinzips enthält

Nummerierung. Um die Übersichtlichkeit der Gliederung zu erhöhen und im Text Querverweise auf einzelne Gliederungspunkte zu erleichtern, werden alle Gliederungspunkte nummeriert. Dies kann entweder numerisch oder alphanumerisch geschehen.

Für eine ***numerische Gliederung*** (dezimale Gliederung/dekadische Gliederung) gilt:

- Die Kapitel werden fortlaufend durchnummeriert, beginnend mit 1 (Beispiel: 1, 2, 3 usw.)
- Die Unterkapitel eines jeden Kapitels werden gleichfalls fortlaufend durchnummeriert; jede Unterkapitelnummer besteht dabei aus der Kapitelnummer, danach einem Punkt und der Nummer des Unterkapitels (Beispiel: 1.1, 1.2, 1.3 bzw. 2.1, 2.2, 2.3, 2.4 usw.).
- Die Nummerierung der Unter-Unterkapitel erfolgt nach dem gleichen Schema (Beispiel: 1.2.1, 1.2.2, 1.2.3 usw.).
- Hinter der letzten Ziffer steht in der Regel kein Punkt.
  Doch auch hier gibt es Varianten: Einige Lehrer/-innen bevorzugen die „Endpunkt-Variante". Hierbei wird dann auch hinter der jeweils letzten Ziffer ein Punkt gesetzt (Beispiel: 1. , 2. , 2.1. , 2.2. ...)

Typische Beispiele numerischer Gliederungen findest du auf → Seite 134 und Seite 143.

Bei der ***alphanumerischen Gliederung*** (gemischte Gliederung) werden Buchstaben und Zahlen als Gliederungshilfen eingesetzt. Dabei gelangen sowohl Groß- und Kleinbuchstaben als auch römische und arabische Ziffern zur Anwendung. Eine mögliche Variante der alphanumerischen Gliederung ist die folgende:

- Die einzelnen Teile der Facharbeit erhalten lateinische Großbuchstaben. Hinter diese wird ein Punkt gesetzt. Beispiel: A. B. C. usw.
- Die Kapitel erhalten fortlaufende römische Zahlen. Hinter diese Zahlen wird ein Punkt gesetzt. Beispiel: I. II. III. usw.
- Die Unterkapitel erhalten arabische Zahlen. Hinter diese Zahlen wird ein Punkt gesetzt. Beispiel: 1. 2. 3. usw.
- Die Unter-Unterkapitel erhalten lateinische Kleinbuchstaben. Hinter diese wird ein Punkt oder eine Klammer gesetzt (Beispiel: a. b. c. oder a) b) c) usw.).

Auf → Seite 145 wird ein typisches Beispiel für eine solche alphanumerische Gliederung vorgestellt.

Frage die betreuende Lehrkraft, welche Form der Nummerierung sie/er für Gliederungen bevorzugt, und gestalte die Gliederung deiner Facharbeit dann entsprechend.

Gliederung und Inhaltsverzeichnis. Die endgültige Fassung deiner Gliederung ist im Inhaltsverzeichnis der Facharbeit dokumentiert.

- Hier werden alle Gliederungsüberschriften und deren Nummerierung aufgeführt.
- Zudem wird im Inhaltsverzeichnis hinter der jeweiligen Gliederungsüberschrift die Seite angegeben, auf der das Kapitel bzw. Unter- oder Unter-Unter-Kapitel *beginnt*.

Weitere Informationen zum Inhaltsverzeichnis findest du auf → Seite 142 f.

Gliederung und Text der Facharbeit (→ Die Zahlen ①, ② usw. verweisen auf die nebenstehende Beispielseite).

- Alle Überschriften der Gliederung müssen auch im Text der Facharbeit aufgeführt werden.
- Wichtig: Im Inhaltsverzeichnis und im laufenden Text der Facharbeit müssen Nummerierung und Wortlaut der Überschrift eines Kapitels bzw. Unterkapitels absolut identisch sein.
- Die Überschrift wird stets dem zugehörigen Textabschnitt vorangestellt. ①
- Die Überschrift wird immer linksbündig gesetzt.
- Idealerweise sollte zwischen Überschrift und vorausgehendem Text ein größerer Abstand sein als zwischen Überschrift und nachfolgendem Text. ④
- Überschriften müssen optisch hervorgehoben werden:
  - Es ist üblich, alle Überschriften fett zu drucken.
  - Auch werden Sie meist größer gesetzt als der laufende Text: Bei einer Text-Schriftgröße von 12 pt, können Kapitelüberschriften z. B. in 16 pt, Unterkapitelüberschriften in 14 pt und die Überschriften der Unter-Unterkapitel in 13 oder 12 pt gesetzt werden. ①, ③
- Eine Unterstreichung von Überschriften ist möglich, aber eher unüblich.
- Kapitelüberschrift und Unterkapitelüberschrift können ohne Zwischentext direkt aufeinanderfolgen ②.
  Es kann zwischen beiden aber auch ein kurzer überleitender Zwischentext ohne separate Überschrift stehen.
- Jedes Kapitel sollte wenn möglich auf einer neuen Seite begonnen werden.
- Eine Überschrift darf niemals als Letztes unten auf einer Seite stehen. Es müssen ihr mindestens zwei bis drei Zeilen Text auf der gleichen Seite folgen.
- Werden Textteile eines Abschnitts aus Platzgründen auf die nachfolgende Seite gesetzt, so müssen mindestens zwei Zeilen Text auf jeder der Seiten stehen. Einzelne Zeilen, die durch einen Seitenwechsel getrennt sind, werden fachsprachlich auch als „Witwen" oder „Waisenkinder" bezeichnet – was die an dieser Stelle unglückliche bzw. typografisch falsche Textgestaltung treffend kennzeichnet.

NUMERISCHE GLIEDERUNG IM TEXTTEIL EINER FACHARBEIT

2 Der Untersuchungsraum ①

②

2.1 Das Münsterland ③

Die untersuchten Baggerseen liegen nördlich von Haddorf bzw. westlich von Neuenkirchen im nördlichen Westmünsterland, dem sogenannten Bentheim-Ochtuper Land. Das Westmünsterland ist Teil der Westfälischen Bucht, dem mit rund 9000 km² zweitgrößten natürlichen Großraum Westfalens. Die Westfälische Bucht schließlich stellt eine Ausbuchtung der Norddeutschen Tiefebene dar (siehe Karte im Anhang). Geologisch gesehen ist die Westfälische Bucht ein flaches Becken, das fast ausschließlich von Ablagerungen der Oberkreide ausgefüllt wird. Sie wird deshalb auch als Münsterländer Kreide-Becken bezeichnet (Geologisches Landesamt NRW 1995, S. 12). An vielen Stellen überdecken jedoch eiszeitliche Ablagerungen den Kreidekern. Es handelt sich dabei um Eisablagerungen (End- und Grundmoränen), Schmelzwasserablagerungen (Sande, Kiese unter anderem) und Windablagerungen (Dünen, Löß), die während der Saale-Eiszeit vor ca. 250 000–200 000 Jahren entstanden, heute jedoch bereits wieder in Teilen durch Flusswasser verlagert worden sind (vergleiche Skupin/Staude 1995, S. 74 ff.).

④

2.2 Der Münsterländer Kiessandzug

Eine dieser saaleeiszeitlichen Ablagerungen ist der Münsterländer Kiessandzug. Er zieht sich aus dem Raum westlich von Rheine (Haddorf) als mehrfach unterbrochene Hügelkette über Neuenkirchen und Albersloh bis in den Raum Ennigerloh. Seine Länge beträgt rund 70 km. Seine Breite schwankt zwischen 300 m und etwa 1000 m. Die Höhe des Kiessandzuges über Gelände beträgt oft nur wenige Meter, liegt aber zum Teil auch bei Werten von 10–17 m. (Dolezalek 1978, S. 18 ff.) Aufgebaut ist der Kiessandzug aus geschichteten groben Sanden und Kiesen. Dieser Aufbau lässt auf eine Entstehung durch die Arbeit eiszeitlicher Schmelzwässer schließen (Müller-Wille 1966; Schneider 1964). Die Sande und Kiese des Münsterländer Kiessandzug werden bereits seit Jahrhunderten zur „Deckung des örtlichen Bedarfs an Bausanden und Baukies [...] genutzt. Neben zahlreicheren kleinen Abbaustellen haben sich Schwerpunkte des Sand- und Kiesabbaus entwickelt [...].“ (Skupin 1995b, S. 138). Einer dieser Schwerpunkte befindet sich im Großraum Rheine-Neuenkirchen. Als Folge der Entnahme von Sand und Kies sind hier eine Reihe von Baggerseen entstanden.

9.3 *Formale Vorgaben und Layout*

Beim Rohentwurf deiner Facharbeit war es noch unerheblich, in welcher Form du diesen „zu Papier gebracht hast“ (→ Tipp Seite 79). Für die abgabefertige Endfassung gilt dies jedoch nicht mehr. Hier gibt es eine Reihe formaler Standards, die du beachten musst.
Teilweise werden diese Standards durch die Schule vorgegeben. Ist dies nicht der Fall, so kannst du dich an den nachfolgend aufgeführten Vorgaben orientieren, die so oder ähnlich an vielen Schulen und Hochschulen üblich sind.

Grundlegende Gestaltungs- und Layoutvorgaben sind:

- Die Facharbeit muss in aller Regel in getippter Form eingereicht werden.
- Der Druck muss sauber und lesbar sein. Dies gilt auch für kopierte bzw. eingescannte Texte, Tabellen, Diagramme, Karten und Bilder.
- Geschrieben wird in der Regel auf DIN-A4-Papier mit 80 g/m^2 (reguläres Kopierpapier).
- Jedes Blatt darf nur einseitig bedruckt sein.
- Die Facharbeit muss geheftet oder gebunden abgegeben werden. Die Abgabe einer Loseblattsammlung ist unzulässig.
- Als Einband sind Schnell- und Klemmhefter möglich. Ansprechender sind allerdings Bindungen oder Spiralheftungen, wie sie in Copyshops preisgünstig angeboten werden. Die Seiten der Facharbeit in Klarsichthüllen zu verpacken ist ökologisch bedenklich und vom Handling her unpraktisch.
- Bei jedem Blatt muss ein ausreichender (Heft)Rand freibleiben.
- Standardvorgaben für die Seitenränder sind:
  - links 4 cm;
  - rechts 2 cm;
  - oben 2 cm (falls die Seitenzahl oben auf der Seite angegeben wird 3 cm);
  - unten 3 cm (falls die Seitenzahl oben auf der Seite angegeben wird 2 cm).

  Die Seitenränder kannst du bequem in deinem Schreibprogramm einstellen (z. B. Microsoft Word® 2019: → *Layout* → *Seite einrichten* → *Seitenränder*).
- Die zuvor genannten Seitenränder müssen (abgesehen von der Seitennummer) textfrei bleiben. Das gilt auch für Tabellen, Diagramme, Karten und Bilder. Auch diese sollten möglichst nicht „in den Seitenrand hineinragen“.
- Alle Seiten der Facharbeit mit Ausnahme des Deckblattes und des Titelblattes müssen fortlaufend nummeriert werden.
  - Das Deckblatt wird nicht in die Seitenzählung einbezogen.
  - Die Seitenzählung beginnt also mit dem Titelblatt. Dieses wird als Seite 1 gezählt, erhält jedoch keine Seitenzahl aufgedruckt.
  - Meist folgt das Inhaltsverzeichnis als Seite 2. Diese Seite erhält als erste eine Seitenzahl. Nun wird die Seitenzählung bis zur letzten Seite fortgesetzt.

- Wähle als Schriftart *Times New Roman* oder *Calibri* und als Schriftgröße 12 pt. Die Schrift längerer direkter Zitate darf etwas kleiner sein (→ Seite 89, ⑪).
- Für Fußnoten und Endnoten ist *Times New Roman* bzw. *Calibri* 9 pt zu verwenden (→ Seite 95, ⑨).
- Überschriften werden entsprechend größer und fett gesetzt (→ Seite 137).

TIPP

Verfasse den gesamten Textteil der Facharbeit in derselben Schriftart (also z. B. in *Calibri*). Ein Schriftartwechsel führt zu optischer Unruhe. Zudem entspricht ein zu „buntes" Layout nicht dem Stil einer wissenschaftlichen Arbeit. Ausnahme: Für die Überschriften kannst du ggf. eine zweite Schriftart nutzen.

- Die Arbeit muss mit eineinhalbfachem Zeilenabstand (= 1,5-zeilig) geschrieben werden. (Pfad z. B. bei Microsoft Word® 2019: → *Start* → *Absatz* → *Zeilenabstand* → *1,5 Zeilen*) – Ausnahmen: Umfangreiche direkte Zitate dürfen einzeilig verfasst werden, ebenso Fußnoten und das Literatur- und Quellenverzeichnis.
- Der Text sollte im Blocksatz geschrieben werden. (Pfad z. B. bei Microsoft Word® 2019: → *Start* → *Absatz* → *Ausrichtung* → *Blocksatz*)
- Hervorhebungen im Text sollten durch **Fett**- oder *Kursivdruck* geschehen. Du solltest sie jedoch sparsam verwenden, da sich bei gehäuftem Gebrauch die heraushebende Wirkung verliert. Eine Hervorhebung durch Unterstreichung ist unüblich, ebenso eine Hervorhebung durch unterschiedliche Farben.
- Der Text muss durch Überschriften und durch Absätze gegliedert werden.
- Leerzeilen als Gliederungselement solltest du sparsam und nur an markanten Stellen einsetzen (etwa um zwei Unterkapitel voneinander abzusetzen).
- Eine Häufung von Fehlern in den Bereichen Grammatik, Rechtschreibung und Zeichensetzung kann zur Herabsetzung der Note führen. Daher solltest du
  - die Rechtschreibkorrekturfunktion deines Schreibprogramms nutzen. Achte darauf, dass dieses nach den neuesten Rechtschreibregeln arbeitet.
  - den Text eventuell durch ein KI-Tool sprachlich korrigieren lassen.
  - in Zweifelsfällen ein aktuelles Rechtschreibwörterbuch zurate ziehen.
  - da man als Autor/-in des Textes eine gewissen „Fehlerblindheit" besitzt: die Facharbeit in jedem Fall von einer Freundin, einem Bekannten oder Verwandten auf sprachliche Stimmigkeit und Schreibstil hin überprüfen lassen.

TIPP

Unterziehe deine Arbeit einer gewissenhaften Endkontrolle. Achte darauf, dass alle Seiten vorhanden sind. Überprüfe die Seitennummerierung sowie die Lesbarkeit und Druckqualität, gerade auch bei eingescannten Objekten.

9.4 Deckblatt und Titelblatt

Deckblatt (Umschlagblatt). Dies ist die Visitenkarte der Facharbeit. Das Deckblatt entspricht dem Cover eines Buches. Hier nimmt der Lesende den ersten Kontakt mit der Arbeit auf. Deshalb sollte man es attraktiv gestalten.
Zwei Deckblatt-Varianten sind denkbar:

- Man verwendet den Umschlag der Facharbeit als Deckblatt.
- Man nutzt das erste auf den Umschlag folgende Blatt als Deckblatt. Der vordere Umschlag sollte in diesem Fall eine durchsichtige Folie sein.

In beiden Fällen besteht die Möglichkeit, das Deckblatt zu bedrucken. Aufgedruckt werden sollten das Thema (eventuell in gekürzter Form), der Name der Verfasserin/des Verfassers und eventuell das Fach/der Kurs, in dem die Arbeit geschrieben wurde, sowie Ort und Jahr der Erstellung.
Neben dem Text sollte das Deckblatt einen **Eyecatcher** enthalten. Dies kann z. B. ein im Zusammenhang mit der Arbeit stehendes Bild, eine Collage, Grafik oder Karte sein. Deiner Gestaltungsphantasie sind hier keine Grenzen gesetzt. Für die Facharbeitsnote ist das Deckblatt allerdings von untergeordneter Bedeutung. Verwende also nicht zu viel Zeit auf dessen Erstellung. Wichtig ist noch:

- Abbildungen müssen auch hier mit einem Quellenbeleg versehen werden.
- Das Deckblatt wird in der Seitenzählung der Facharbeit nicht mitgezählt.

Titelblatt. Die auf das Deckblatt folgende Seite der Facharbeit wird als *Titelblatt* bezeichnet. Es dient dazu, die Arbeit prüfungstechnisch korrekt einzuordnen und muss daher eine Reihe formaler Angaben enthalten. An vielen Schulen ist seine Gestaltung vorgegeben. Gibt deine Schule den Aufbau des Titelblattes nicht vor, kannst du dich am Beispiel auf der gegenüberliegenden Seite orientieren.
Ein Titelblatt muss die folgenden Angaben aufweisen:

- Name der Schule
- Schuljahr, Kurs und Fach, in dem die Facharbeit verfasst wurde
- Name der betreuenden Fachlehrerin bzw. des Fachlehrers
- Thema der Facharbeit (ggf. fett & größer setzen)
- Name und Vorname der Verfasserin/des Verfassers (ggf. fett & größer setzen)
- ggf. Ausgabetermin des Themas sowie der letztmögliche Abgabetermin
- Leerzeile für handschriftliche Eintragung des tatsächlichen Abgabetermins
- Leerzeile für die Quittierung der fristgerechten Abgabe der Facharbeit mit einer Unterschriftsmöglichkeit für dich sowie für die betreuende Lehrkraft
- Notenzeile
- Leerzeile für die Unterschrift der Lehrkraft, die die Arbeit bewertet hat.

Wichtig ist noch: Das Titelblatt wird bei der Seitenzählung der Facharbeit als Seite 1 gezählt. Es erhält jedoch keine Seitenzahl aufgedruckt.

TITELBLATT

Schule: Otto-Kunz-Gymnasium
Humanitätsstraße 77
21211 Neustadt

Schuljahr: 2024/2025
Kurs: Leistungskurs
Fach: Geographie
Fachlehrer: Rudolf Schlumpf

Namibia – ein Urlaubsparadies?

von

Hermine Gringer

Ausgabetermin des Themas: 12.3.2025 Abgabetermin der Arbeit: 30.5.2025

Die Facharbeit wurde eingereicht am ______________________

______________________ (Unterschrift der Schülerin/des Schülers)

______________________ (Unterschrift der Lehrkraft)

Erteilte Note: ______________________

Punkte: ______________________

______________________ (Unterschrift der Lehrkraft)

9.5 Inhaltsverzeichnis, sonstige Verzeichnisse und Vorwort

Inhaltsverzeichnis

Jede Facharbeit muss ein *Inhaltsverzeichnis* enthalten. Es spiegelt den Aufbau und die Struktur der Facharbeit wider und dient dazu, deren Gliederung auf einen Blick zu präsentieren und dem Leser so eine rasche Orientierung zu ermöglichen. Zu diesem Zweck enthält es:

- alle Nummerierungselemente der Gliederung (→ Seite 135),
- alle Überschriften der Gliederung,
- die Seitenzahlen, auf denen die einzelnen Überschriften stehen.

Wichtig ist:

- Nummerierung und Überschriften im Inhaltsverzeichnis und im laufenden Text der Facharbeit müssen völlig identisch sein.
- Es wird nur die Seitenzahl angegeben, mit der das jeweilige Kapitel bzw. Unter kapitel beginnt, und **nicht** der Anfang und das Ende des Kapitels
- Das Inhaltsverzeichnis steht auf einer eigenen Seite. Diese Seite trägt die Seitenzahl 2.
- Auf das Inhaltsverzeichnis folgt in den meisten Fällen (Ausnahmen siehe „Weitere Verzeichnisse" auf Seite 144) direkt der laufende Text der Facharbeit. Dieser beginnt immer auf einer neuen Seite.
- Es müssen auch sämtliche Verzeichnisse (Abbildungs- und Tabellenverzeichnis usw.) und die einzelnen Bestandteile des Anhangs aufgeführt werden.
- Das Inhaltsverzeichnis selbst hat keine Kapitelnummer.

Die Überschriften einer Facharbeit können nach dem *numerischen* oder dem *alphanumerischen Gliederungsverfahren* nummeriert werden (→ Seite 135). Im Inhaltsverzeichnis bieten sich nun zwei Möglichkeiten, die Überschriften in optisch ansprechender Weise zu ordnen:

Das Linienprinzip

- Hier werden alle Gliederungspunkte linksbündig untereinander gesetzt.
- Dabei gibt es drei (gedachte) senkrechte Fluchtlinien: entlang der ersten werden alle Nummern, entlang der zweiten alle Überschriften und entlang der dritten alle Seitenzahlen gesetzt.
- Alle Gliederungspunkte können in gleichem Schriftschnitt (Standard oder kursiv oder fett) und mit gleichem Zeilenabstand geschrieben werden. Es besteht jedoch auch die Möglichkeit, nur die Kapitelüberschriften durch **Fettdruck** hervorzuheben und durch einen zweizeiligen Abstand von der vorausgehenden Zeile abzusetzen (→ Beispiel auf Seite 143).

NUMERISCHES INHALTSVERZEICHNIS NACH DEM STUFENPRINZIP

Inhaltsverzeichnis

Aus einer fächerübergreifenden (Biologie, Geographie), von zwei Autoren erstellten Facharbeit

Das Stufenprinzip

Beim Stufenprinzip werden die Ziffern bzw. Buchstaben einer Gliederungsebene so gesetzt, dass sie unter dem Textanfang der jeweils nächsthöheren Gliederungsebene stehen. Auf diese Weise entstehen Stufen, was eine rasche Erfassung der einzelnen Gliederungsebenen erlaubt. Beispiele für Inhaltsverzeichnisse, die nach dem Stufenprinzip gestaltet sind, findest du auf den → Seite 143 und Seite 145.

Stufen wie auch Linienprinzip sind sowohl für numerische als auch für alphanumerische Gliederungen anwendbar. Welche der beiden Variante du wählst, hängt von deinem persönlichen Geschmack bzw. den Vorgaben der Lehrkraft ab. In vielen Fällen ist das Linienprinzip günstiger, da seine Erstellung einfacher ist und zudem mehr Platz für längere Überschriften bleibt.

Weitere Verzeichnisse

In umfangreichen Facharbeiten können zwischen dem Inhaltsverzeichnis und dem laufenden Text der Arbeit weitere Verzeichnisse eingeschoben sein:

- Abbildungsverzeichnis
- Tabellenverzeichnis
- Abkürzungsverzeichnis

All diese Verzeichnisse sollten jedoch nur angelegt werden, wenn Tabellen, Abbildungen oder Abkürzungen in der Arbeit in größerer Zahl enthalten sind. Als Richtgröße kann hier gelten: Ein Tabellenverzeichnis wird erst ab sechs bis acht Tabellen, ein Abbildungsverzeichnis ab sechs bis acht Abbildungen angelegt.

Im **Tabellenverzeichnis** werden angegeben: die Tabellennummer, die Tabellenüberschrift und die Seitenzahl der Seite, auf der die Tabelle steht.
Beispiel:

Tab. 1 Größe der Wüsten der Erde 3
Tab. 2 Niederschlag in Assuan 1970–2020 5
Tab. 3 Einwohnerzahl Ägyptens 1930-2024 8
Tab. 4 Getreideernte in Ägypten 1930-2024 11

Im **Abbildungsverzeichnis** werden alle Diagramme, Karten, Skizzen, Bilder usw. aufgelistet. In der Arbeit werden diese unterschiedslos als Abbildungen bezeichnet und fortlaufend nummeriert (→ Seite 126 ff.). Die Angaben im Abbildungsverzeichnis erfolgen in gleicher Weise wie im Tabellenverzeichnis.
Beispiel:

Abb. 1 Goethe-Haus in Frankfurt a. M. 6
Abb. 2 Dichterzimmer im Goethe-Haus 7
Abb. 3 Titelblatt der Erstausgabe des Faust 9

ALPHANUMERISCHES INHALTSVERZEICHNIS NACH DEM STUFENPRINZIP

Inhaltsverzeichnis

2

Facharbeit im Fach Deutsch mit dem Thema *Gotthold Ephraim Lessing: Minna von Barnhelm – Emanzipationskomödie oder Tellheim-Drama?*

Im **Abkürzungsverzeichnis** werden nur wenig bekannte, eher unübliche oder von dir selber entwickelte Abkürzungen aufgeführt. Hast du davon in deiner Arbeit eine größere Anzahl verwendet, kannst du diese im Abkürzungsverzeichnis in zwei nebeneinanderstehenden Spalten erläutern.
Beispiel:

idg. = indogermanisch	*Seew. = Seewesen*
Kč = tschechische Krone	*TV = Turnverein*

Im **Glossar** werden alle in der Arbeit benutzten ausgefallen Fachbegriffe und Fremdwörter erklärt. Ein Glossar ist aber nur dann sinnvoll, wenn du in deiner Arbeit eine große Zahl unüblicher Begriffe benutzt hast. Für den Fall, dass in deiner Facharbeit ein Glossar notwendig wird, solltest du dieses nahe dem Ende der Arbeit zwischen Textteil und Literaturverzeichnis platzieren und in der Einleitung deiner Arbeit auf das Glossar hinweisen.

TIPP

Kommen in deiner Facharbeit nur wenige ausgefallene Fachbegriffe und Fremdworte vor, so solltest du auf ein Glossar verzichten und die Begriffe beim ersten Gebrauch mit einer kurzen Erklärung versehen, die du in runde Klammern hinter den Begriff setzt.

In einer Facharbeit entfällt in der Regel das sogenannte **Vorwort**. Dieses gehört eigentlich nur in eine Bachelor-, Master-, Diplom- oder Doktorarbeit oder in ein durch einen Verlag veröffentlichtes Werk. In längeren Facharbeiten mag jedoch ein Vorwort sinnvoll erscheinen. Daher sei es an dieser Stelle kurz skizziert.
Das Vorwort stellt eine persönlich gehaltene Einführung des Autors in die Entstehungsgeschichte seines Werkes dar. Es kann enthalten:

- Angaben zu den persönlichen Gründen für die Themenwahl
- eine Darstellung der Anregungen, die den Autor zur Themenformulierung bewogen haben
- eine Erläuterung der Stellung und Bedeutung des Werkes in der wissenschaftlichen Welt
- die persönlichen Erwartungen, die der Autor mit der Veröffentlichung seines Werkes verknüpft
- eine Danksagung an Personen und Institutionen, die zum Erscheinen des Werkes beigetragen haben.

Einzelne Elemente des Vorwortes kannst du in die **Einleitung** deiner Facharbeit übernehmen. Verzichten solltest du aber in jedem Fall auf eine Danksagung an die Schule oder die dich betreuende Lehrkraft. Ein Loblied auf denjenigen zu singen, der deine Arbeit beurteilen muss, klingt nach Anbiederung.

9.6 Einleitung

Jede Facharbeit beginnt mit einer Einleitung. Das Wort *Einleitung* meint hierbei nicht einige unverbindliche, allgemein gehalten Sätze, die den Leser auf die Facharbeit einstimmen. Unter Einleitung ist vielmehr eine konkrete **inhaltliche Einführung in die Arbeit** zu verstehen.
Die Einleitung wird in der Regel erst dann geschrieben, wenn die Facharbeit ansonsten bereits fertiggestellt ist.

Die Einleitung hat **vier zentrale Funktionen** (→ Beispiel Seite 149):

1. Interesse des Lesers wecken ②, ⑦
Dieses kann z. B. dadurch erreicht werden, dass man die Einleitung mit einem provokanten Zitat oder Ausspruch beginnt. Doch auch die Darstellung des Alltagsproblems oder der Alltagserfahrung, die der Ausgangspunkt deiner Themenfindung war, bietet sich an. Weitere Möglichkeiten sind: ein markanter Ausspruch des behandelten Autors; ein Auszug aus einem aktuellen Zeitungsbericht; eine zum Thema passende Anekdote; …

2. Einführung in die Entstehungsgeschichte des Themas und der Arbeit ①–③
Hierzu gehören:
- persönlich gehaltene Ausführungen zur Entstehung des Themas und der Arbeit
- Erläuterung und Abgrenzung des Themas. Hierbei kann auch dargelegt werden, warum du bestimmte Aspekte des Themas nicht behandelt hast.

Dieses Element gehört nur dann in die Einleitung, wenn die Arbeit kein Vorwort enthält (→ Seite 146).

3. Vorstellen des Problemrahmens und Einordnung des Themas ④, ⑥
Hier könnten eingebracht werden:
- Formulierung der Forschungsfrage/der Ausgangsfragestellung
- Erläuterung der Zielsetzung der Arbeit
- Formulierung von Arbeitshypothesen
- Dokumentation des historischen Rahmens und der aktuellen Bedeutung des Themas
- Einordnung des Themas in den derzeitigen Forschungsstand
- bei Facharbeiten, die mit eigener Forschungsarbeit verbunden sind: die Erläuterung der Ausgangssituation und der Forschungsfrage, die man mithilfe der eigenen Forschung beantworten möchte
- Anmerkungen zur Materiallage, zur Materialauswahl und zu Problemen bei der Materialbeschaffung

4. Erläuterung des Aufbaus der Arbeit und Einführung in deren Inhalte ⑤

- Angaben zum methodischen Vorgehen
- Erläuterung der Gliederung
- als Überleitung zum Hauptteil z. B. eine kurze Vorschau auf die Inhalte der Arbeit bzw. die bedeutsamsten Aspekte des Hauptteils

Wichtig ist:

- Je nach Thema der Facharbeit wird die Einleitung nur eine bestimmte Auswahl der zuvor aufgezählten Elemente enthalten.
- Es müssen aber alle vier Funktionen der Einleitung abgedeckt sein.
- Eine zu starke Fokussierung auf einen der vier Bereiche (z. B. die ausführliche Darlegung der Umstände der Themenfindung) ist zu vermeiden.
- Die Einleitung sollte in Facharbeiten einen Umfang von einer bis eineinhalb Seiten möglichst nicht überschreiten.
- Die gewählte Überschrift sollte informativ sein und den inhaltlichen Schwerpunkt der Einleitung kennzeichnen. Beispiele: *Zielsetzung und Untersuchungsrahmen der Arbeit* oder *Der historische Hintergrund des Themas* oder *Zielsetzung der Arbeit und Begründung der Themenwahl.*
- Es reicht an dieser Stelle aber eventuell auch das Wort *Einleitung* als Kapitelüberschrift aus.
- Den vier Funktionen der Einleitung entsprechend kann der Einleitungstext in vier Absätze untergliedert werden. In umfangreicheren Arbeiten ist auch eine Unterteilung in drei/vier Unterkapitel möglich (→ Beispiel Seite 134 unten).
- Am Schluss der Einleitung sollte die Überleitung zum Hauptteil stehen. ⑦

TIPP

Du solltest in deiner Facharbeit auf eine **geschlechtergerechte (gendergerechte) Sprache** achten.
Nutze im Text der Facharbeit gendergerechte Formulierungen wie z. B. „Freundinnen/Freunde“, „Mitschüler/-innen“ oder „die weiblichen und männlichen Befragten“. Alternativ kannst du auch geschlechterneutrale Formulierungen wählen wie z. B. „die Klasse“, „die befragten Personen“ oder „die Arbeitenden“. Durch letztere Formulierungen sind neben dem männlichen und weiblichen auch alle weiteren Geschlechter abgedeckt.
Vom Duden nicht abgedeckte Schreibweisen wie etwa Schreibweisen mit Gendersternchen, Binnen-I oder Unterstrich solltest du vermeiden. Sie könnten als Rechtschreibfehler gewertet werden.
Kläre mit der betreuenden Lehrkraft ab, welche gendergerechte Schreibweise sie bevorzugt!
Weiter Tipps zur geschlechtergerechten Sprache findest du z. B. unter *https://de.wikipedia.org/wiki/Geschlechtergerechte_Sprache.*

EINLEITUNG AUS EINER FACHARBEIT

1 Einführung in die Inhalte und den Aufbau der Facharbeit

Den historischen Mittelalterkrimi „Tod und Teufel" las ich zunächst privat, als ich noch gar
nicht daran dachte, darüber meine Facharbeit zu schreiben. Das Werk von Frank Schätzing
begeisterte mich sofort, da in ihm sonst eher trockene historische Ereignisse in eine spannende
① Geschichte integriert werden. Damit lässt sich wahrscheinlich auch der große Erfolg des Krimis
erklären. Nachdem ich das Buch gelesen hatte, wollte ich mich über den Autor und über das
Buch informieren, um Hintergrundinformationen zu erhalten. Auf der Internetseite von Frank
Schätzing stieß ich dabei auf ein interessantes Statement des Autors zu „Tod und Teufel":

② > [...] Das Leben dieser Menschen wollte ich zeigen, in einer Stadt wie Köln. Dass ich dabei ein bisschen in die Geschichte eingegriffen habe, mögen mir die Historiker nachsehen. Sie müssten keine Zeile in ihren Büchern umschreiben, hätte es sich so zugetragen, wie ich es schildere. Und wer weiß – vielleicht habe ich ja sogar die Wahrheit geschrieben! Rein zufällig, versteht sich![1]

③ Durch diese Anspielung auf die historische Wirklichkeit des Krimis wurde meine Neugier
geweckt und ich wollte herausfinden, was der Autor an historischen Tatsachen in seinem Krimi
④ aufgegriffen, und welche er dazuerfunden hat. Somit stand das Thema für meine Facharbeit
fest: Die historische Wirklichkeit ausgewählter Aspekte der Haupthandlung des Buches. Ich konzentriere mich in meiner Facharbeit nur auf die für das Buch und die Handlung bedeutsamsten
Aspekte, da es zu umfassend wäre, alle im Buch genannten historischen Fakten zu überprüfen.
Den Hauptteil habe ich so gegliedert, dass ich die historischen Aspekte in der Abfolge, wie sie
⑤ sich im Buch abspielen, mit der historischen Wirklichkeit vergleiche. Zuerst habe ich den Tod
des Dombaumeisters bearbeitet, da auf diesem Ereignis die folgenden Geschehnisse basieren.
Dann folgt der Aspekt der Patrizierentmachtung, da dieser den Grund für das Mordkomplott
der Overstolzen gegen Konrad von Hochstaden und indirekt auch den Grund für den Tod des
Dombaumeisters darstellt. Im letzten Punkt wird die Existenz der im Buch agierenden Personen
überprüft. Zentrale Personen werden in einer Kurzbiographie vorgestellt.
Da die Geschichte im mittelalterlichen Köln spielt, fuhr ich in die Domstadt, um dort im
Stadtarchiv und der Stadtbibliothek zu recherchieren. Außerdem besuchte ich das Haus der
Overstolzen in der Rheingasse, um es mir von außen anzusehen.
⑥ Auf meine E-Mail vom 9.1.2005 (siehe Kapitel 7.1), in der ich dem Autor Fragen, die ich in
meiner Recherchearbeit nicht beantworten konnte, stellte, bekam ich leider bis heute keine
Antwort. Das Problem bei meinen Nachforschungen war, dass ich mir die Bücher nicht, wie
ich es in einer nähergelegenen Stadt hätte machen können, ausleihen konnte. Auch die Zeit,
alle Dokumente direkt im Archiv oder der Bibliothek in Köln sorgfältig durchzulesen, blieb mir
nicht. So musste ich alle Quellen, die wichtige Informationen beinhalten, kopieren.
Als ich einem Mitarbeiter des Stadtarchivs von meiner Arbeit erzählte, sagte er mir, dass Frank
Schätzing fast alle Ereignisse seines Krimis erfunden habe. Inwieweit dieser Mitarbeiter mit
⑦ seiner Aussage Recht hat und inwieweit Frank Schätzing mit seinem Krimi „in die Geschichte
eingegriffen hat", das werde ich nun im folgenden Hauptteil meiner Facharbeit überprüfen.

---

1 Schätzing, F., Homepage, http://www.frank-schaetzing.com (6.2.2005).

3

Facharbeit im Fach Deutsch mit dem Titel *„Der historische Wahrheitsgehalt ausgewählter Aspekte der Haupthandlung des Buches ‚Tod und Teufel' von Frank Schätzing"* verfasst von Antje Uhlenbrock.

9.7 Hauptteil

Der Hauptteil ist das Herzstück der Facharbeit. Hier legst du alle Sachinformationen dar, die du zur Beantwortung der Forschungsfrage, zur Lösung des Ausgangsproblems oder generell zur Bearbeitung der Aufgabenstellung deiner Facharbeit zusammengetragen hast. Deine Ausführungen müssen dabei konkret auf das in der Einleitung skizzierte Thema/die Zielsetzung der Arbeit bezogen sein.

Allgemeine Hinweise für die Gestaltung des Hauptteils. Die Gliederung und genaue inhaltliche Ausfüllung des Hauptteils hängen in starkem Maße vom Thema der Facharbeit ab. Generell aber gilt:

- Die Niederschrift muss in Form eines zusammenhängenden Textes erfolgen.
- Eingefügt Tabellen und Abbildungen dürfen nicht ohne Textanbindung bleiben. Sie müssen beschrieben, erläutert oder im Text aufgegriffen werden.
- Tabellen erhalten eine Überschrift, Abbildungen eine Unterschrift (→ Seite 124 ff.). Sie müssen mit einem Quellenbeleg versehen werden. Tabellen und Abbildungen werden fortlaufend nummeriert (Abb. 1, Abb. 2, ...).
- Der Hauptteil ist in mehrere Kapitel und gegebenenfalls Unterkapitel untergliedert, die jeweils eigenständige Überschriften erhalten.
- Dabei ist „Hauptteil“ keine zulässige Überschrift.
- Der Text wird durch Überschriften und Absätze in Abschnitte untergliedert. Diese dürfen nicht beziehungslos nebeneinanderstehen, sondern müssen inhaltlich aufeinander bezogen sein.
- Die Untergliederung des Textes durch Überschriften und Absätze darf nicht zu kleinschrittig vorgenommen werden.
- Bezüge zwischen den Textabschnitten können durch Querverweise angedeutet werden, etwa in der Form „... (siehe Seite 2)“.
- Die Darstellung sollte geordnet erfolgen. Argumentationslinien sollten deutlich herausgearbeitet werden.
- Die wertfreie Darstellung der ermittelten Daten und Fakten und deren kritische Reflexion und Bewertung müssen klar voneinander getrennt werden.
- Die Inhalte im Hauptteil müssen
  - sachlich richtig sein;
  - mit den Angaben in den benutzten Quellen übereinstimmen;
  - widerspruchsfrei und verständlich dargestellt werden;
  - überprüfbar sein; dies wird dadurch gewährleistet, dass alle aus fremden Quellen übernommenen Informationen mit einem Quellennachweis versehen werden (→ Kapitel 7);
  - klar auf das Thema der Arbeit bezogen sein; Abschweifungen von der Themenlinie sind zu vermeiden.

9.8 Schlussteil

Obwohl dieser Teil den Abschluss des Textteils der Facharbeit bildet, steht das Wort *Schluss* hier weniger für *Ende*, als vielmehr für *Schlussfolgerung*. Inhaltlich sollte der Schlussteil damit zum einen eine Abrundung der Argumentation des Hauptteils bieten und zum anderen die aus den Ergebnissen des Hauptteils zu ziehenden Schlussfolgerungen aufzeigen. Er enthält keine neuen Sachinformationen (diese gehören in den Hauptteil) und in der Regel auch keine Quellenbelege.

Elemente des Schlussteils sind (→ Beispiel Seite 152):

Zusammenfassung ①
Der Schlussteil sollte eine kurze, prägnante Zusammenfassung der Kerninhalte des Hauptteils oder der ermittelten Forschungsergebnisse enthalten (Resümee).

Bezug zum Ausgangspunkt der Arbeit ②
Im Schlussteil sollte der Bogen zum Ausgangspunkt der Arbeit geschlagen werden:

- Es sollte dargelegt werden, inwieweit das gesteckte Arbeitsziel erreicht wurde.
- Die Forschungsfrage sollte soweit möglich beantwortet werden.
- Du solltest erläutern, inwieweit die Ausgangshypothese(n) durch die Arbeit bestätigt oder widerlegt wurde(n).

Wertung/persönliche Stellungnahme ②

- Die im Hauptteil dokumentierten Fakten können bewertet und kritisch kommentiert werden. Dabei sollte die Bewertung für den Leser nachvollziehbar sein, d. h. argumentativ gestaltet und auf die zuvor dokumentierten Fakten bezogen werden. ③
- Im Schlussteil können die Ergebnisse der Arbeit in den Gesamtrahmen/die derzeitige Forschungslage eingeordnet werden.

Ausblick/Forderungen/offene Fragen

- Schlussfolgerungen/Forderungen, die sich aus den Ergebnissen des Hauptteils für die weitere Arbeit, für neue Handlungskonzepte usw. ergeben, werden dokumentiert. ④
- Noch offen gebliebene oder aber neu aufgetauchte Fragen werden aufgeführt.
- Schlussappelle sind möglich. ⑤

Der Schlussteil deiner Facharbeit muss nicht alle, sollte aber möglichst viele der obengenannten Elemente enthalten.

SCHLUSSTEIL AUS EINER FACHARBEIT

9 Sinn oder Unsinn der Tanztherapie

① Zusammenfassend ist zu sagen, dass sich die Tanztherapie als eine erfolgreiche Form der Therapie bei erstaunlich vielen Krankheiten erweist. Dies lässt sich vor allem mit Hilfe der Theorie der „Körper-Geist-Seelen-Einheit" erklären.

② Auf der Basis meiner Recherchen zum Thema Tanztherapie in der Fachliteratur und nach Auswertung der von mir geführten Interviews mit Spezialisten komme ich zu dem Schluss, dass der Tanz als Therapieform ein gut durchdachtes und sinnvolles Heilungskonzept ist. Denn auch ich bin der Meinung, dass man den Köper eines Menschen und seine Seele nicht separat betrachten kann, sondern als „Köper-Geist-Seelen-Einheit" sehen muss.

③ So gibt es bei allen körperlichen Krankheiten immer auch einen seelischen Aspekt. Eine physische Krankheit wie z. B. Krebs kann sich durch eine angespannte bzw. entspannte private Situation subjektiv wie auch objektiv verschlechtern bzw. verbessern. Auch gibt es körperliche Beschwerden, die (vorwiegend) seelische Ursachen haben, z. B. wenn ein Kind vor einer Mathematikklausur Bauchschmerzen bekommt.
Seele und Körper arbeiten somit zusammen und man kann nicht den einen Teil ohne Beachtung des andern heilen. Und genau dort setzt die Tanztherapie an. Sie verbindet beide Aspekte auf natürliche Weise, indem sie die körperliche Bewegung als Ausdruckselement der seelischen Befindung nutzt.
Bedauerlich finde ich jedoch, dass die Tanztherapie bisher eine so geringe Aufmerksamkeit und somit Verbreitung erlangt hat, was zum Teil auch durch das nicht Übernehmen von Kosten durch die Krankenkasse bedingt ist, zum Teil aber sicherlich auch durch die zwar erkennbaren, jedoch schwer messbaren bzw. in Prozentzahlen anzugebenden
④ Erfolge. Hier wäre eine verstärkte Öffentlichkeitsarbeit der Therapeutenverbände hilfreich, um die durch Tanztherapie erzielten Behandlungserfolge publik zu machen. Auch sollten die Krankenkassen meiner Meinung nach erneut prüfen, ob die Tanztherapie nicht bei bestimmten Krankheiten als Therapieform zugelassen werden kann.
Ich denke, wenn man neuen Dingen offen gegenüber steht oder sich einfach einmal auf Unbekanntes einzulassen versucht, ist diese Form von kreativer Therapie sehr erfolgreich. Die mir bekannten Fallbeispiele und ihre Erfolge zeigen, dass man durch die Tanztherapie alleine oder im Zusammenwirken mit anderen Therapien sehr gute Ergebnisse erzielen kann. Da es sich um eine Therapie handelt, die auch die psychische Ebene einbezieht, ist es allerdings oft so, dass sich hierbei keine sofortige und zeitnahe, jedoch dafür eine wahre Heilung einstellt. [...]

⑤ Somit macht es meiner Meinung nach durchaus Sinn, den Versuch einer kreativen Therapie in der Form des Tanzes zu wagen.

– 14 –

Facharbeit im Fach Pädagogik mit dem Titel *„Tanz als Therapie"* verfasst von Christina Uhlenbrock

9.9 Anhang

Mit dem Schlussteil ist der Textteil der Facharbeit abgeschlossen. Es folgt in jedem Fall das Literatur- und Quellenverzeichnis. Hieran schließt sich ggf. ein Anhang an.

Was gehört in den Anhang?
Generell sind dies Dokumente und Informationen, die mit dem Textteil der Arbeit in engem Zusammenhang stehen und diesen ergänzen, dort aber den Argumentationsgang optisch oder inhaltlich stören würden. Zudem Originalquellen, die für den Leser nur schwer oder gar nicht zu beschaffen sind. Dies können z. B. sein:

- wichtige Originaldokumente
- Kopien historischer Quellen
- Gesetzestexte
- Versuchsanleitungen/-vorschriften
- Interview-/Fragebögen
- Interviewmitschriften
- Beobachtungsprotokolle
- Bestimmungstabellen
- Schaltskizzen
- Programmierungsprotokolle
- umfangreiches statistisches Material (z. B. aus Experimenten gewonnene Rohdaten)
- große Karten (z. B. Faltkarten)
- Zeitungsartikel
- E-Mails, die im Zusammenhang mit der Arbeit versandt oder empfangen wurden
- Fotos, die im Zusammenhang mit der Arbeit entstanden sind.

All diese Elemente können der Facharbeit im Anhang beigefügt werden, sie müssen es jedoch nicht. Viele Facharbeiten kommen gänzlich ohne Anhang aus. Also: Überlade den Anhang deiner Facharbeit nicht!

Um Plagiaten vorzubeugen (→ Seite 86 f.) fordern viele Schulen, alle benutzten **Internetquellen** sowie die **Chatverläufe mit generativer KI** im Original in den Anhang einzufügen. Wie bei allen Bestandteilen des Anhangs kann dies in gedruckter Form oder auf einem Datenträger (z. B. USB-Stick) geschehen.

Formale Gestaltung des Anhangs
- Auch der Anhang wird in einzelne Unterkapitel eingeteilt. Dabei bildet jedes Dokument im Anhang ein eigenes Unterkapitel.
- Die Anhang-Unterkapitel werden nummeriert und im Inhaltsverzeichnis aufgeführt (→ Seite 143). So kann im Text leicht auf Dokumente aus dem Anhang verwiesen werden.
- Ebenso wie das Literatur- und Quellenverzeichnis wird der Anhang in die fortlaufende Seitenzählung einbezogen.
- Ist eine Höchstzahl an Seiten für die Facharbeit vorgegeben, wird der Anhang hierauf aber nicht angerechnet.

Die Tatsache, dass der Anhang nicht auf die Seitenzahl angerechnet wird, verleitet dazu, bei Überschreitung der vorgegebenen Seitenhöchstzahl so viel als möglich in den Anhang zu verlagern. Das ist allerdings nicht erlaubt und zudem nicht sinnvoll: Alle themenrelevanten Sachinformationen, Daten und Fakten gehören in den Hauptteil und haben im Anhang nichts zu suchen. Folglich fließen im Anhang aufgeführte Sachinformationen auch nicht in die Note der Facharbeit ein.

9.10 Erklärung zur selbstständigen Abfassung

Das letzte Blatt der Facharbeit muss die sogenannte Schlusserklärung sein:

- Auf dem Blatt befindet sich außer der Schlusserklärung kein weiterer Text.
- Das Blatt muss eigenhändig mit einer Datums- und Ortsangabe versehen und unterschrieben werden.
- Es hat rechtsverbindlichen Charakter.
- Der Wortlaut der Erklärung ist, von kleineren Abwandlungen abgesehen, in den meisten Bundesländern ähnlich.
- Bildet die Schlusserklärung die letzte Seite der Arbeit, bleibt sie ohne Seitenzahl und wird nicht im Inhaltsverzeichnis aufgeführt.
- Wird sie, wie in einigen Bundesländern vorgegeben, zwischen Literatur- und Quellenverzeichnis und einem eventuellen Anhang eingeschoben, erhält sie eine Kapitelnummer und eine Seitenzahl und taucht im Inhaltsverzeichnis auf.

Bei einer **Gruppenarbeit** muss jedes Gruppenmitglied eine eigene Schlusserklärung abgeben. In ihr müssen die Teile der Arbeit, die vom unterzeichnenden Gruppenmitglied verfertigt wurden, konkret benannt werden.

SCHLUSSERKLÄRUNG

Erklärung

Hiermit erkläre ich, dass ich die vorliegende Arbeit eigenständig und ohne fremde Hilfe verfasst und keine anderen als die im Literatur- und Quellenverzeichnis angegebenen Quellen und Hilfsmittel verwendet habe.
Insbesondere versichere ich, dass ich alle wörtlichen und sinngemäßen Übernahmen aus anderen Werken als solche kenntlich gemacht habe.
Zudem erkläre ich, dass ich bei Nutzung von generativen KI-Tools diese Werkzeuge vollständig im Literatur- und Quellenverzeichnis unter der Rubrik „Hilfsmittel" mit ihrem Produktnamen, der bereitstellenden Firma und einer Auflistung aller im Rahmen dieser Facharbeit genutzten Funktionen aufgeführt habe.

____________________ ____________________

Ort, Datum Unterschrift

9.11 Einverständniserklärung

Oft wird zusätzlich zur Schlusserklärung noch eine weitere Erklärung gefordert, nämlich die Einverständniserklärung für die schulinterne Veröffentlichung der Facharbeit z. B. im Rahmen von Ausstellungen oder im Unterricht nachfolgender Jahrgänge. Diese Erklärung hat etwa folgenden Wortlaut:

EINVERSTÄNDNISERKLÄRUNG

Einverständniserklärung

Hiermit erkläre ich, dass ich damit einverstanden bin, die von mir verfasste Facharbeit der schulinternen Öffentlichkeit zugänglich zu machen.

______________________	______________________
Ort, Datum	Unterschrift

9.12 Kolloquium und Ergebnispräsentation

Nach der Korrektur der Facharbeit durch die Fachlehrerin/den Fachlehrer steht in der Regel das Kolloquium an. Hier musst du einem Gremium von Lehrkräften in einem „wissenschaftlichen Gespräch" Rede und Antwort zu deinem Werk stehen. Wie dieses Gremium zusammengesetzt ist, wie lange das Kolloquium dauert und welchen Anteil das Kolloquium an der Gesamtnote der Facharbeit einnimmt, all dies ist je nach Bundesland sehr unterschiedlich. Du wirst jedoch von deiner Schule rechtzeitig über die Rahmenbedingungen des Kolloquiums informiert.

lat. *colloquium* = Gespräch, Unterredung

Ziel des Kolloquiums. Das Kolloquium wird auch als „Verteidigung der Facharbeit" bezeichnet. Diese Benennung macht bereits deutlich, worum es im Kolloquium geht: Es soll überprüft werden

- ob du die eingereichte Facharbeit selbst recherchiert und erstellt hast und
- ob du die dort dokumentierten Schlussfolgerungen und Wertungen selbst gezogen und durchdacht hast.

Angesichts der fortschreitenden Fähigkeiten generativer KI-Tools wie ChatGPT kommt dem Kolloquium eine immer größere Bedeutung zu. Hat eine Facharbeitsautorin/ein Facharbeitsautor KI-generierte Antworten einfach abgeschrieben und als eigene Denkleistung ausgegeben, dann wird dieses spätestens im Kolloquium auffallen.

Vorbereitung auf das Kolloquium. Gegenstand des Kolloquiums ist also deine Facharbeit und ihr Entstehungsprozess. Zur Vorbereitung auf das Kolloquium solltest du daher die Facharbeit nochmals intensiv lesen und reflektieren.

Folgende Fragen können dabei eine Hilfe sein:
- Wie kann ich die Ergebnisse meiner Facharbeit prägnant zusammenfassen?
- Konnte die zu Beginn formulierte Forschungsfrage im Zuge der Facharbeit beantwortet werden? Konnte das Ausgangsproblem im Zuge der Facharbeit gelöst werden?
- Welches waren die zentralen Schritte bei der Erstellung meiner Arbeit (z. B. bei der Quellenrecherche, im methodischen Vorgehen)?
- Wie kann ich die Schwerpunktsetzung in meiner Facharbeit begründen?
- Wie kann ich meine Entscheidungen an markanten Punkten der Facharbeit erklären (z. B. meine Entscheidung für eine bestimmte Gliederung, für die Reihenfolge der Kapitel, für die Darstellung der Ergebnisse etwa in Form eines bestimmten Diagramms, für die eingebundenen Abbildungen)?
- Wie kann ich meine in der Facharbeit dargelegten Schlussfolgerungen und Wertungsaussagen begründen und im Streitgespräch verteidigen?
- Welche Probleme sind bei der Erstellung der Arbeit aufgetreten und wie habe ich diese gelöst?
- Welches ist mein persönliches Resümee bezüglich des Entstehungsprozesses der Arbeit? Würde ich nochmals in gleicher Weise vorgehen? Gibt es Verbesserungsmöglichkeiten und falls ja, welche?
- Gab es verbesserungswürdige Punkte in der Betreuung und Begleitung durch die Schule?

Verhalten im Kolloquium.
- Beim Gespräch zwischen dir und den Fachlehrern/-innen solltest du genau zuhören und in deinen Beiträgen konkret auf die Fragen, Impulse und Anregungen deiner Gesprächspartner/-innen eingehen.
- Tritt selbstsicher und geschickt auf. Trage deine Redebeiträge ruhig und strukturiert vor. Erbitte ggf. einen Moment Zeit zum Überlegen.
- Ist eine Frage für dich unklar, bitte die Lehrperson sie anders/neu zu formulieren.
- Beziehe dich im Gespräch an allen passenden Stellen konkret auf deine Facharbeit, deren Erstellung und deine Erfahrungen aus dem Erstellungsprozess.

In einigen Bundesländern kann das Kolloquium durch eine Präsentation der Facharbeit vor dem Kurs bzw. vor der (Schul)Öffentlichkeit ersetzt oder ergänzt werden. Für diese Präsentation gelten dann ähnliche Vorgaben wie für ein Referat (→ Kapitel 10).

9.13 Kriterien für die Bewertung

Bevor du deine Facharbeit abgibst, solltest du sie nochmals kritisch durchsehen. Versuche dabei die Position derjenigen/desjenigen einzunehmen, der deine Arbeit korrigieren und bewerten wird. Suche also nach möglichen Schwachstellen – denn noch ist Zeit, diese zu beseitigen. Aber: Welche Aspekte sind für die Bewertung einer Facharbeit relevant?

Prinzipiell sind dies **formale**, **methodische** und **inhaltliche Aspekte**. Deren Gewichtung ist dabei nicht generell festgelegt. Sie kann je nach Fach, Thema und Art der Arbeit, aber auch je nach Bundesland und Schule unterschiedlich aussehen. Allerdings werden die formalen Bewertungsaspekte in der Regel geringer gewichtet als die methodischen und diese wiederum geringer als die inhaltlichen. Ein Wertungsverhältnis von 25 : 35 : 40 ist z. B. durchaus realistisch. Anhand zweier Beispiele seien die **Bewertungskriterien** veranschaulicht:

- Im Beispiel unten findest du einen Auszug aus der Begründung einer Facharbeitsnote.
- Die Checkliste auf den Folgeseiten gibt dir eine Übersicht über alle wichtigen Bewertungskriterien für Facharbeiten.

AUSZUG AUS DEM NOTENGUTACHTEN

[...]

Gesamturteil

Die Facharbeit weist eine Reihe von Stärken auf. So wurde sie formal in weiten Teilen überzeugend ausgeführt. Die Layout- und Gestaltungsvorgaben wurden berücksichtigt und sicher umgesetzt. Materialrecherche und Materialauswertung erfolgten in sehr zufriedenstellender Weise. Sie haben sich differenziert und sachlich nachvollziehbar mit der Rassenlehre des Nationalsozialismus auseinandergesetzt. Ihre abschließende Stellungnahme erfolgte engagiert und wissenschaftlich fundiert. Die Quellenbelege sowie die Strukturierung des Textes sind als gelungen zu bezeichnen.

Neben diesen Stärken weist die Facharbeit jedoch auch Schwächen auf: So wurde das Facharbeitsthema nicht klar erfasst. Dessen Bearbeitung bleibt unscharf. Der Darstellungsschwerpunkt wurde nicht themenbezogen gewählt. Auch wurden fragwürdige Quelleninhalte sprachlich nicht deutlich als solche gekennzeichnet und nicht direkt im Anschluss kommentiert und diskutiert. Schließlich muss die hohe Zahl an sprachlichen Schwächen und Rechtschreibfehlern negativ angemerkt werden.

Note: befriedigend (minus)

16. Juni 2024, ____________________
(Datum / Fachlehrer)

9.14 Checkliste: Kriterien zur Bewertung

TIPP

Kopiere diese Seiten und stelle sie auch der Freundin, dem Freund oder Bekannten zur Verfügung, die/der deine Facharbeit Korrektur liest.

Thema der Facharbeit: ______________________________

____

Autor/-in der Facharbeit: ______________________________

1 Formale Aspekte

	ja	z. T.	nein
Enthält die Arbeit alle notwendigen Bestandteile? (→ Seite 130)			
Ist die Arbeit geheftet bzw. gebunden?			
Stimmt die äußere Form (einseitige Beschriftung, Einband und Seiten sauber und knitterfrei)?			
Ist die Druckqualität ausreichend?			
Wurden die Vorgaben für Seitenaufbau und Layout eingehalten? (→ Seite 138)			
Stimmt der Aufbau von Deckblatt und Titelblatt? (→ Seite 140 f.)			
Ist das verwendete Gliederungssystem stimmig und konsequent umgesetzt worden? (→ Seite 131 f.)			
Sind die Kapitelüberschriften prägnant und in der Gestaltung einheitlich (z. B. alle im Nominalstil)?			
Sind alle Kapitel und Unterkapitel korrekt nummeriert worden? (→ Seite 135)			
Enthält das Inhaltsverzeichnis zu jedem (Unter)Kapitel die Nummerierung, Überschrift und die Angabe der Seite, auf der das (Unter)Kapitel beginnt?			
Stimmen die Überschriften im Inhaltsverzeichnis und im Text der Facharbeit überein?			
Wurden direkte Zitate richtig gekennzeichnet und wiedergegeben? (→ Seite 87 ff.)			
Wurden direkte und indirekte Zitate mit korrekten Quellenbelegen versehen? (→ Seite 90 ff. und 96)			
Bei Nutzung generativer KI-Tools: Wurde bei Textabschnitten, Abbildungen usw., die mit der Nutzung generativer KI-Werkzeuge in Verbindung stehen, deutlich auf Form und Umfang der KI-Nutzung hingewiesen?			
Wurden Tabellen fortlaufend nummeriert und mit Überschrift sowie Quellenangabe versehen? (→ Seite 124 f.)			
Wurden Abbildungen fortlaufend nummeriert und mit Unterschrift sowie Quellenangabe versehen? (→ Seite 126 f.)			
Sind Tabellen und Abbildungen formal korrekt aufgebaut? (→ Seite 124 ff.)			
Sind Tabellen und Abbildungen in der Größe ausreichend und gut lesbar?			

	ja	z. T.	nein
Sind die Quellenangaben im Literatur- und Quellenverzeichnis vollständig und formal korrekt? (→ Seite 100 ff.)			
Enthält das Quellenverzeichnis alle zitierten Quellen?			
Falls generative KI-Tools genutzt wurden: Sind diese im Quellenverzeichnis in der Rubrik „Hilfsmittel" unter Angabe des Produktnamens, der bereitstellenden Firma und der Auflistung aller im Rahmen der Facharbeit genutzten Funktionen vollständig aufgeführt worden?			
Wurde im Textteil der Facharbeit die Schriftsprache benutzt?			
Stimmen Rechtschreibung, Zeichensetzung und Grammatik? (Grenze: etwa fünf Fehler/Seite)			
Sind die Schlusserklärung und ggf. auch die Einverständniserklärung beigefügt? (→ Seite 154 f.)			

2 Methodische Aspekte

	ja	z. T.	nein
Ist die Gliederung nachvollziehbar, logisch und dem Thema der Facharbeit angemessen?			
Ist die Darstellung schlüssig, ohne gedankliche Sprünge, Lücken und Wiederholungen?			
Wurde die Einleitung in Bezug auf Umfang und Strukturierung stimmig gestaltet? (→ Seite 147 f.)			
Ist der Schlussteil, in dem die Ergebnisse der Arbeit zusammengefasst, kommentiert, bewertet werden, im Umfang angemessen? (→ Seite 151 f.)			
Sind Bezüge zwischen Einleitung, Hauptteil und Schlussteil hergestellt worden?			
Sind Schlussfolgerungen, Wertungen und Thesen nachvollziehbar begründet worden?			
Ist die Fachsprache in ausreichendem Umfang und in stimmiger Weise angewandt worden?			
Wurden ungewöhnliche Fachbegriffe und Abkürzungen erläutert (in Klammern hinter dem Begriff oder in separaten Verzeichnissen)?			
Wurden die erforderlichen fachlichen Methoden sachgemäß angewandt (z. B. Quellenauswertung, Textanalyse, Aufbau eines Experimentes, Auswertung von Karten, Diagrammen, Tabellen)?			
In Forschungsarbeiten: Ist der methodische Ansatz nachvollziehbar dargestellt und sind die Ergebnisse exakt dokumentiert und ausgewertet worden? (→ Kapitel 8)			
Ist die Literatur- und Quellenrecherche in Umfang und Tiefe stimmig, also nicht zu schmal?			
Wurde auf Aktualität und wissenschaftliche Relevanz der Quellen geachtet?			
Sind Quellen sachgerecht ausgewertet und in Form direkter wie indirekter Zitate sinnvoll in den Text eingebracht worden? (→ Kapitel 7)			
Nehmen direkte Zitate maximal 5 % des Textteils der Arbeit ein?			
Wurden Textinhalte ausreichend durch Quellenbelege abgesichert? (→ Seite 90 ff. und 96)			
Bei Nutzung generativer KI-Tools: Erfolgte die Nutzung dieser Werkzeuge ausschließlich im Rahmen der von der Schule/Fachlehrkraft gesetzten Vorgaben?			

	ja	z. T.	nein
Wurden KI-basierte Werkzeuge unterstützend und nicht als Ersatz für eigenständig zu erbringende (Formulierungs-)Leistungen eingesetzt?			
Wurden in die Facharbeit eingebundene KI-generierte Inhalte mit der notwendigen kritischen Distanz verwendet und ggf. kommentiert.			
Sind in der Arbeit verwandte KI-generierte Inhalte auf Stimmigkeit hin überprüft worden?			
Wurde auf strittige oder widersprüchliche Quelleninhalte hingewiesen?			
Ist klar zwischen der Darstellung von Fakten, der Wiedergabe der Meinung anderer und der eigenen Wertung/Position unterschieden worden?			
In Forschungsarbeiten: Wurden die Ergebnisse durch Abbildungen veranschaulicht? (→ Seite 126 ff.)			
Ist die Darstellung verständlich, sprachlich präzise und im Ausdruck differenziert?			

3 Inhaltliche Aspekte

	ja	z. T.	nein
Wurde die Themenstellung der Facharbeit korrekt erfasst?			
Hast du den Text der Facharbeit selbst formuliert (keine Plagiate, keine KI-generierten Passagen ohne Kommentierung; → Kapitel 2 und Seite 86 f.)			
Konnte das Thema – soweit notwendig – sinnvoll eingegrenzt werden?			
Ist aus dem Thema eine eindeutige Forschungsfrage/Problemstellung abgeleitet worden?			
Gelang die Auseinandersetzung mit dem Thema differenziert und strukturiert?			
Weisen alle Teile der Facharbeit einen klaren Themenbezug auf?			
Wurden alle Gliederungspunkte inhaltlich angemessen gefüllt?			
Gelang die Darstellung der Sachinhalte vollständig, richtig, widerspruchsfrei und überprüfbar? (ausreichende Quellenbelege → Kapitel 7)			
Ist die inhaltliche Auswahl der direkten wie auch indirekten Zitate überzeugend? (→ Seite 87 f. und 96)			
Ist die Argumentationsbreite stimmig?			
Erfolgte die Auswertung und Interpretation der Quellen sowie gegebenenfalls der Ergebnisse eigener Forschung differenziert und schlüssig?			
Sind die formulierten Schlussfolgerungen inhaltlich stimmig?			
Wurden Tabellen und Abbildungen in den Text eingebunden und ist deren Beschreibung, Auswertung und Interpretation sachlich richtig?			
Weist die Arbeit neben der Darstellung von Sachinformationen auch selbstständige und kritische Wertungen auf?			
Sind diese mit fundierten Argumenten begründet worden?			
Wurden stimmige Zusammenfassungen formuliert?			
In Forschungsarbeiten: Wurden die praktischen Arbeitsteile eigenständig geplant und durchgeführt? Ist in der Arbeitsplanung Engagement, Kreativität und die Beherrschung fachspezifischer Arbeitsmethoden erkennbar? Hat man aufgetretene Probleme richtig erfasst und kreativ zu lösen versucht?			
In fremdsprachlichen Fächern: Wurden die fremdsprachlichen Abschnitte der Arbeit korrekt und stimmig gestaltet?			

Die Facharbeit – Aufbau, Gestaltung und Bewertung

9

BESTANDTEILE DER FACHARBEIT

- Deckblatt (mit „Eyecatcher")
- Titelblatt
- Inhaltsverzeichnis
- Textteil mit Einleitung, Hauptteil, Schlussteil
- Literatur- und Quellenverzeichnis
- Schlusserklärung (+ ggf. Einverständniserklärung)
- ggf. Anhang

GLIEDERUNG DER FACHARBEIT

- Ziel: roten Faden der Facharbeit sichtbar machen und der/dem Lesenden schnelle Orientierung ermöglichen
- Gliederungsprinzipien: chronologisch - analytisch - deduktiv - induktiv - vergleichend - forschungsorientiert
- Gliederungspunkte: (Unter)Kapitelnummer + (Unter)Kapitelüberschrift
- Überschriften: möglichst im Nominalstil

FUNKTIONEN DER EINLEITUNG

- Interesse der Leserin bzw. des Lesers wecken
- in die Entstehungsgeschichte des Themas und der Arbeit einführen
- Forschungsfrage/Ausgangsproblem/formulierte Hypothesen vorstellen und in den wissenschaftlichen Kontext einordnen
- in den Aufbau der Facharbeit einführen
- zum Hauptteil überleiten

KRITERIEN EINES GUTEN HAUPTTEILS

- stellt Sachinformationen zur Beantwortung der Forschungsfrage/Überprüfung der aufgestellten Hypothesen geordnet dar
- ist sachlich richtig
- ist widerspruchfrei und verständlich
- seine Inhalte sind für den Lesenden überprüfbar (→ Quellennachweise!)
- ist klar auf das Thema der Arbeit bezogen
- in der Darstellung sind Fakten und deren Bewertung/Reflexion klar getrennt

ELEMENTE IM SCHLUSSTEIL

- Zusammenfassung der Forschungsergebnisse/der Kerninhalte des Hauptteils
- Rückgriff auf die Forschungsfrage/das Ausgangsproblem/die erstellten Hypothesen
- ggf. Bewertung/kritische Kommentierung der im Hauptteil dokumentierten Fakten
- ggf. Schlussfolgerungen aus den Ergebnissen der Literaturrecherche/der eigenen Forschung
- ggf. offen gebliebene oder neue Fragen
- ggf. Schlussappell

10 Das Referat

Während man seine Facharbeit in aller Ruhe am eigenen Schreibtisch erstellen kann, ist ein Referat von ganz anderem Kaliber: Eine Live-Veranstaltung, bei der alles punktgenau stimmen muss.
Doch auch ein Referat lässt sich minutiös planen und kann sogar Spaß machen. Wie man dem Liveauftritt ein wenig von seinem Schrecken nehmen kann, das stellt dir das Schlusskapitel dieses Buches vor.
Dennoch: Etwas Lampenfieber wird immer bleiben – und das ist auch gut so.

10.1 Das Besondere

In puncto Vorbereitung weisen Referat und Facharbeit viele Gemeinsamkeiten auf: So sind Themenwahl und Arbeitsorganisation ebenso wie Informationsbeschaffung und Quellenauswertung bei beiden im Grunde gleich (→ Kapitel 2 bis 5). Auch ist die Gliederung prinzipiell genauso zu gestalten wie die Gliederung einer Facharbeit (→ Kapitel 9.2): Das Referat wird in Kapitel und Unterkapitel unterteilt. Jedes (Unter)Kapitel erhält eine Überschrift. Alle Kapitel werden fortlaufend nummeriert.

Das Referat ist ein mündlicher Vortrag.

Daneben zeichnen das Referat aber auch einige Besonderheiten aus:

- **Mündlicher Vortrag**. Ein Referat wird mündlich vorgetragen und kann allenfalls durch ein schriftliches Handout (Thesenpapier) ergänzt werden.
- **„Live-Veranstaltung“**. Zwar kann man ein Referat zu Hause vorbereiten, sein genauer Verlauf ergibt sich aber erst in dem Moment, in dem es gehalten wird.
- **Zuhörerorientiert**. Ein Referat richtet man auf die Zuhörenden aus. Es ist von großer Bedeutung für die Gestaltung deines Referates, ob es du es vor den Mitschülern/-innen des LK Mathematik, vor der gesamten Jahrgangsstufe oder vor einem Prüfungsgremium im Rahmen der mündlichen Abiturprüfung hältst.
- **Visualisierung**. Ein Referat lebt nicht vom Text allein, sondern in gleichem Maße auch von der Veranschaulichung und Präsentation der Inhalte. Medien kommt damit in Referat eine wichtige Bedeutung zu.
- **Vortragsraum.** Beim Referat spielt der Raum, in dem es gehalten wird, eine wichtige Rolle. Seine Akustik, die Möglichkeiten zum Medieneinsatz, die Sitzordnung – all das bestimmt die Präsentation der Inhalte wesentlich mit.
- **Mitwirken der Zuhörenden**. Ein Referat kann durch die Zuhörenden mitgestaltet werden, etwa durch Nachfragen oder den bewussten Einbezug der Zuhörer/-innen durch den Referierenden.
- **Vorbereitungszeit.** Sie ist meist deutlich kürzer als bei einer Facharbeit.

10.2 Vorbereitung

Der Zeitrahmen

Bei einem Referat steht in aller Regel deutlich weniger Zeit für die Erstellung zur Verfügung als bei einer Facharbeit. Deshalb solltest du

- direkt nach der Themenstellung mit der Vorbereitung beginnen,
- die Vorbereitung des Referates genau und effektiv planen (→ Seite 11 ff.) und
- den Zeitplan möglichst auch einhalten.

Nur so vermeidest du zeitliche Engpässe, inhaltliche Lücken und überhastete Entscheidungen bei der Visualisierung und Präsentation.

Das Thema

Bei Referaten wird das Thema in vielen Fällen von der Lehrperson/der Schule vorgegeben. Falls dies nicht der Fall ist, gelten hier die gleichen Grundregeln für die Themenfindung wie bei einer Facharbeit (→ Kapitel 3).
In jedem Fall ist es angesichts der oft nur kurzen Vorbereitungszeit wichtig, das Thema zusammen mit der Lehrkraft so präzise und eindeutig wie möglich zu formulieren und bei allen im Verlauf der Vorbereitung auftauchenden Unklarheiten zügig mit der Lehrerin oder dem Lehrer Rücksprache zu nehmen.

Wichtige Vorüberlegungen

Liegt das Thema deines Referates fest, so kläre zunächst die folgenden Fragen:

- Welches sind die zentralen **inhaltlichen Aspekte** des Themas? Was soll im Referat dargestellt, beschrieben, erläutert, widerlegt, bewiesen oder erörtert werden?
- Was gibt die Themenstellung als **methodisches Ziel** vor? Soll hier etwas objektiv beschrieben werden? Geht es um die Erklärung eines Sachverhaltes/Zusammenhanges? Ist die Diskussion einer bestimmten Situation/Position gefordert? Oder soll der kritische Umgang mit bestimmten Medien nachgewiesen werden?
- Welches ist die **Zielgruppe** des Referates? Wie sieht das Zuhörerprofil aus? Handelt es sich um eine dir bekannte oder unbekannte Gruppe, um einen großen oder kleinen Zuhörerkreis, um Zuhörer mit oder ohne Fachkompetenz, um eine Prüfungskommission …? Was kannst du bei den Zuhörern an Vorwissen zum Thema voraussetzen? In welcher Form kannst du die Zuhörer eventuell in das Referat einbinden?
- Welche **Funktion** hat das Referat? Ist es in den Unterricht eingebunden? Welchen Beitrag zum Fortgang des Unterrichts soll es leisten? Kann man im Referat auf vorausgegangene Unterrichtsinhalte zurückgreifen? Soll man im Referat nachfolgende Unterrichtsinhalte vorbereiten? Oder handelt es sich um ein Referat im Zusammenhang mit deiner Abiturprüfung?

Das Referat sollte auf die Zielgruppe ausgerichtet werden.

- Wie sehen die **Rahmenbedingungen für die Erstellung** des Referates aus?
  - Wie viel Zeit steht für die Erstellung zur Verfügung?
  - Wie lang muss/darf das Referat sein?
  - Welches sind meine Stärken und Schwächen als Referent/-in? Welche Präsentationstypen liegen mir? Was ist meine bevorzugte Vortragsweise?
- Wie sehen die **Rahmenbedingungen für die Präsentation** des Referates aus?
  - In welchem Raum wird das Referat gehalten? Wie groß ist dieser und wie ist seine Akustik?
  - Wie wird die Sitzordnung der Zuhörenden sein? Können diese das Smartboard (interaktive Whiteboard), die Projektionsfläche oder die Tafel gut einsehen? Kann man die Bestuhlung ggf. so anordnen, dass alle die/den Referierenden und das Smartboard/die Projektionsfläche im Blick haben?
  - Wie sieht die zur Verfügung stehende technische Ausstattung aus? Ist der Vortragsraum ggf. verdunkelbar? Steht ein Computer mit Beamer, eine weiße Projektionsfläche, ein Smartboard, eine Tafel oder ein Overheadprojektor zur Verfügung? Kann ich ggf. meinen eigenen Laptop problemlos an den Beamer oder das Smartboard anschließen?
  - Gibt es jemanden, der mich in die ggf. unbekannte Technik des Vortragsraumes einführt?
  - Gibt es ggf. jemanden, der während der Präsentation des Referates die Technik bedient?

Beim Referat sollte man die zur Verfügung stehende technische Ausstattung nutzen.

TIPP

Falls dir der Vortragsraum unbekannt ist, solltest du ihn dir vor Beginn der Ausarbeitung deines Referates anschauen und ggf. dessen technische Möglichkeiten erkunden und ausprobieren!

Anhand der Antworten auf diese Fragen wird dann zu entscheiden sein,
- wie groß die inhaltliche Breite und Tiefe des Referates sein kann;
- wie die sprachliche Darstellung aussehen muss (z. B. die Fachsprache betreffend);
- welche Medien und Visualisierungsmöglichkeiten verwendet werden können;
- welche Präsentationstechniken zur Anwendung gelangen.

Du solltest daher die Antworten auf die obigen Fragen notieren und im Weiteren als Basis deiner Referatvorbereitung benutzen.

Informationen beschaffen

Hast du deine Vorüberlegungen abgeschlossen, kannst du mit der Beschaffung der Informationsgrundlage für das Referat beginnen. Tipps und Hinweise dazu findest du → im Kapitel 4.

Informationen auswählen und komprimieren

Bei einem Referat ist die Verarbeitung der verwendeten Quellen wie auch die Darstellung der Ergebnisse eigener Forschungsarbeit in starkem Maße durch das enge Zeitkorsett der Präsentation und das konkrete Adressatenprofil, also die Erwartungen und Vorkenntnisse der Zuhörenden, gekennzeichnet.

Bei der Vorbereitung des Referates solltest du daher die zur Verfügung stehenden **Informationen in vier Prioritätenklassen einteilen**:

1. Informationen, die zur Bearbeitung des gestellten Themas zentral sind und im Referat in jedem Fall auftauchen müssen;
2. Informationen, die zur Bearbeitung des gestellten Themas nicht zentral sind, bei ausreichender Zeit aber noch vorgestellt werden sollten;
3. Informationen, die mit dem Thema des Referates zwar in Verbindung stehen, doch dies eher am Rande;
4. Informationen ohne klaren Bezug zum Thema des Referates.

Für diese Klassen gilt:

- Informationen der beiden obersten Prioritätenklassen gehören in das Referat. Sie musst du nun auf das Wesentliche komprimieren, wobei du darauf achten solltest, insbesondere zentrale Abläufe, Strukturen und Zusammenhänge herauszufiltern.
- Informationen der dritten Klasse solltest du im Hinterkopf haben, um z. B. auf Fragen der Zuhörer antworten zu können.
- Informationen der letzten Klasse kannst du aussortieren.

Bei der Auswahl der für das Referat zu verwendenden Informationen solltest du zum einen deren fachliche Bedeutung, zum anderen aber auch **die Zuhörer im Blick haben**:

- Welche Details müssen unbedingt eingebracht werden, um den Zuhörern die Zusammenhänge klar und deine Schlussfolgerungen nachvollziehbar zu machen? Unter Umständen muss ein im Unterricht besprochenes Phänomen wiederholt, ein erklärender Seitenpfad gegangen oder ein Fremdwort erläutert werden.
- Welche Details sind zwar vielleicht nicht besonders relevant, doch für die Zuhörer interessant? Auch sie gehören u. U. in dein Referat, denn sie können dazu dienen, das Interesse der Zuhörer wachzuhalten.

Bist du bei der Referatvorbereitung an dieser Stelle angelangt, kommen zwei weitere referatspezifische Aspekte ins Spiel:

- die Erstellung des Redemanuskriptes und
- die Visualisierung der vorgetragenen Informationen.

10.3 Redemanuskript

Freier Vortrag als markantes Merkmal

Ein Referat muss prinzipiell frei vorgetragen werden. Doch darf man dabei durchaus eine schriftliche Gedächtnisstütze nutzen. Diese wird als Redemanuskript bezeichnet. Den dort vermerkten Text darfst du während deines Vortrags einsehen, solltest ihn aber nicht zur Gänze ablesen. Ausnahmen sind hier: wörtliche Zitate, Datenangaben oder Ähnliches.

Generell sind zwei Manuskripttypen möglich:

Im Redemanuskript kann der Text ausformuliert sein.

Manuskript mit ausformuliertem Text

Du kannst – so wie es viele Politiker tun – deinen Vortragstext ausformulieren und Wort für Wort im Redemanuskript niederschreiben.

Vorteile dieser Form der Gedächtnisstütze sind:

- Der Text ist ausgefeilt.
- Er kann den Zuhörern ggf. ausgedruckt und zur Verfügung gestellt werden.
- Für dich als Vortragenden schafft ein ausformuliertes Manuskript Sicherheit: Wichtiges kann nicht vergessen werden, Aussetzer sind nicht zu erwarten, die Zahl der *Ähs* und *Öhmms* wird minimiert.
- Gesetzte Zeitvorgaben kannst du exakt einhalten.

Gerade wenn du wenig Übung im Vortragen hast, sprechen diese Punkte auf den ersten Blick für das schriftliche Ausformulierung des Textes. Doch die Vorteile eines solchen Manuskripts können trügerisch sein.

Gefahren, die das Ausformulierten des Referatstextes in sich birgt, sind nämlich:

- Der Text ist häufig zu kompliziert formuliert. Beim Verschriftlichen von Texten neigt man dazu, lange, verschachtelte Satzkonstruktionen zu verwenden. Diese wirken brillant, sind aber für die Zuhörer nur schwer zu erfassen.
- Ein solcher Text wird leicht mit Informationen überfrachtet. Für den Zuhörer geht so das Wesentliche in der vorgetragenen Faktenfülle verloren.
- Ein ausformulierter Text verführt dazu, ihn weitgehend abzulesen. Doch: Ein Referat ist eben keine Lesung!
- Liest man längere Passagen vom Blatt ab, so spricht man erfahrungsgemäß schneller als beim freien Vortrag. Dies erschwert es den Zuhörern, den vorgestellten Gedankengängen zu folgen.
- Zudem wird oftmals recht monoton vorgelesen. Gestik und Mimik bleiben starr. Für die Zuhörer wirkt dies wenig motivierend.
- Beim Ablesen verliert man den Blickkontakt mit den Zuhörern. Deren Reaktionen (z. B. offenes Unverständnis bei bestimmten Passagen) kann man so

weder feststellen noch angemessen darauf reagieren, z. B. in der Form, dass man den gerade gesprochenen Text mit anderen Worten wiederholt.
- Muss der Raum etwa beim Einsatz eines Beamers oder Overheadprojektors abgedunkelt werden, fehlt plötzlich die Textgrundlage.

Angesichts dieser Nachteile ist eigentlich davon abzuraten, den Text des Referates vollständig niederzuschreiben. Fasst du dieses dennoch ins Auge, solltest du:
- Alle Blätter nur einseitig beschreiben.
- Schweres, steifes Papier wählen, sofern du das Manuskript während des Vortrages in der Hand halten möchtest.
- Alle Blätter fortlaufend nummerieren.
- Eine große Schrift und großen Zeilenabstand verwenden.
- Den Text übersichtlich gliedern.
- Wichtige Passagen hervorheben (z. B. markern).
- Digitale Folien, Aufblendungen im Smartboard usw. nummerieren und die Nummern an den entsprechenden Stellen im Manuskript vermerken.
- Eventuell auch Zeitmarken auf dem Manuskriptrand notieren (→ Seite 169).
- Den Text zwar genau kennen, aber nicht unbedingt auswendig lernen, da dies zu einem hölzernen Vortragsstil führt.
- Während des Vortrags solltest du:
  - Auf einen natürlichen, lebhaften Vortrag achten – auch bei abgelesenen Passagen.
  - „Abgearbeitete“ Seiten beiseitelegen; nur die noch vorzutragenden Seiten verbleiben in deiner Hand/auf dem Rednerpult.
  - Nur einzelne Textpassagen ablesen (maximal etwa 1/3 des Textes).
  - Immer wieder Augenkontakt mit den Zuhörern suchen.
- Wichtig: Man darf auch vom ausformulierten Text abweichen!

Stichwortmanuskript

Prominente Showmaster machen es vor: Sie notieren für ihre Moderation nur Stichworte, Daten, Zitate und „Regieanweisungen“ auf Karteikarten. Auch für ein Referat sind solche „Moderationskarten“ empfehlenswert. Ausgehend von den dort notierten Stichworten formuliert man dann den Text des Referates während des Vortrages frei/„spontan“.

Ein Vortrag mit Moderationskarten

Vorteile dieser Form des Redemanuskripts sind:
- Der Vortragende hat beständig Augenkontakt mit den Zuhörern und kann so auf deren Verhalten angemessen reagieren (siehe oben).
- Beim freien Formulieren ist die Sprache in der Regel einfacher und verständlicher. Kleine Pausen, die hierbei immer auftreten, erleichtern es den Zuhörern, dem Gehörten gedanklich zu folgen.
- Der Vortrag ist damit näher am Zuhörer.

Die **Nachteile** dieses Manuskripttyps dürfen allerdings nicht verschwiegen werden:
- Es besteht die Gefahr, von der geplanten Vortragslinie abzuschweifen.
- Ungeübte Referenten/-innen müssen akzeptieren, dass Redepannen und ungewollt auch längere Pausen auftreten können.
- Dies erschwert unter Umständen das Einhalten des vorgegeben Zeitrahmens.
- Die sprachliche Formulierung entspricht zumeist nicht dem Standard vorformulierter Referatstexte.

Doch diese Nachteile können durch eine optimale Manuskriptgestaltung und intensive Vortragsvorbereitung ausgeglichen werden.

Moderationskarten

Moderationskarten („Schlagwort-Karten")

Entscheidest du dich für ein Stichwortmanuskript, solltest du sinnvollerweise wie folgt vorgehen:
- Notiere deine Stichworte auf Karteikarten (Moderationskarten). Diese sind leicht zu handhaben und rascheln nicht.
- Als günstig hat sich die Verwendung von Karteikarten der Größe DIN A5 (halbe Kopierpapiergröße) erwiesen.
- Beschreibe diese nur einseitig. Ansonsten besteht die Gefahr, dass du dich beim Umblättern vertust.
- Deine Schrift sollte groß und lesbar sein. Du musst die Stichworte auch im Halbdunkel noch gut lesen können.
- Versieh nach Fertigstellung des Manuskripts alle Karteikarten in der oberen rechten Ecke mit fortlaufenden Nummern. Dies erlaubt ein rasches Sortieren.
- Gestalte die Moderationskarten wie folgt (→ Beispiel auf Seite 169):
  - Teile die Karte durch einen senkrechten Strich im Verhältnis von 2/3 zu 1/3.
  - Notiere im größeren linken Teil oben die Nummer und Überschrift des jeweiligen (Unter)Kapitels.
  - Schreibe darunter dann alle wichtigen Stichworte in der Reihenfolge, in der du sie im Vortrag erwähnen willst. Notieren auch Daten, zentrale Definitionen, wörtliche Zitat und schwierige Passagen, die du wörtlich ablesen möchten.
  - Halte im rechten Kartendrittel deine „Regieanweisungen" fest, etwa solche die den Medieneinsatz oder die Anwendung bestimmter Vortragstechniken betreffen, ebenso zentrale Zeitmarken.
  - Gibt es bei einer Karte keine „Regieanweisungen", kannst du auf die Unterteilung der Karteikarte verzichten. Nutze in diesem Fall die Karte in Gänze für die Eintragung deiner Stichworte.
- Trage die Stichworte übersichtlich ein. Überlade die Karte nicht.
- Arbeite mit verschiedenen Farben, um wichtige Informationen hervorzuheben.
- Benutze ggf. auch markante Symbole/Icons, um häufiger wiederkehrende „Regieanweisungen" schnell erfassbar zu machen.

MODERATIONSKARTE ZU EINEM REFERAT IM FACH GEOGRAPHIE

2.1 Der Jangtse (Jangtsekiang)

- offizieller Name Chang Jiang
  Jangtse gebräuchliche Kurzform
- 6380 km lang
- längster und wasserreichster Fluss Chinas
- drittlängster Fluss der Erde;
  fast 5-mal so lang wie Rhein
- entspringt in fast 6000 m Höhe im Tanggula-Gebirge im östlichen Tibet
- mündet bei Shanghai in das Ostchinesische Meer
- bricht durch drei Schluchten (Qutang, Wuxia, Xiling) aus dem Gebirge in die zentralchinesische Tiefebene

3

Smartboard:
Jangtse
Chang = lang
Jiang = Fluss
Länge 6380 km

Folie 1 mit China-Karte:
Verlauf Jangtse zeigen + erläutern
Lage der drei Schluchten zeigen

→ 6 min

TIPP

Anstelle realer kannst du auch virtuelle Karteikarten auf dem Tablet oder Smartphone nutzen (→ Kapitel 1.5). Zudem bieten Präsentationsprogramme wie Microsoft PowerPoint® oder Keynote® für Apple-Computer vielfältige Möglichkeiten, Stichworte zu den digitalen Folien zu notieren und während der Präsentation auf dem Laptop/PC/Tablet anzeigen zu lassen.

Gründliche Vorbereitung

- Stelle durch fundierte Recherche sicher, dass du über mehr Wissen zum Thema verfügst, als du im Vortrag tatsächlich vorstellen willst.
- Unterziehe das fertige Referat einem Testlauf, indem du es vor Verwandten oder Freunden/-innen „probehältst“. Und dies möglichst mehr als ein Mal. So gewinnst du Sicherheit im Vortrag und kannst Vortragsschwächen herausfinden und beseitigen.
- Trage das Referat nach einer Korrektur der festgestellten Schwächen den gleichen Zuhörern erneut vor. Bitte sie, das Referat anhand der Checkliste auf den Seite 187 ff. zu prüfen. Ermuntere sie zu konstruktiver Kritik. Zuhörer, die „alles super“ finden, helfen dir an dieser Stelle wenig.
- Nutze an dieser Stelle auch das Smartphone: Nimm deinen Probevortrag auf. So kannst du selber Vortragsschwächen identifizieren und ausbessern.
- Mache dich vorab mit der Handhabung des technischen Equipments im Vortragsraum vertraut.

Beim Referat ist es wichtig, die Zeit im Blick zu halten.

Timing
In der Regel ist die für ein Referat zur Verfügung stehende Zeit vorgegeben.

- Halte diesen Zeitrahmen ein.
- Stoppe bei deinen „Proben“ die für den Vortrag benötigte Zeit. Schlage zur gestoppten Vortragszeit ca. 10 bis 15 % als Puffer hinzu – denn beim „richtigen“ Vortrag dauert manches länger als geplant (z. B. das Handling der technischen Geräte oder das Schreiben am Smartboard).
- Kürze bzw. ergänze dein Referat gegebenenfalls, um die Zeitvorgabe einzuhalten.
- Notiere wichtige Zeitmarken im Manuskript (z. B. „Wann muss ich mit Kapitel 2 fertig sein?“). Gib dabei immer die seit Referatbeginn vergangene Zeit an – so ist die verbleibende Restzeit offensichtlich.
- Doch: Werde nicht zum Sklaven der Uhr. Eine bis zwei Minuten Zeitüberschreitung dürfen sein.
- Möchtest du während deines Referates Zuhörerfragen zulassen, musst du auch hierfür Zeit einplanen. Besser ist es allerdings, Zuhörerfragen erst am Ende des Referates zu erlauben. (→ Seite 184).

10.4 Aufbau

Ein Referat besteht in der Regel aus drei Teilen: Einleitung, Hauptteil und Schlussteil. Die Einleitung sollte ca. 10 bis 15 % der Vortragszeit einnehmen, der Hauptteil ca. 70 bis 80 % und der Schlussteil ca. 10 bis 15 %.

Einleitung

Bei einem Referat ist die Startphase von besonderer Wichtigkeit. Oftmals entscheidet sich bereits an dieser Stelle, ob man als Referent/-in die Zuhörenden „packt“ oder sich diese gelangweilt anderen Dingen zuwenden. Deshalb sollte man die Einleitung sorgfältig planen. Sie erfüllt vier wichtige Aufgaben:

1. Kontakt zum Publikum aufbauen
Vor dem Beginn des Referates sind die Zuhörer/-innen mit mancherlei Dingen beschäftigt. Der eine checkt noch rasch seine Social-Media-Nachrichten, die andere unterhält sich mit der Nachbarin. Der Geräuschpegel ist hoch. Es ist daher wichtig, den Zuhörern zu signalisieren, dass der Vortrag beginnt:

- Gib ein klares Startsignal. Dies kann z. B. das Aufblenden der ersten Folie sein oder auch ein akustisches Signal wie etwa ein kurzes lautes Klopfen.
- Nach dem Startsignal empfiehlt es sich, noch einige Sekunden zu warten, bis Ruhe eingekehrt ist.

- Hole nochmals Luft und beginne den Vortrag mit klarer, fester Stimme.
- Begrüße die Zuhörenden und stelle dich kurz vor (außer du trägst in deiner Klasse/deinem Kurs bzw. vor einer Prüfungskommission vor).

TIPP

Vermeide es, die ersten Sätze deines Referates in das Gemurmel der Anwesenden zu sprechen. Sie sind ansonsten nicht zu verstehen. Beginne den Vortrag erst dann, wenn Ruhe eingekehrt ist und sich die Zuhörenden dir zugewandt haben.

2. Die Zuhörenden über den organisatorischen Rahmen informieren

- Stelle den Zeitrahmen des Referates und einer eventuelle Pausenregelung vor.
- Kläre das Handling von Zuhörerfragen (An welcher Stelle im Referat dürfen diese gestellt werden? Wann werden diese beantwortet? → Seite 184).
- Informiere die Zuhörenden darüber, ob es ein Handout gibt, wann dieses ausgegeben wird und welche Inhalte darauf zu finden sind (→ Seite 185). So wird transparent, an welchen Stellen und zu welchen Aspekten sich die Zuhörer selber Notizen machen müssen.

3. Das Interesse der Zuhörerschaft wecken

Dieses kann man erreichen, indem man z. B.

- zwei konträre Meinungen zur Problemfrage des Referates vorstellt
- eine interessante Karikatur präsentiert und daraus die Fragestellung/das Ziel des Referates ableitet oder von den Zuhörern erarbeiten lässt
- eine provokante These aufstellt
- ein kleines Experiment oder eine kurze szenische Darstellung vorführt
- ein Meinungsbild zur zentralen Fragestellung des Referates erstellt (das man an der Tafel/auf dem Smartboard festhält und am Ende des Referates diskutiert)
- einen Gegenstand herumreicht, der mit dem Thema in Verbindung steht
- eine im Zusammenhang mit dem Referat stehende Schätzfrage stellt
- eine Anekdote erzählt, die zum Thema des Referates hinführt
- ein Zitat vorstellt, das (ggf. überraschend) mit dem Referat in Verbindung steht
- einen Bezug zu aktuellen Ereignissen herstellt
- einer aktuelle Pressenachricht als Einstieg nutzt
- kleine, aber spannende oder mysteriöse Informationen zum Thema vorstellt (Fun-Facts). Quiz-Show affine Zuhörer/-innen lieben solch „unnützes Wissen“.

Wichtig ist es, den Einstieg in das Referat interessant zu gestalten. Sei hier kreativ!

4. Die Zuhörer/-innen an das Referatthema heranführten

Dieses kann erreicht werden, indem man z. B.

- die Forschungsfrage bzw. das Thema/Ziel des Referates vorstellt
- ggf. Hypothesen aufstellt

- auf die Bedeutung/Aktualität des Themas hinweist
- die Abgrenzung des Themas erläutert (z. B.: Welche Themenaspekte werden im Referat behandelt? Welche werden ausgespart? Aus welchen Gründen?)
- die Gliederung des Referates vorstellt.

Denke bereits beim Vorstellen von Thema und Gliederung zuhörerorientiert:

- Der Mensch behält Sachinformationen besser, wenn er diese hört und zugleich sieht. Stelle also das Thema deines Referates mündlich vor und schreibe es zudem auf das Smartboard/an die Tafel oder blenden es auf der ersten Folie deiner PowerPoint®- bzw. Keynote®-Präsentation ein.
- Lass als zweite Folie die Gliederungsübersicht folgen. Alternativ kannst du diese auch auf dem Handout ausgeben, bevor du sie mündlich vorstellst.

TIPP

Die Folie mit der Gliederung des Referates kannst du während des gesamten Vortrages nutzen: Blende sie immer dann erneut ein bzw. lege sie dann wieder auf den OHP, wenn ein neues Kapitel beginnt. In digitalen Folien kannst du das jeweils anstehende Kapitel zudem optisch hervorheben (z. B. durch Fettdruck; → siehe unten); in Overheadfolien kannst du mit einem Zeiger darauf weisen.

DIGITALE ÜBERSICHTSFOLIEN IN EINEM REFERAT

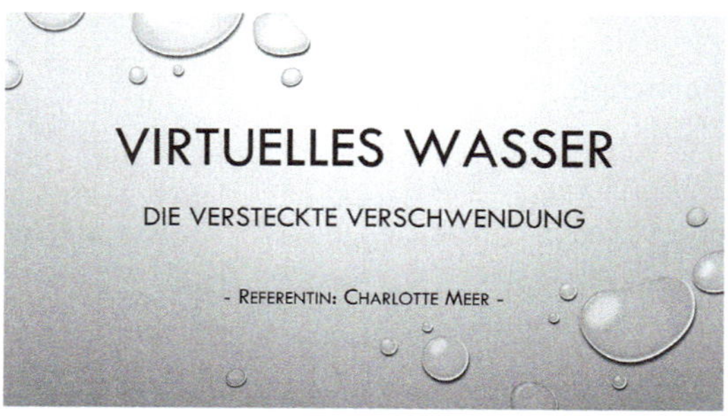

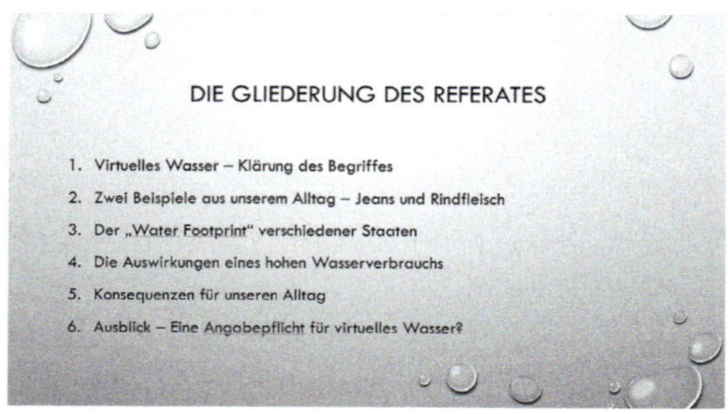

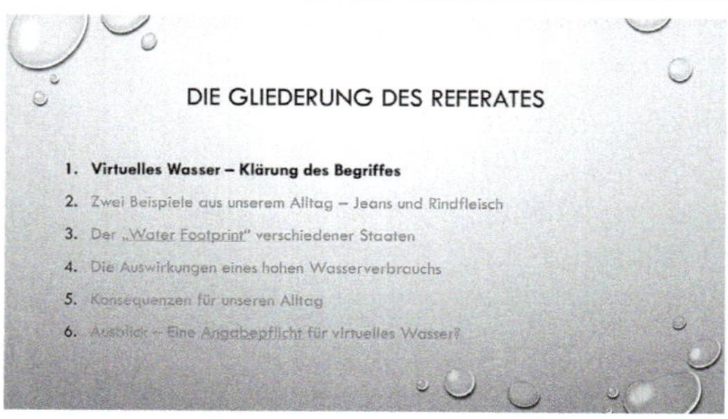

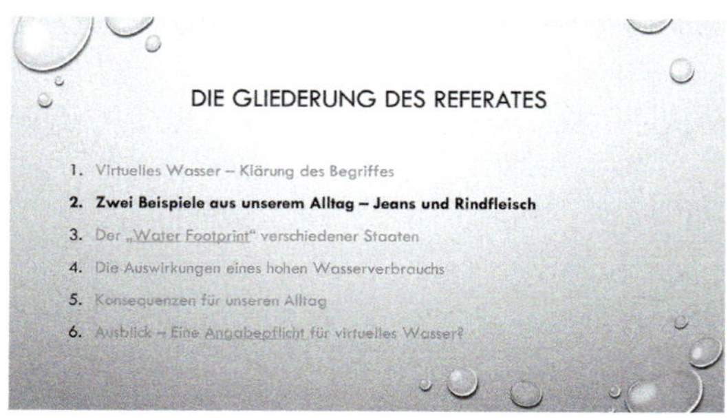

Hauptteil

Im Hauptteil werden alle themenrelevanten Sachinformationen vorgestellt, soweit diese in den Rahmen der zuvor vorgestellten Gliederung passen.
Ziel ist es hier,

- die Fragestellung des Referates fundiert abzuhandeln und
- die Zuhörer optimal zu informieren bzw. mit Argumenten zu überzeugen.

TIPP

Folgendes solltest du bei der Gestaltung des Hauptteils beachten:

- Gliedere deine Darstellung schlüssig (→ Seite 131 ff.).
- Baue sie dramaturgisch durchdacht auf: Achte auf eine logische Abfolge der Fakten und auf aufeinander aufbauende Argumente.
- Knüpfe sofern möglich an für die Zuhörenden Bekanntes an, z. B. durch einen Vergleich von neuen Daten mit Größen, die den Zuhörenden vertraut sind.
- Erläutere den Zuhörenden (eventuell) unbekannte Fachbegriffe.
- Formuliere Überleitungen.
- Gib zum Schluss eines „Kapitels“ eine knappe Zusammenfassung.
- „Reite“ nicht zu lange auf einem Themenpunkt herum; drehe dich nicht im Kreis.
- Aber: Bleibe auch nicht zu oberflächlich; reihe nicht einfach nur nichtssagende Pauschalitäten aneinander.

Strukturieren. Besonders wichtig ist es, die Darstellung klar und logisch zu strukturieren. Sie darf weder Sprünge noch Lücken enthalten. Bedenke: Für die Zuhörer/-innen sind (fast) alle Informationen des Referates neu; sie erhalten diese zudem nur einmal vorgestellt und haben keine Möglichkeit, sich schwierige Passagen wiederholen zu lassen. Strukturiere daher den Hauptteil deines Referates so, dass man den **roten Faden** direkt erkennt. Nutze zur Verdeutlichung der Referatstruktur auch überleitende Formulierungen oder rhetorische Fragen.

Informationen dosieren. Viele Referate zeichnen sich durch eine hohe Informationsdichte aus. Den Zuhörenden wird eine Fülle von Fakten, Daten und Zahlen präsentiert, die sie kaum aufnehmen können. Also: Versetze dich in die Zuhörersituation. Überrolle deine Hörerschaft nicht mit einer Informationslawine. Die Kunst der Referatvorbereitung liegt nicht nur darin, auszuwählen, was man vorstellt, sondern ebenso darin, auszuwählen, was man weglässt!

Zum richtigen Zitieren und zum Handling von Quellenbelegen in Referaten lies die → Seite 98.

Schlussteil

Der Schlussteil des Referates enthält keine neuen Fakten, sondern fasst die Ergebnisse des Hauptteils zusammen und schlägt den Bogen zur Ausgangsfragestellung. Sofern möglich stellt er das Referat zudem in den Gesamtzusammenhang des Unterrichts und bietet Raum für Schlussfolgerungen und für Überlegungen, die über das Referat hinausgehen. Dies heißt konkret:

Der Schlussteil muss enthalten:

- die Angabe der benutzten Quellen, sei es in Form einer verschriftlichten Literaturliste (Smartboard/Tafel/Folie) oder als Quellenverzeichnis im Handout. Alternativ ist es auch möglich, die genutzte Literatur mitzubringen und mit einem wertenden Kommentar hinsichtlich ihrer Eignung zu versehen.

Bringe im Schlussteil die Erkenntnisse aus deinem Referat auf den Punkt.

Der Schlussteil sollte enthalten:

- eine prägnante Zusammenfassung der Kernaussagen bzw. der zentralen Inhalte/Ergebnisse des Hauptteiles
- soweit möglich: eine Beantwortung der Forschungsfrage/Ausgangsfrage bzw. eine Lösung für das Ausgangsproblem
- soweit möglich eine Überprüfung der zu Beginn aufgestellten Hypothesen
- Schlussfolgerungen, die aus den vorgetragenen Informationen gezogen werden können
- ggf. Hinweise auf offene/ungeklärte Fragen
- ggf. Hinweise auf festgestellte Widersprüche
- ggf. einen Ausblick auf mögliche zukünftige/weitere Entwicklungen
- ggf. deine persönliche Meinung zu vorgestellten strittigen Aspekten

Der Schlussteil kann zudem enthalten:

- einen Rückgriff auf die Einleitung (z. B. auf das erstellte Meinungsbild, die vorgetragene Anekdote oder die vorgestellten gegensätzlichen Positionen)
- Anmerkungen zur Bedeutung des Referates im Rahmen des aktuellen Unterrichtsthemas
- Anmerkungen zu Problemen, die bei der Erstellung des Referates bzw. bei der Quellenrecherche aufgetreten sind
- Elemente, die die Zuhörer zum Weiterdenken animieren
- einen markanten Schlusspunkt: Einen Appell an die Zuhörer. Ein zum Nachdenken anregendes Zitat. Ein Bild, das die Kernbotschaft deines Referates widerspiegelt und möglichst ohne große Erklärungen für alle verständlich ist.

Verzichten solltest du auf eine Schlussfolie mit dem Text „Vielen Dank für eure Aufmerksamkeit“. Sie stellt eine reine Floskel dar.

10.5 Visualisierung

Iss gesund – iss mehr Gemüse!

Möglichkeiten und Standards

„Ein Bild sagt mehr als 1000 Worte." Diese altbekannte Weisheit gilt in besonderem Maße auch für Referate. Die Zuhörenden müssen hier in kurzer Zeit eine Fülle für sie neuer Daten und Fakten aufnehmen. Eine zusätzliche Visualisierung (Veranschaulichung) der mündlich vorgestellten Informationen kann ihnen dabei eine große Hilfe sein.
Für die Visualisierung steht dabei eine Vielzahl von Mitteln und Medien zur Verfügung.

Mittel der Veranschaulichung. Hier bieten sich unter anderem an: kurze Film- oder Audiosequenzen, (digitale) Folien, Bilder, (Wand)Karten, Diagramme, Schaubilder, Ablaufskizzen, originale Anschauungsstücke, Modelle …

Präsentationsmedien. Neben Tafel, Pinnwand und Flip-Chart stehen technische Geräte wie Smartboard (interaktives Whiteboard), Laptop/PC/Tablet mit Beamer, Overheadprojektor, DVD-Player mit Fernseher und Filmprojektor als Präsentationsmedien zur Verfügung. Und last but not least bietet sich auch das Handout als Träger für Ablaufskizzen, Diagramme oder Karten an.

Deine Wahl. Welches Veranschaulichungsmittel du wählst und mit welchem Medium du dieses in deinem Referat präsentieren, hängt neben dem Inhalt, der veranschaulicht werden soll, vor allem auch von deinen persönlichen Vorlieben und technischen Fähigkeiten ab.
Für deine Wahl sollte gelten:

- Das Veranschaulichungsmittel muss die vorgestellten Informationen tatsächlich veranschaulichen. Verwende also keine PowerPoint®-Folie, „weil so etwas einfach dazugehört" und keinen Video-Clip, „weil er so krass ist"!
- Du musst das Veranschaulichungsmittel mit akzeptablem Aufwand und in akzeptabler Zeit beschaffen können.
- Du musst die Technik des Präsentationsmediums beherrschen. Dies gilt in besonderem Maße für Smartboard (interaktives Whiteboard), Laptop/PC/Tablet und Beamer sowie Overheadprojektor.
- Die Präsentationsmedien müssen verfügbar und in gutem technischen Zustand sein.

Im Folgenden werden vier gängige Visualisierungsmittel und deren Einsatz näher vorgestellt: Die Folie in einem Präsentationsprogramm („digitale Folie"), die Overheadprojektor-Folie, die Kartencollage und das Tafelbild.

Digitale Folien

Digitale Folien werden in der Regel mithilfe von Präsentationsprogrammen wie etwa Microsoft PowerPoint® oder Keynote® für Apple-PC erstellt. Sie können von PC, Laptop, Tablet oder Smartphone aus per Beamer gezeigt werden. Ist der Vortragsraum mit einem Smartboard (interaktiven Whiteboard) ausgestattet, ist die Präsentation auch über dieses Medium möglich.

TIPP

Als kostenfreie Alternativen zu PowerPoint® bieten sich z.B. OpenOffice an (mit ähnlichen Programmen wie Microsoft Office®, also u.a. einer Präsentations-Software) oder das Präsentationsprogramm Prezi®. Die Version „Prezi® Basic" ist kostenlos. Bei Prezi® werden Texte, Bilder, Filme oder Sounddateien auf eine virtuelle Pinwand verteilt. All diese Elemente können gedreht, verschoben oder in der Größe verändert werden. Beim Referat wird das jeweils angesprochene Element der Prezi®-Präsentation herangezoomt.

Eignung digitaler Folien. Sie eignen sich für die Präsentation
- der Gliederung
- zentraler Definitionen
- direkter (wörtlicher) Zitate
- von Stichwortaufzählungen und Merksätzen
- von Tabellen und Abbildungen (Bilder, Diagramme, Karten, Skizzen usw.).

Layout digitaler Folien (→ Seite 172 und 179).
- In der Präsentation enthält (in der Regel)
  - die erste Folie das Thema, den Namen der Referentin/des Referenten und einen Eyecatcher
  - die vorletzte Folie ein Resümee
  - die letzte Folie das Literatur- und Quellenverzeichnis.
- Oben auf jede Folie gehört der Folientitel (= Kapitelnummer und -überschrift).
- Für den Hintergrund der Folien gilt:
  - Er sollte bei allen Folien gleich sein.
  - Er sollte nicht zu auffällig sein, da er sonst vom Inhalt ablenkt.
- Folien sollten:
  - übersichtlich und klar strukturiert sein
  - nicht zu bunt gestaltet werden
- Bei Animationen solltest du beachten:
  - Verwende sie sparsam, inhaltsbezogen und zweckdienlich.
  - Den Folientitel solltest du nicht animieren; er muss permanent stehenbleiben.

Texte auf digitalen Folien

- Der Text sollte ein Destillat des Wesentlichen sein. Prägnanz und Kürze sind Trumpf.
- Deshalb gilt: Schreibe keine vollständigen Sätze, sondern lediglich Stichworte. Ausnahmen sind Definitionen, Zitate und Merksätze.
- Der Text sollte eine klare Struktur aufweisen und übersichtlich angeordnet sein. So kann die Leserin/der Leser den Inhalt rasch erfassen.
- Komplexe Zusammenhänge sollten vereinfacht dargestellt werden, also z. B. als Ablauf- oder Strukturskizzen.

Layout von Texten auf digitalen Folien

- Lesbarkeit ist das oberste Gebot.
- Für die Schrift gilt:
  - Sie muss auch in sieben bis acht Meter Entfernung noch gut lesbar sein; wähle daher eine hinreichende Schriftgröße und gut lesbare Schriftart!
  - Ihre Farbe muss sich deutlich vom Folienhintergrund abheben.
- Verwende Groß- und Kleinschreibung.
- Arbeite vorrangig mit waagerechten Elementen, verwende also keine schräg verlaufenden Schriftbilder, keine kreisförmig angeordneten Texte usw.
- Verwende möglichst wenig verschiedene Schriftarten (maximal zwei pro Folie).
- Benutze möglichst wenig verschiedene Schriftfarben (maximal drei pro Folie).
- Verwende keine blassen Farben, da diese in größerer Entfernung kaum lesbar sind.
- Der Text sollte klar strukturiert werden. Hier bietet sich die Nutzung von Aufzählungszeichen, Nummerierungen oder fett gesetzten Zwischenüberschriften an.
- Überschriften sollte man fett und größer schreiben, ggf. auch unterstreichen.
- Zentrale Aspekte sollte man hervorheben (Fettdruck, markante Farbe usw.). So wird der Blick des Lesers gezielt auf Wichtiges gelenkt.
- Die Textmenge auf einer Folie sollte begrenzt sein und pro Folie maximal sieben Zeilen Text umfassen.
- Pro Zeile sollten es zudem nicht mehr als sieben Wörter sein (eher weniger).

Layout von Tabellen und Abbildungen auf digitalen Folien

- Lesbarkeit ist auch hier oberstes Gebot.
- Achte auf eine gute Auflösung der Bildinhalte.
- Achte ebenso darauf, dass Darstellung und Schrift eine ausreichende Größe besitzen und auch auf den hinteren Plätzen gut zu lesen sind. Üblich sind 30 Pt und größer. Probiere dies am besten vor dem Referat einmal aus.
- Es sollten nicht mehr als zwei Abbildungen pro Folie eingefügt werden, um eine visuelle Überfrachtung zu vermeiden.

- Trägt die Folie nur eine Abbildung, sollte diese zentriert gesetzt werden.
- Für Tabellen und Abbildungen gelten die gleichen Gestaltungsvorschriften wie für Tabellen und Abbildungen in Facharbeiten (→ 124 ff.).
- Denke daran, Tabellen und Abbildungen mit einer Quellenangabe zu versehen.
- In komplexen Tabellen und Abbildungen können wichtige Inhalte durch Markierungen hervorgehoben werden (Umkreisen, Pfeil usw.), um dem Zuhörer die rasche Erfassung der Kernpunkte zu ermöglichen.
- Verwendest du eingescannte Abbildungen, achte auf Farbtreue und eine klare Unterscheidbarkeit der farbigen Elemente.

TIPP

Für digitale Präsentationen gilt die sogenannte „10-20-30-Regel":
- Die Präsentation sollte maximal 10 Folien enthalten,
- nicht länger als 20 Minuten dauern und
- die Schrift sollte in einer Schriftgröße von mindestens 30 Pt gesetzt werden.

Der Einsatz digitaler Folien
- Verwende nicht zu viele Folien (maximal 10).
- Nutze die technischen Möglichkeiten des Präsentationsprogramms:
  - Binde nicht nur Texte, sondern auch Abbildungen, Tabellen, Karten oder Filmsequenzen in die Folien ein.
  - Folien bzw. Folienelemente kann man per Mausklick aufblenden.
  - Text, Abbildungen und Tabellen können über- oder eingeblendet werden.
  - Animation und Einblendung von Markierungen kann man dazu nutzen, den Zuhörern die rasche Erfassung zentraler Inhalte zu ermöglichen.

TIPP

Das Präsentieren digitaler Folien über Laptop, PC, Tablet oder Smartboard wird einfacher, wenn man einen *Presenter* verwendet. Mit dessen Hilfe lässt sich eine Computerpräsentation bequem steuern, während man sich selber innerhalb der Reichweite des *Presenters* frei im Raum bewegt (z. B. kann man so die nächste Folie aufblenden oder auch zwei Folien zurückgehen).

- Verwende keine Textfolien, die lediglich den gerade gesprochen Referatstext enthalten. Solche Folien können Zuhörer/-innen auch alleine lesen!
- Abbildungen oder Struktur-/Ablaufdiagramme, die den gesprochenen Text veranschaulichen, ermöglichen eine bessere Aufnahme des Gesagten als reine Textfolien.

- Komplexe Tabellen/Abbildungen müssen jedoch ausführlich erläutert werden. Bedenke: Die Zuhörer/-innen sehen diese zum ersten Mal.
- Eine gesprochene Erläuterung ist dabei besser als ein eingeblendeter Text.
- Der gesprochene Text muss zum Inhalt der Folie passen.
- Den Zuhörenden unbekannte Begriffe und Fremdwort müssen erklärt werden.
- Bei Folien mit komplexen Tabellen/Abbildungen sollte den Zuhörern/-innen nach dem Aufblenden eine kurze „Einlesezeit" zur Verfügung gestellt werden.
- Man sollte seine Folien und deren Inhalte selber genau kennen. Werte daher Tabellen, Diagramme oder Karten intensiv aus, bevor du diese präsentierst.
- Möchtest du in Folien auf bestimmte Inhalte hinweisen, kannst du dafür einen Zeigestock verwenden oder einen Laserpointer (im *Presenter* ist ein solcher meist integriert). Nutzt du ein interaktives Whiteboard, kannst du sogar Markierungen und Beschriftungen innerhalb der gezeigten Folie anbringen.
- Als Referierende/r solltest du dem Publikum zugewandt stehen. So hast du die Zuhörerschaft im Blick und kannst deren Reaktionen beobachten.

AUFBAU UND PRÄSENTATION „DIGITALER FOLIEN"

Erstes Aufblenden der Folie: nur der Folientitel erscheint

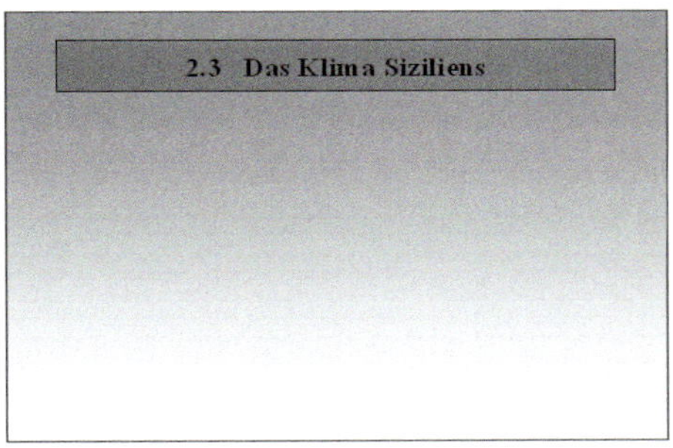

Zweiter Schritt: Klimadiagramm und Luftbild zur Lageeinordnung der Klimastation erscheinen

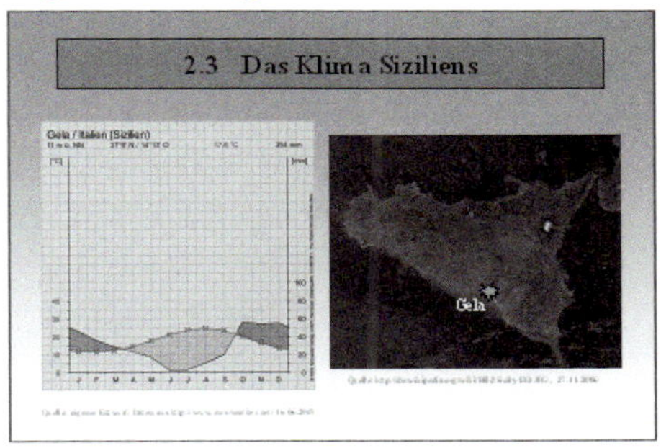

Dritter Schritt: Kasten zu den Kennzeichen des Klimas erscheint und überdeckt Luftbild

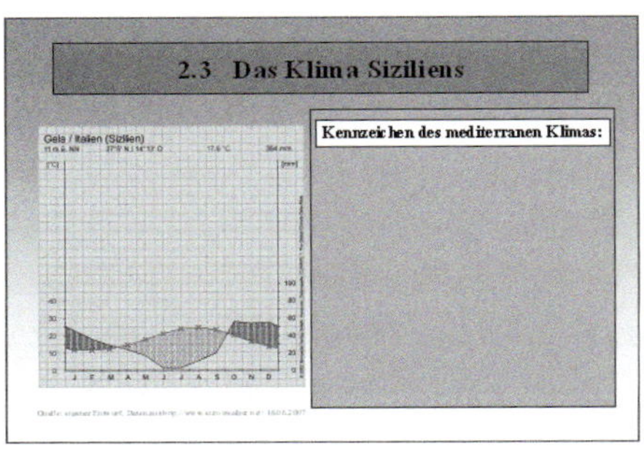

Vierter bis neunter Schritt: Im Kasten erscheinen passend zum gesprochenen Text nach und nach die Kennzeichen des Klimas Siziliens

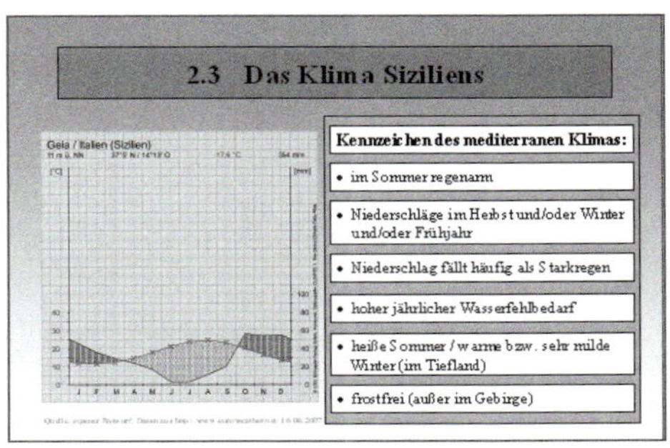

TIPP

Planst du den Einsatz eines Laserpointers, so erkundige dich im Vorfeld bei der Fachlehrerin/dem Fachlehrer, ob bzw. bis zu welcher Lichtleistung/Laserklasse ein solcher Lichtzeiger an deiner Schule erlaubt ist.
In jedem Falle gilt: Gehe sorgsam mit dem Laserpointer um. Leuchte niemals Personen an. Bereits bei relativ schwachen Geräten kann die Netzhaut kurzfristig oder bleibend geschädigt werden.

Overheadprojektor-Folien (OHP-Folien)

Auch wenn die Digitalisierung Fortschritte macht, gibt es doch Schulen bzw. Räumlichkeiten innerhalb von Schulen, in denen weder Smartboard noch Beamer zur Verfügung stehen. Hier kann eventuell ein Overheadprojektor (OHP) zur Präsentation genutzt werden. Für Aufbau, Gestaltung und Einsatz von OHP-Folien gelten dabei prinzipiell die gleichen Regeln wie für digitalen Folien.
Es kommen allerdings folgende Besonderheiten hinzu:

- Möglichst keine handschriftlichen Texte verwenden. Lesbarkeit für die Zuhörenden ist auch bei OHP-Folien oberstes Gebot.
- Auch bei komplexen OHP-Folien können die Inhalte den Zuhörern/-innen erst nach und nach zugänglich gemacht werden. Mögliche Methoden sind hier:
  - Teile der Folie mit Papier abdecken; Abdeckungen nach und nach entfernen
  - mehrere Folien übereinanderlegen; so wird die Gesamtfolie zunehmend komplexer (Achtung: Verrutschungsgefahr!)
  - Folieninformationen durch handschriftliche Eintragungen (mit Folienstiften) ergänzen
- Folien müssen ausreichend lange gezeigt werden; kein hektisches Auf- und Ablegen.
- Um auf bestimmte gerade angesprochene Informationen hinzuweisen, kann z. B. ein spitzer Bleistift oder Zeiger genutzt werden.
- Du solltest dem Publikum zugewandt neben dem Projektor stehen. So hast du die gezeigte Folie und die Zuhörerschaft im Blick. Vermeide es, dich zum projizierten Bild hin umzudrehen.
- Schalte den Overheadprojektor während deines Vortrages nicht zu häufig an und aus.

TIPP

Achte darauf, dass du nicht im Strahlengang des Overheadprojektors stehst, sonst verdeckst du einen Teil des projizierten Bildes. Probiere vor dem Referat deine optimale Positionierung aus.

Kartencollage

Merkmale. Eine Kartencollage besteht aus mit Stichworten beschrifteten Karten, die man nach und nach mit Pins, Klebestreifen oder Magneten an einer Pinnwand, Flip-Chart, Wand oder Tafel befestigt. Sie eignet sich zum Vorstellen der Gliederung, zur Präsentation von Ergebnissen, zur Gegenüberstellung von Pro- und Kontra-Argumenten, zum Sammeln von Ideen und zu vielem mehr.
Vorteile. Eine Kartencollage ist einfach in Herstellung und Handling. Sie ist zudem flexibel. Man kann während des Referates „Ergänzungskarten" beschriften und einfügen oder Karten gruppieren (clustern). Und nicht zuletzt ist sie in jedem Vortragsraum ohne Abdunklung einsetzbar.
Nachteile. Aus größerer Entfernung sind die Karten kaum lesbar. Ihr Befestigen kostet Zeit. Auch wirkt die Collage weniger perfekt und modern als digitale Folien.

Bei der Erstellung der Karten sollte man beachten:

ausreichende Schriftgröße	in Druckschrift schreiben	je Karte nur eine Angabe
leserlich schreiben	Groß- und Kleinbuchstaben	Kernaussagen notieren
möglichst gerade schreiben	eng/blockartig schreiben	nur Stichworte

Eine Kartencollage zu den Kennzeichen der Karten einer Kartencollage

Tipps zum Karteneinsatz

- Verwende verschiedenfarbige Karten aus festem Karton.
- Schreibe mit verschiedenfarbigen und unterschiedlich dicken Filzstiften.
- Nutze zur Befestigung größere Karten zwei Pins, Klebestreifen oder Magneten.
- Auch Pfeile, Bilder, Icons, Diagramme usw. können in die Collage integriert werden. Achte dabei auf eine ausreichende Größe dieser Elemente.
- Karten können in Reihen, Gruppen, als Kreis usw. angeordnet werden. Erstelle im Vorfeld eine Skizze, wie du die Karten passend zum Inhalt anordnen willst.
- Lege die Karten in der vorgesehenen Abfolge und nach Gruppen sortiert bereit.

Tafelbild

Nach den Kompositionsvorgaben für die Kartencollage lässt sich auch ein Tafelbild für die Kreidetafel oder das Smartboard entwickeln. Achte dabei auf:

- klare, übersichtliche Strukturierung
- knappe, prägnante Darstellung (Stichworte)
- ausreichende Schriftgröße und gut lesbare Schrift
- korrekte Rechtschreibung
- den durchdachten Einsatz farbiger Elemente (bzw. farbiger Kreide).

10.6 Vortrag

Generalprobe

Auch wenn du das Referat bereits einmal im Freundeskreis gehalten hast, solltest du am Tag vor dem Vortrag einen letzten Probedurchlauf fahren.

- Trage dabei das gesamte Referat vor.
- Setze alle Visualisierungsmittel so ein, wie du dies für das Referat geplant hast.
- Frage im Anschluss die Zuhörer/-innen nach Lücken in der Darstellung und sonstigen erkannten Schwachstellen.
- Überprüfe dein Zeitmanagement.
- Teste das benötigte technische Equipment und dessen Handhabung.
- Nutze die Checklisten auf → Seite 187 ff.
- Beseitige die erkannten Schwachstellen.

Auf www.westermann.de/fit-fuers-abi findest du ein Video zum Thema „Angst unter Kontrolle“.

Vor Beginn des Referates

Ein Spaziergang, Entspannungsübungen, Musikhören oder eine Tasse Kaffee – all das hilft ein wenig, das Lampenfieber vor einem Referat in den Griff zu bekommen. Begib dich dann frühzeitig in den Vortragsraum und bereite diesen vor:

- Lüfte den Raum falls notwendig.
- Ordne ggf. die Bestuhlung vortragsgerecht an.
- Überprüfe die benötigte Technik.
- Lege das Redemanuskript, die Visualisierungsmittel (z. B. Folien, Modelle) und Zeigegeräte bereit.
- Stelle dir ggf. ein Glas Wasser hin. Wasser direkt aus der Flasche zu trinken, ist aus hygienischen wie ästhetischen Gründen unangebracht.

Sprache und Stil

- Ein Referat muss in der Regel frei vorgetragen werden. Ausnahmen sind allerdings z. B. wörtliche Zitate und Definitionen.
- Mache in deinem Vortrag direkte (wörtliche) Zitate kenntlich (→ Seite 98).
- Stütze dich beim Formulieren des Vortragstextes auf dein Redemanuskript (→ Seite 166 f.).
- Halte das Manuskript so, dass es dein Gesicht nicht verdeckt.
- Musst du das Manuskript beim Lesen augennah halten, ist die Schrift zu klein!
- Kurze Redepausen etwa beim Blick in das Manuskript sind durchaus erlaubt. Sie bieten dir und den Zuhörenden eine Chance zum Luftholen.
- Sprich nicht zu schnell.
- Rede laut und deutlich.
- Bilde kurze, prägnante Sätze. Formuliere nicht zu kompliziert.
- Behalte das Sprachniveau der Zuhörerschaft im Auge. Außer bei Definitionen und direkten Zitaten solltest du keine abgehobene Sprache verwenden.

- Erläutere neue, den Zuhörenden unbekannte Fachbegriffe. Schreibe diese an die Tafel/das Smartboard oder hebe sie auf Folien optisch hervor.
- Sprich nicht zu monoton. Setze Betonung und (sparsam) auch Mimik und Gestik ein. Dein Vortrag wirkt so lebendiger.
- Stelle – sofern möglich – Bezüge zu bekannten Unterrichtsinhalten her.
- Vergleiche im Referat genannte Daten falls möglich mit Größen, die den Zuhörern/-innen vertraut sind. Ein Beispiel: „[…] Die VR China ist 9,6 Millionen Quadratkilometer groß und damit rund 27-mal so groß wie Deutschland. […]"
- Sprich die Zuhörenden direkt an („Wie ihr bereits aus dem Unterricht wisst, hat …").
- Viel Zuhörer/-innen neigen nach einiger Zeit dazu, ihre Gedanken abschweifen zu lassen. Wecke daher das Interesse der Zuhörerschaft immer wieder neu: Erzähle eine kurze Anekdote, zeige eine interessante Karikatur, spiele ihnen ein Tondokument vor, beziehe die Zuhörer aktiv in das Referat ein …
- Fasse am Ende eines Abschnitts dessen wesentliche Inhalte knapp zusammen.
- Erkläre schwierige Sachverhalte eventuell zweimal mit unterschiedlichen Worten. Oder veranschauliche diese durch eine Strukturskizze oder eine Abbildung.

Körperhaltung und Verhalten

- Stelle möglichst häufig Blickkontakt mit dem Publikum her.
- Sprich nicht mit dem Rücken zum Publikum.
- Behalte das Publikum im Auge, beobachte dessen Reaktionen. Zeigt sich Unverständnis, solltest du die soeben vorgetragene Passage wiederholen bzw. neu formulieren oder nachfragen, worin die Unklarheit besteht.
- Trage beim Aufblenden einer digitalen Folie den zugehörigen Text vor, ohne dich zur Folie hinzuwenden. Ausnahmen: Du zeigst mit einem Zeigestock, Laserpointer usw. auf ein bestimmtes Folienelement oder du nimmst Eintragungen auf einem interaktiven Whiteboard vor.
- Bei der Arbeit am Overheadprojektor sollte sich dein Blick nicht an der Folie festsaugen, sondern zwischen Folie und Zuhörenden pendeln.
- In der Regel ist es günstig, in zentraler Position vor dem Publikum zu stehen. Doch es gibt Ausnahmen:
  - Bei der Präsentation digitaler Folien solltest du seitlich von der Projektionsfläche und nicht mitten davor stehen. Sonst verdeckst du für einige Zuhörerende Teile des Bildes.
  - Bei der Arbeit mit dem Overheadprojektor solltest du neben dem Gerät und nicht im Lichtkegel des Projektors stehen.
- Deine Körperhaltung sollte entspannt, aber nicht betont lässig sein. Steh mit beiden Füßen auf dem Boden.

Blickkontakt und angemessene Gestik – da erkennt man die geübte Referentin.

Auf www.westermann.de/fit-fuers-abi findest du ein Video zum Thema „Überzeugend auftreten“.

- Hände gehören nicht in die Hosentaschen. Nutze also deine Hände zum Halten des Manuskriptes, zum Zeigen auf bestimmte Folienelement, für eine den Vortrag unterstützende Gestik – oder lasse sie einfach locker hängen.
- Vermeide „Ticks“ wie das beständige Spielen mit einem Stift oder das wiederholte Klicken eines Kugelschreibers.
- Achte auf angemessene Kleidung. Bei Referaten im Unterricht sollte diese „normal“ sein, bei einer Präsentation im Abitur aber durchaus etwas gediegener. Anzug oder ein auffälliges Kleid sind jedoch in der Regel ebenso fehl am Platz wie ein Minirock. Setze Baseballkappen oder ähnliche Kopfbedeckungen ab!

Zuhörerfragen

Zuhörerfragen kannst du zulassen:

- während des laufenden Referates,
- jeweils am Ende eines Kapitels oder
- erst ganz am Ende des Referates.

TIPP

Informiere die Zuhörer/-innen zu Beginn des Referates, an welcher Stelle du Fragen erlaubst. Meist ist es sinnvoll, diese erst am Ende zuzulassen. Denn aufkommende Fragen klären sich oft im weiteren Verlauf des Referates von selbst.

Falls du dich dafür entscheidest, Zuhörerfragen erst am Ende des Referates zuzulassen, bitten die Zuhörer/-innen, sich ihre Fragen zu notieren.

- Prinzipiell solltest du in der Lage sein, Fragen zum Thema deines Referates zu beantworten.
- Doch: Nobody is perfect! Auch bei guter Vorbereitung kannst du nicht auf alle Zuhörerfragen eine Antwort wissen. Verweise ggf. auf entsprechende Literatur zum Thema oder biete an, die Frage bis zur nächsten Unterrichtsstunde abzuklären.

Steckenbleiben

Dies kann selbst geübten Vortragenden passieren. Im Fall des Falles:

- Bleibe ruhig! Atme tief durch!
- Schau im Manuskript nach. Überspringe falls nötig den Punkt, an dem du „ins Stolpern geraten bist“.
- Eventuell hilft es, das gerade Vorgetragene zu wiederholen oder kurz zusammenzufassen, um zurück ins „Fahrwasser“ des Manuskripttextes zu gelangen.
- Erbitte bei technischen Problemen eine Auszeit für die Problembeseitigung. Scheue dich auch nicht, technisch versierte Zuhörer um Hilfe zu bitten.

10.7 Handout

Als „Serviceleistung“ für dein Publikum solltest du ein Handout vorbereiten. Dieses kann den Zuhörenden bereits während des Referates Orientierungshilfe bieten, kann Ausgangspunkt für eine anschließenden Diskussion sein oder als Gedächtnisstütze für zentrale Inhalte des Referates dienen.

Ein Handout muss enthalten:

- Einen Kopf. Hier werden vermerkt: Name der Referentin/des Referenten, Schule, Jahrgangstufe, Kursbezeichnung, Datum und Thema.
- Die Gliederung des Referates. Sie erlaubt den Zuhörern/-innen ein Nachverfolgen des Referatablaufs.
- Für die Zuhörenden wichtige und hilfreiche Informationen. So z. B. neue Fachbegriffe, Vokabeln, zentrale Definitionen.
- Das Literatur- und Quellenverzeichnis (→ Seite 100 ff.).

Ein Handout kann zudem enthalten:

- Zusammenfassungen; wesentliche Ergebnisse des Referates können in Form einer Strukturskizze oder einiger Merksätze dokumentiert sein.
- Abbildungen/Tabellen, die eine große Bedeutung im Rahmen des Referates haben, mit Über-/Unterschrift und Quellenangabe (→ Seite 124 ff.).
- Thesen und offene Fragen, insbesondere solche, die Ausgangspunkt für eine anschließende Diskussion sein sollen.

Das Handout sollte:

- ein bis zwei Seiten umfassen; es sollte sich also nur um ein ggf. beidseitig bedrucktes Blatt handeln, das links einen Lochrand aufweist;
- übersichtlich gestaltet sein;
- knappe prägnante Informationen enthalten (ggf. in Form von Stichworten);
- Platz für individuelle Notizen der Zuhörer/-innen bieten;
- vor dem endgültigen Vervielfältigen einmal ausgedruckt und auf äußere Form, Rechtschreibung und Grammatik hin überprüft werden.

TIPP

Der Zeitpunkt für die Ausgabe des Handouts richtet sich nach dessen Inhalt:

- Enthält das Handout die Ergebnisse des Referates oder Thesen für eine anschließende Diskussion, so sollte es am Ende des Referates verteilt werden.
- Enthält es neben der Gliederung auch Arbeitsmittel, die während des Vortrags von den Zuhörenden benötigten werden (z. B. ein Diagramm, auf das du verweisen möchtest), so sollte es zu Beginn ausgegeben werden.

HANDOUT ZU EINEM REFERAT IN EINEM LEISTUNGSKURS GEOGRAPHIE

Hoppenstedtgymnasium Köln
Jahrgangsstufe 12, Leistungskurs Geographie

15.05.2024

Referat mit dem Thema

Der Naturraum Sizilien

gehalten von Eva Castrup

Gliederung

1 Sizilien – die Insel des Lichtes
2 Die Geographische Lage und naturräumliche Gliederung
3 Der Etna
4 Das Klima
5 Die Böden
6 Die Vegetation
7 Die Bodenschätze
8 Sizilien – keine Einheit, sondern faszinierende Vielfalt

Glossar

Lava (ital. „Regenbach") – Magma, das an die Erdoberfläche ausgetreten ist
Magma (griech. „geknetete Masse") – Masse aus Gesteinsschmelze in Teilen des oberen Erdmantels und der tieferen Erdkruste; die Fließfähigkeit des Magmas ist Ursache des Vulkanismus
Macchie (ital. *macchia*, franz. *maquis* „Dickicht, Gebüsch") – 2 bis 3 m hoher, dichter, immergrüner Buschwald ohne Baumbestand; Degradationsstufe des Waldes
Degradation oder *Degradierung* (lat. *degrado* = herabsetzen) – bezeichnet in der Regel die Veränderung bestimmter Eigenschaften im Sinne einer Verschlechterung

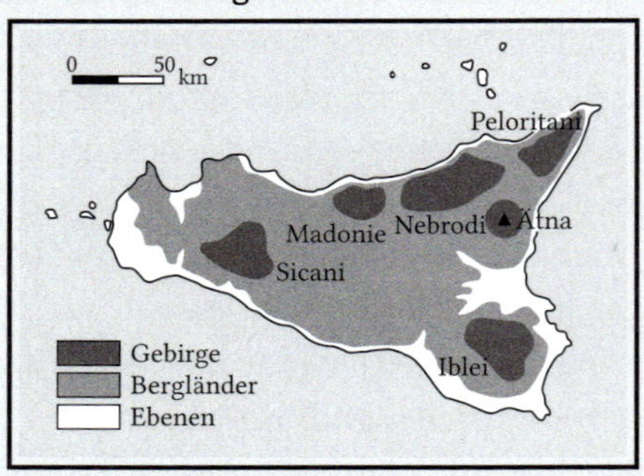

Abb. 1: Die naturräumliche Gliederung Siziliens
Quelle: Skizze nach Uhlenbrock 2023, S. 17

These

Zentrale Ursache für die wirtschaftliche Misere Siziliens sind die naturräumlichen Gegebenheiten.

Benutzte Quellen

Bärtels, A. (1997): Farbatlas Mediterrane Pflanzen. Stuttgart: Ulmer.
Pfeiffer, T. (2002): Wird der Ätna zum Pulverfaß? In: Spektrum der Wissenschaft, 5, S. 54 – 63.
Schröder, T. (2024): Sizilien. Erlangen: Michael Müller Verlag.
Uhlenbrock, K. (2023): Studienfahrtführer Sizilien. Rheine: o.V.

10.8 Checkliste: Kriterien zur Bewertung

TIPP

Kopiere diese Seiten oder erstelle eine ähnliche Tabelle, die du dann für verschiedene Referate immer wieder nutzen kannst.

Thema: ______________________________

____

Referent/-in: ______________________________

Datum: ______________ Dauer des Referates: ______________

1 Vorbereitung und organisatorischer Rahmen

	ja	z. T.	nein
Der Vortragsraum ist sorgfältig vorbereitet worden.			
Die benötigten Präsentationsmedien waren zu Referatbeginn funktionsbereit.			
Der vorgegebene Startzeitpunkt für das Referat wurde eingehalten.			
Der vorgegebene Zeitrahmen für das Referat wurde eingehalten.			

2 Aufbau und Präsentation des Vortrags

	ja	z. T.	nein
Thema und Gliederung wurden zu Beginn vorgestellt.			
Das Handling der Zuhörerfragen wurde zu Beginn erläutert.			
Der Vortrag wurde frei gehalten.			
Die Lautstärke des Vortrags war angemessen.			
Der Vortrag war akustisch gut zu verstehen (deutliche Sprache, kein Nuscheln usw.).			
Der Vortrag wurde fließend, doch nicht zu schnell/monoton vorgetragen.			
Der Text wurde verständlich formuliert (kein zu komplizierter Satzbau usw.).			
Direkte Zitate wurden kenntlich gemacht und formal korrekt vorgestellt.			
Am Ende des Referates wurden die benutzten Quellen korrekt angegeben.			
Augenkontakt zum Publikum wurde gesucht.			
Es wurde nicht mit dem Rücken zum Publikum gesprochen.			
Die Körperhaltung der/des Vortragenden war angemessen.			

3 Inhalt des Vortrags

Allgemein	ja	z. T.	nein
Die Referentin bzw. der Referent war in der Sache sicher.			
Die Gliederung des Referates war dem Thema angemessen.			
Das Referat wurde klar und logisch strukturiert. Ein roter Faden war erkennbar.			
Die zeitliche Strukturierung des Referates (das Timing) war stimmig.			

Einleitung	ja	z. T.	nein
Die Heranführung an das Thema ist gelungen.			
Das Interesse/die Neugier der Zuhörer wurde geweckt.			
Der organisatorische Rahmen des Referates wurde vorgestellt.			

Hauptteil	ja	z. T.	nein
Die Darstellung war sachlich richtig.			
Die Darstellung war verständlich und nachvollziehbar.			
Die Darstellung deckte das Thema umfassend ab.			
Wichtiges wurde ausführlich und Unwichtiges nur am Rande behandelt.			
Sachinhalte und eigene Deutung/Meinung wurden klar getrennt.			
Eventuell unbekannte Fachbegriffe wurden erklärt.			

Schlussteil	ja	z. T.	nein
Zentrale Inhalte/Ergebnisse des Referates wurden zusammengefasst.			
Die vorgetragenen Wertungen/persönlichen Meinungen/Schlussfolgerungen waren stimmig und wurden nachvollziehbar begründet.			
Die Ausgangsfrage des Referates wurde (soweit möglich) beantwortet.			
(Vorhersehbare) Fragen der Zuhörer konnten korrekt beantwortet werden.			

4 Medien und Hilfsmittel

Präsentation allgemein	ja	z. T.	nein
Der Umgang mit der eingesetzten Technik war souverän und sicher.			
Die Zahl der eingesetzten Medien war angemessen (nicht zu viele/nicht zu wenige).			
Die Referentin/der Referent war mit den Inhalten der eingesetzten Medien vertraut.			

Digitale Folien / Overheadprojektor-Folien	ja	z. T.	nein
Die Folien waren überzeugend aufgebaut/strukturiert.			
Textinformationen wurden stichwortartig vermerkt.			
Es gab maximal 7 Textzeilen je 7 Worte pro Folie.			
Die eingesetzten Folien waren klar an den Referatstext angebunden.			
Die verwandten Textfolien unterstützten den Vortrag und wurden nicht einfach nur vorgelesen.			
Den Zuhörenden wurde ausreichend Zeit zum Einlesen in die Folien gegeben.			

Digitale Folien / Overheadprojektor-Folien	ja	z. T.	nein
Die Schrift auf den Folien war so gestaltet, dass der Text für die Zuhörenden gut lesbar war.			
Die verwendeten Bilder, Grafiken, Karten und Tabellen waren mit Unter-/Überschrift und einer Quellenangabe versehen.			
Die eingesetzten Abbildungen waren gut erfassbar/nicht zu komplex.			
Die technische Qualität der Abbildungen war zufriedenstellend.			
Der Folienhintergrund war angemessen (nicht zu unruhig/zum Thema passend).			
Falls Soundeffekte verwendet wurden: Deren Einsatz erfolgte dosiert und stimmig zu den Inhalten.			
Falls optische Animationen eingesetzt wurden: Deren Verwendung erfolgte dosiert und stimmig zu den Inhalten.			

Filmausschnitte	ja	z. T.	nein
Die Bild- und Tonqualität war zufriedenstellend.			
Die Länge der präsentierten Ausschnitte war angemessen.			
Der Filminhalt wurde deutlich in den Referatstext eingebunden.			
Die präsentierten Filmausschnitte veranschaulichten Referatinhalte.			
Die Quelle des Bildmaterials wurde genannt (z. B. Regisseur, Filmtitel).			

Tafelbild (gilt auch für „Tafelbilder“ auf dem Smartboard und für Flipchartplakate)	ja	z. T.	nein
Das Tafelbild war klar strukturiert.			
Es veranschaulichte gesprochene Informationen.			
Die Schrift war ausreichend groß und gut lesbar.			
Farbige Elemente (Farbkreide) wurden durchdacht eingesetzt.			
Rechtschreibung, Grammatik und Zeichensetzung waren korrekt.			

5 Handout

	ja	z. T.	nein
Der „Kopf“ des Handouts enthält alle wünschenswerten Angaben (Schule, Kurs, Datum, Thema Referent/-in)..			
Die Gliederung des Referates (inkl. Nummerierung) wurde aufgelistet.			
Die benutzten Quellen wurden formal korrekt angegeben.			
Das Handout enthielt weitere hilfreiche Informationen wie Zusammenfassungen, zentrale Abbildungen/Tabellen, ein Glossar neuer Fachbegriffe oder Thesen für die anschließende Diskussion.			
Die auf dem Handout vermerkten Informationen sind sachlich richtig.			
Das Handout wurde übersichtlich gestaltet.			

10 Das Referat

Aufbau, Gestaltung und Präsentation

KENNZEICHEN EINES REFERATES

- es ist ein mündlicher Vortrag
- es ist prinzipiell frei zu halten; Definitionen, wörtliche Zitate u. ä. dürfen aber abgelesen werden
- Redemanuskript darf als Gedächtnisstütze verwendet werden (Moderationskarten, Textblätter)
- Aufbau: Einleitung – Hauptteil – Schlussteil
- Visualisierung der referierten Inhalte durch Bilder, Diagramme, Filmausschnitte, Tafelbild …
- häufig zur Visualisierung eingesetzt werden: Digitale Folien in Präsentationsprogrammen

FUNKTIONEN DER EINLEITUNG

- Aufbau des Kontakts zwischen Vortragender/m und Publikum
- Informationen zum organisatorischen Rahmen geben
- Interesse der Zuhörenden wecken
- Zuhörende an Referatthema heranführen:
  - Ausgangs-/Forschungsfrage bzw. Ausgangsproblem und Hypothesen aufzeigen
  - Gliederung des Vortrags vorstellen

WICHTIG IM HAUPTTEIL

- fundierte Bearbeitung des Themas
- sachliche Richtigkeit der Darstellung
- schlüssiger Aufbau des Vortrags
- zuhörerorientierte Gestaltung:
  - roten Faden deutlich machen
  - Text und Veranschaulichungselemente klar aufeinander beziehen
  - Vortrag interessant gestalten
  - unbekannte Fachbegriffe erläutern

ELEMENTE IM SCHLUSSTEIL

- Angabe der benutzten Quellen
- Zusammenfassung der Inhalte des Hauptteils
- Rückgriff auf die Forschungsfrage/das Ausgangsproblem/die erstellten Hypothesen
- ggf. Bewertung und kritische Kommentierung
- ggf. Schlussfolgerungen und Ausblick
- ggf. offen gebliebene oder neue Fragen
- ggf. markanter Schlusspunkt: zum Nachdenken anregendes Zitat, Appell an Zuhörende …

DIGITALE FOLIEN SOLLTEN …

- sachlich stimmig sein
- klar strukturiert sein
- stichwortartige Texte aufweisen
- neben Text ggf. auch Abbildungen + Filme enthalten
- selbst hinten im Raum gut lesbar sein
- eng mit dem referierten Text verbunden sein
- in der Zahl begrenzt sein (max. 10 pro Vortrag)
- nur dosiert optische Animationen enthalten

Stichwortverzeichnis

Bildquellenverzeichnis

Alamy Stock Photo, Abingdon/Oxfordshire: Amikishiyev, Elnur 72.1. | Druwe & Polastri, Cremlingen/Weddel: 122.1. | fotolia.com, New York: fotomek 11.1, 17.1, 40.1, 73.1, 114.1, 156.1; Jansa, Thomas 174.1; Magnus 168.1; mg1964 139.1; Smith, John 65.2. | imprint, Zusmarshausen: 95.1, 128.1, 128.2, 128.3, 186.1. | iStockphoto.com, Calgary: ababil12 1.3; , AJ_Watt Titel; Colin_Davis 1.2; demaerre 55.1; Dimension Aesthetic 1.4; DragonImages 2.2; Halfpoint 1.1; izusek 183.1; peshkov 2.1; SDI Productions 166.1. | Lingemann, Peter, Münster: 170.1. | Picture-Alliance GmbH, Frankfurt a.M.: dieKLEINERT.de/Rieckhoff, Jan 175.1; dpa Themendienst 116.1; dpa Themendienst/Klose, Christin 167.1. | Schwarzstein, Yaroslav, Hannover: 123.1. | Shutterstock.com, New York: Ernst, Daniel M. 25.1; Fit Ztudio 79.1; Media Home 111.1. | stock.adobe.com, Dublin: ALTO IMAGES/Stocksy Titel; BillionPhotos.com 115.1; contrastwerkstatt 22.1, 26.1, 40.2; Ernst, Daniel 117.1; fizkes 19.1, 124.1, 162.1; fotomek 13.1, 32.1, 48.1, 54.1, 57.1, 58.1, 69.1, 83.1, 87.1, 109.1, 131.1, 171.1, 173.1; Honcharuk, Valerii 120.1; Kenishirotie 43.1, 99.1, 158.1, 159.1, 160.1, 187.1, 188.1, 189.1; Kneschke, Robert 163.1, 183.2; LStockStudio 164.1; Lucky Dragon 16.1; Michaela Rofeld 84.1; peshkov 35.1; Production Perig 20.1; ranczandras 65.1; Schwier, Christian 28.1; Song_about_summer 14.1, 118.1; utah51 66.1; v_sot 116.2; Wellnhofer Designs 44.1. | Uhlenbrock, Karlheinz, Rheine: 62.1, 127.1, 169.1, 172.1, 172.2, 172.3, 172.4, 179.1, 179.2, 179.3, 179.4.